路基路面养护技术

主 编 贾军政

北京理工大学出版社
BEIJING INSTITUTE OF TECHNOLOGY PRESS

内 容 提 要

本书依据公路维护与管理专业人才培养方案进行编写,系统地介绍了路基路面养护技术的相关知识。全书共7个项目,主要内容包括基础知识、公路养护常用材料、路基的日常养护、路基典型病害及特殊路基的防护、沥青路面养护、水泥混凝土路面养护、公路技术状况评定等。

本书可作为高等院校道路养护与管理等相关专业的教材,也可供道路与桥梁工程专业相关技术人员工作时参考。

版权专有 侵权必究

图书在版编目(CIP)数据

路基路面养护技术 / 贾军政主编. —北京:北京理工大学出版社,2021.1
ISBN 978-7-5682-9407-2

Ⅰ.①路… Ⅱ.①贾… Ⅲ.①公路养护—高等学校—教材 Ⅳ.①U418

中国版本图书馆CIP数据核字(2021)第001758号

出版发行 / 北京理工大学出版社有限责任公司
社　　址 / 北京市海淀区中关村南大街5号
邮　　编 / 100081
电　　话 / (010)68914775(总编室)
　　　　　(010)82562903(教材售后服务热线)
　　　　　(010)68948351(其他图书服务热线)
网　　址 / http://www.bitpress.com.cn
经　　销 / 全国各地新华书店
印　　刷 / 北京紫瑞利印刷有限公司
开　　本 / 787毫米×1092毫米　1/16
印　　张 / 11.5　　　　　　　　　　　　　　　责任编辑 / 孟祥雪
字　　数 / 277千字　　　　　　　　　　　　　文案编辑 / 孟祥雪
版　　次 / 2021年1月第1版　2021年1月第1次印刷　责任校对 / 周瑞红
定　　价 / 55.00元　　　　　　　　　　　　　责任印制 / 边心超

图书出现印装质量问题,请拨打售后服务热线,本社负责调换

前 言

公路作为保障我国交通顺畅及各个地区贸易往来的重要渠道，对于社会发展及人们的日常出行有着至关重要的作用。为了更好地维护公路的运行质量，相关的工作人员应加大公路养护力度，不断提高自身的养护技术，给人们创造更为便利的出行条件，满足人们的日常需求。

"路基路面养护技术"是道路养护与管理专业的专业核心课程之一，为必修课程。本课程的培养目标在于让学生掌握路基路面常见病害类型及成因、技术状况评定方法及养护维修方法，能进行病害识别、病害原因分析、技术状况评定，并能针对病害提出适合的维修方法，同时培养学生精益求精、吃苦耐劳、团结协作的优良品格和职业素质，让学生具备日后从事道路养护工作所需的技能及社会能力。

本书以路基路面养护为主线，主要内容包括基础知识、公路养护常用材料、路基的日常养护、路基典型病害及特殊路基的防护、沥青路面养护、水泥混凝土路面养护、公路技术状况评定等。

本书由贵州交通职业技术学院贾军政担任主编。参与本书视频资源录制、调试工作的有贾军政、袁凤等。本书得以顺利出版，要感谢贵州交通职业技术学院的领导和老师给予的大力支持和帮助。

由于编写时间仓促，书中难免存在不妥之处，敬请读者原谅，并提出宝贵意见。

编 者

目 录

项目1　基础知识 ………………………… 1

1.1　道路工程发展概况 …………………… 1

1.2　路基路面工程的特点与性能要求 …… 2
    1.2.1　路基路面工程的特点 …………… 2
    1.2.2　路基路面工程的性能要求 ……… 3

1.3　路基路面结构及层位功能 …………… 5
    1.3.1　路基构造组成 …………………… 5
    1.3.2　路面构造组成 …………………… 9
    1.3.3　路面类型 ………………………… 10

1.4　公路养护的目的及任务 ……………… 11
    1.4.1　公路养护的目的 ………………… 11
    1.4.2　公路养护的任务 ………………… 12
    1.4.3　公路养护的技术对策 …………… 12

项目2　公路养护常用材料 ……………… 14

2.1　砂石材料 ……………………………… 14
    2.1.1　石料 ……………………………… 14
    2.1.2　集料 ……………………………… 18

2.2　石灰、水泥 …………………………… 20
    2.2.1　石灰 ……………………………… 20
    2.2.2　水泥 ……………………………… 22

2.3　沥青材料 ……………………………… 24
    2.3.1　石油沥青的化学组分 …………… 25
    2.3.2　石油沥青的技术性质 …………… 25

项目3　路基的日常养护 ………………… 27

3.1　路基日常养护概述 …………………… 27
    3.1.1　路基养护工作的内容 …………… 27
    3.1.2　路基养护工作的一般规定 ……… 27

3.2　路肩养护 ……………………………… 28
    3.2.1　路肩养护的要求及内容 ………… 28
    3.2.2　路肩养护的类型及方法 ………… 30

3.3　边坡养护 ……………………………… 31
    3.3.1　边坡的分类 ……………………… 32
    3.3.2　边坡及结构物养护的一般规定 … 32
    3.3.3　边坡破坏的几种形式 …………… 33
    3.3.4　路基边坡主要病害 ……………… 36
    3.3.5　路基边坡防护技术 ……………… 36
    3.3.6　路基边坡病害的治理措施 ……… 38

3.4 路基排水设施的养护 ·············· 41
3.4.1 路基排水的任务和目的 ·········· 42
3.4.2 路基排水设施养护的一般规定和要求 ·············· 42
3.4.3 路基排水设施的类型 ·············· 43
3.4.4 路基排水设施养护作业 ·········· 46

3.5 实例 ·············· 46
3.5.1 项目概况 ·············· 46
3.5.2 项目施工方案 ·············· 48
3.5.3 项目施工技术与方法 ·········· 48

项目4 路基典型病害及特殊路基的防护 ·············· 54

4.1 路基典型病害 ·············· 54
4.1.1 路基沉陷 ·············· 54
4.1.2 路基翻浆 ·············· 57
4.1.3 崩塌 ·············· 61
4.1.4 滑坡 ·············· 64
4.1.5 泥石流 ·············· 68
4.1.6 水毁 ·············· 69

4.2 特殊路基的养护 ·············· 71
4.2.1 高填方路堤 ·············· 72
4.2.2 软土地区路基 ·············· 74
4.2.3 黄土地区路基 ·············· 78
4.2.4 沙漠地区路基 ·············· 80
4.2.5 多年冻土地区路基 ·············· 81

项目5 沥青路面养护 ·············· 83

5.1 概述 ·············· 83
5.1.1 沥青路面的基本特性 ·············· 83
5.1.2 沥青路面的分类 ·············· 84
5.1.3 沥青路面类型的选择 ·············· 85
5.1.4 沥青路面对路基及基层的要求 ··· 86
5.1.5 沥青路面的材料要求 ·············· 87

5.2 沥青路面日常养护 ·············· 90
5.2.1 沥青路面养护工作内容 ·············· 90
5.2.2 沥青路面养护的基本要求 ·········· 91
5.2.3 沥青路面养护的质量标准 ·········· 91
5.2.4 沥青路面初期养护 ·············· 92
5.2.5 沥青路面日常养护 ·············· 92

5.3 沥青路面常见病害及处治 ·············· 93
5.3.1 沥青路面裂缝类病害的处治 ······ 94
5.3.2 沥青路面破损类病害的处治 ······ 96
5.3.3 沥青路面变形类病害的处治 ······ 98
5.3.4 沥青路面泛油及其他病害的处治 ·············· 100

5.4 高速公路沥青路面早期破坏预防 ·············· 103
5.4.1 常见的早期破坏形式 ·············· 103
5.4.2 路面预防性养护 ·············· 103

5.5 路面养护新技术 ·············· 105
5.5.1 路面稀浆封层技术 ·············· 105
5.5.2 低温修补技术 ·············· 107

5.5.3 沥青路面再生技术 …… 108
5.5.4 同步碎石封层技术 …… 111
5.5.5 雾封层及沥再生技术 …… 114
5.5.6 薄层罩面技术 …… 115

项目6 水泥混凝土路面养护 …… 119

6.1 概述 …… 119
6.1.1 水泥混凝土路面的分类 …… 119
6.1.2 水泥混凝土路面的特点 …… 119

6.2 水泥混凝土路面状况调查与评定 …… 120
6.2.1 路面状况调查 …… 120
6.2.2 水泥混凝土路面状况评定 …… 121

6.3 水泥混凝土路面日常养护 …… 123
6.3.1 水泥混凝土路面日常巡查 …… 123
6.3.2 水泥混凝土路面清扫保洁 …… 124
6.3.3 水泥混凝土路面接缝养护 …… 125
6.3.4 水泥混凝土路面排水设施养护 …… 125
6.3.5 水泥混凝土路面冬季养护 …… 126
6.3.6 水泥混凝土路面病害的临时性处理措施 …… 127

6.4 水泥混凝土路面病害处治 …… 128
6.4.1 裂缝的类型及产生的原因 …… 128
6.4.2 裂缝的维修处治 …… 130
6.4.3 水泥混凝土路面错台处治 …… 133
6.4.4 水泥混凝土路面沉陷处理 …… 135
6.4.5 水泥混凝土路面拱起处治 …… 136
6.4.6 水泥混凝土路面坑洞修补 …… 136
6.4.7 水泥混凝土路面板边与板角修补 …… 138

6.5 水泥混凝土路面改善 …… 139
6.5.1 水泥混凝土路面表面功能恢复 …… 139
6.5.2 水泥混凝土加铺层 …… 141
6.5.3 钢筋混凝土加铺层 …… 143
6.5.4 沥青混凝土加铺层 …… 144
6.5.5 水泥混凝土路面加宽 …… 146

6.6 水泥混凝土路面修复 …… 148
6.6.1 整块水泥混凝土路面板翻修 …… 148
6.6.2 水泥混凝土路面局部路段修复 …… 149
6.6.3 水泥混凝土整块桥面板翻修 …… 152

6.7 旧水泥混凝土路面再生利用 …… 155
6.7.1 旧水泥混凝土路面回收 …… 155
6.7.2 再生水泥混凝土路面 …… 155
6.7.3 使用石灰粉煤灰稳定旧混凝土集料 …… 155
6.7.4 水泥稳定旧混凝土集料 …… 156
6.7.5 旧水泥混凝土碎块垫层 …… 157

项目7 公路技术状况评定 …… 159

7.1 概述 …… 159

7.2 公路技术状况评价指标及标准 …… 161

7.3 公路技术状况检测与调查 …… 162
    7.3.1 一般规定 …………… 162
    7.3.2 路面技术状况自动化检测 …… 162

7.4 公路技术状况评定 …………… 163
    7.4.1 公路技术状况（MQI）评定 … 163
    7.4.2 路基技术状况（SCI）评定 … 164
    7.4.3 路面技术状况（SCI）评定 … 165

    7.4.4 桥隧构造物技术状况（BCI）评定 …………………………… 169
    7.4.5 沿线设施技术状况（TCI）评定 …………………………… 169
    7.4.6 公路技术状况调查与评定表 … 170

参考文献 ……………………………… 176

项目 1　基础知识

重点内容

本项目介绍路基路面工程的发展概况、工程特点与性能要求、结构分层等。

学习要求

通过对我国道路交通发展过程、路基路面结构类型分析，学习路基路面工程结构特点、结构分层和结构层主要功能等，掌握路基路面结构特点与分层要求等，为后续学习路基路面养护技术奠定理论基础。

1.1　道路工程发展概况

视频：公路养护
现状及发展趋势

道路的发展可大致分为四个阶段。第一阶段：供行人和牛、马及其他兽类行走、驮运货物的阶段。此时期的道路通常称为小路或小径（Trail）。第二阶段：供畜力车辆和行人通行的大道阶段（Cart Way）。在中国，有"康衢""路""驰道""驿道"等名称；在欧洲，罗马道路非常发达，有"条条大道通罗马"之说。第三阶段：行驶汽车的公路（Highway）阶段。内燃机汽车是德国在1886年由高特列希·戴姆勒发明的，我国于1902年从国外引进汽车。1906年，苏元春驻守广西时首建了龙州到镇南关的公路。第四阶段：以高速度分层行驶为特征的高速公路阶段，也称为Freeway或Expressway。

我国道路发展是从公元前2000年开始的。早在公元前2000年，我国已出现可行驶牛车、马车的道路。秦朝时期，强调车同轨、书同文。公元前2世纪，我国通往中亚和欧洲的丝绸之路开始发展起来。唐朝是我国古代道路发展的鼎盛时期，初步形成了以城市为中心的四通八达的道路网。清朝道路网系统分为三等，即官马大路、大路、小路。官马大路分为东北路、东路、西路和中路四大干线，共长2 000多千米。

我国近代道路可细分为四个阶段：一是清末和北洋政府时期。这时我国公路处于萌芽阶段，我国第一条公路是1908年在广西南部边防兴建的龙州至那甚公路，长为30 km。截至1927年，全国公路通车里程约为29 000 km。二是国民政府时期。我国公路开始纳入国家建设规划阶段。1927年，国民政府的交通部和铁道部草拟了全国道路规划及公路工程标准。截至1936年6月，全国通车里程达117 300 km。三是抗日战争时期。由于战争的影响和破坏，公路发展缓慢。截至1946年12月，全国公路总里程只有130 307 km。四是解放战争时期。公路交通以军用为主，公路建设进展不大，特别是国民党军队溃退时，公路遭到严重破坏。截至中华人民共和国成立前夕，全国通车里程只有75 000 km。

我国现代公路可细分为五个阶段：一是国民经济恢复时期。全国从上到下建立了公路管理机构，并建立了设计、施工和养护的专业队伍。国家还颁布了一系列有关公路建设的重要法规，进行了全国公路普查，全国恢复并改善了原有公路。截至 1953 年年底，公路通车里程达 12.6 万 km，路面里程达 5.5 万 km。二是第一个五年计划时期。这时公路处于稳步发展阶段。公路通车里程和有路面里程都增长了 1 倍，分别达到 25.4 万 km 和 12.1 万 km。桥梁达 3.5 万座、55.1 万延米。三是 1958—1960 年和国民经济调整时期。这时公路处于数量猛增、再进行巩固的阶段。截至 1965 年年底，公路通车里程达 51.4 万 km，有路面里程达 30.5 万 km，桥梁达 10.4 万座、156.6 万延米，公路绿化里程达 18 万 km。四是 1966—1976 年。公路建设仍有发展，渣油路面发展较快，10 年间增长了 10 万 km。截至 1976 年年底，公路里程达 82.3 万 km，有路面里程达 57.9 万 km，桥梁达 11.7 万座、293 万延米。公路绿化里程达 25.4 万 km。五是社会主义经济建设时期。随着改革开放和商品经济的发展，我国公路交通事业在国民经济中的地位、作用和效益，日益为各方面所认识和接受，在公路建设方面主要表现在：公路里程增加，公路等级提高；公路科学技术取得巨大进步；公路养护管理有了新的进展。截至 1997 年年底，全国通车里程达 122.6 万 km，二级以上公路达 13.09 万 km，高速公路达 4 771 km，高级、次高级路面铺装率达 38.1%，实现了全国县县通公路，乡镇通公路的达到 98.5%，行政村通机动车的达 85.8%。

1.2 路基路面工程的特点与性能要求

视频：路基路面
工程的特点

1.2.1 路基路面工程的特点

路基和路面是道路的主要工程结构物。路基是在天然地表面按照道路的设计线形（位置）和设计横断面（几何尺寸）要求开挖或堆填而成的岩土结构物。路面是在路基顶面的行车部分用各种混合料铺筑而成的层状结构物。路基是路面结构的基础，坚固而又稳定的路基为路面结构长期承受汽车荷载提供了重要的保证，而路面结构层的存在又保护了路基，使其避免了直接经受车辆和大气的破坏作用，长久处于稳定状态。路基和路面相辅相成，是不可分离的整体，应综合考虑它们的工程特点，综合解决两者的强度稳定性等工程技术问题。路基与路面工程是道路工程的主要组成部分。路基工程的土方量很大，如微丘区的三级公路，每千米土石方数量为 8 000～16 000 m³，山岭区的三级公路每千米可达 20 000～60 000 m³，对于高速公路，数量则更大。而路面结构在道路造价中所占比重很大，一般都要达到 30%～50%。因此，精心设计，精心施工，使路基路面能长期具备良好的使用性能，对节约投资、提高运输效益具有十分重要的意义。路基路面是一项线形工程，有的公路延续数百千米，甚至上千千米。公路沿线地形起伏，地质、地貌、气象特征多变，再加上沿线城镇经济发达程度与交通繁忙程度不一，因而，决定了路基与路面工程复杂多变的特点。工程技术人员必须掌握广博的知识，善于识别各种变化的环境因素，恰当地进行处理，建造出理想的路基路面工程结构。现代化公路运输，不仅要求道路能全天候通行车辆，而且要求车辆能以一定的速度，安全、舒适而经济地在道路上运行。这就要求路面应具有良好的使用性能，提供良好的行驶条件和服务水平。

1.2.2 路基路面工程的性能要求

为了保证公路与城市道路最大限度地满足车辆运行的要求,提高车速、增强安全性与舒适性,降低运输成本和延长道路使用年限,要求路基路面具有下述一系列基本性能。

1. 承载能力

承载能力是路基路面结构承受荷载的能力。行驶在路面上的车辆,通过车轮将荷载传递给路面,由路面传递给路基,在路基路面结构内部产生应力、应变及位移。如果路基路面结构整体或某一组成部分的强度或抗变形能力不足以抵抗这些应力、应变及位移,则路面会出现断裂,路基路面结构会出现沉陷,路面表面会出现波浪或车辙,使路况恶化,服务水平下降。因此,路基路面结构整体及其各组成部分都应具有与行车荷载相适应的承载能力。路基路面结构的承载力主要体现在应具有足够的强度以抵抗车轮荷载引起的各个部位的各种应力,如压应力、拉应力、剪应力等,使路面各个部位的各种应力处于容许的范围内,保证路面结构不发生压碎、拉断、剪切等各种破坏;路基路面结构应能抵抗车轮由荷载引起的各个部位的各种应变,如压应变、拉应变、剪应变等,使路面各个部位的各种应变在容许的范围内,在车轮荷载作用下不发生过量的应变或变形,保证不发生车辙、沉陷或波浪等各种病害。

2. 稳定性

路基路面结构的稳定性是在降水、气温环境变化等条件下仍能保持其原有特性的能力。其包括路面高温稳定性、低温抗裂性、水稳定性和路基稳定性。

在天然地表面建造的道路结构物改变了自然的平衡,在达到新的平衡状态之前,道路结构物处于一种暂时的不稳定状态。新建的路基路面结构袒露在大气之中,经常受到大气温度降水与湿度变化的影响,结构物的物理、力学性质将随之发生变化,处于另外一种不稳定状态。路基路面结构能否经受这种不稳定状态,而保持工程设计所要求的几何形态及物理力学性质,称为路基路面结构的稳定性。

在地表上开挖或填筑路基,必然会改变原地面地层结构的受力状态,原来处于稳定状态的地层结构,有可能由于填挖筑路而引起不平衡,导致路基失稳。例如,在软土地层上修筑高路堤,或者在岩质或土质山坡上开挖深路堑时,有可能由于软土层承载能力不足,或者由于坡体失去支承,而出现路堤沉落或坡体坍塌破坏。路线如选择在不稳定的地层上,则填筑或开挖路基会引发滑坡或坍塌等病害出现。因此,在选线、勘测、设计施工中应密切注意,并采取必要的工程措施,以确保路基有足够的稳定性。

大气降水使得路基路面结构内部的湿度状态发生变化,严重时会导致病害。例如,低洼地带路基排水不良,长期积水,会使矮路堤软化,失去承载能力;山坡路基因排水不良,会引发滑坡或边坡滑塌;水泥混凝土路面如果不能及时将水分排出结构层,会发生唧泥现象,冲刷基层,导致结构层提前破坏;沥青混凝土路面中水分的侵蚀,会引起沥青结构层剥落,结构松散;雨期的砂石路面,会因雨水冲刷和渗入结构层,导致强度下降,产生沉陷、松散等病害。因此,防水、排水是确保路基路面稳定的重要方面。

大气温度周期性的变化对路面结构的稳定性有重要影响,同样会导致病害发生。高温季节沥青路面会软化,在车轮荷载作用下可产生永久性变形。水泥混凝土结构在高温季节因结构变形产生过大内应力,可导致路面压曲破坏。北方冰冻地区在低温冰冻季节,水泥混凝土路面、沥青路面、半刚性基层由于低温收缩产生大量裂缝，最终失去承载能力。在严重冰冻地区，低温引起路基的不稳定是多方面的：低温会引起路基收缩裂缝；地下水源丰富的地区，低温会引起冻胀，路基上面的路面结构也随之产生断裂；春天融冻季节，在交通繁重的路段，有时会引发翻浆，路基路面发生严重的破坏。

3. 耐久性

路基路面的耐久性是在车辆荷载的反复作用与大气水温周期性的重复作用下的性能变化特性。

路基路面工程投资昂贵，从规划、设计、施工至建成通车需要较长的时间，对于这样的大型工程都应有较长的使用年限，一般的道路使用年限至少数十年。承重并经受车辆直接碾压的路面部分要求使用年限在20年以上，因此，路基路面工程应具有耐久的性能。

路基路面在车辆荷载的反复作用与大气水温周期性的重复作用下，路面使用性能将逐年下降，强度与刚度将逐年衰变，路面材料的各项性能也可能由于老化衰变，而引起路面结构的损坏。路基的稳定性也可能在长期经受自然因素的侵袭后，逐年削弱。因此，提高路基路面的耐久性，保持其强度、刚度、几何形态经久不衰，除精心设计、精心施工、精选材料外，还需要将常年的养护、维修、恢复路用性能的工作放在重要的位置。

4. 表面平整度

路面表面平整度是路面表面纵向凹凸量的偏差值，它是影响行车安全、行车舒适性及运输效益的重要使用性能。高速公路对路面平整度的要求更高。不平整的路面表面会增大行车阻力，并使车辆产生附加的振动作用。这种振动作用会造成行车颠簸，影响行车的速度和安全、驾驶的平稳及乘客的舒适。同时，振动作用还会对路面施加冲击力，从而加剧路面和汽车机件的损坏和轮胎的磨损，并增大油料的消耗。而且，不平整的路面还会积滞雨水，加速路面破坏。因此，为了减少振动冲击力，提高行车速度和增加行车舒适性、安全性，路面应保持一定的平整度。

优良的路面平整度，要依靠优良的施工装备、精细的施工工艺、严格的施工质量控制，以及经常和及时的养护来保证。同时，路面的平整度同整个路面结构、路基顶面的强度和抗变形能力有关，同结构层所用材料的强度、抗变形能力及均匀性有很大关系。强度、抗变形能力差的路基路面结构和面层混合料，经不起车轮荷载的反复作用，极易出现沉陷、车辙和推挤破坏，从而形成不平整的路面表面。

5. 路面抗滑性

路面抗滑性是指路面表面抗滑能力的大小。路面表面要求平整，但不宜光滑。汽车在光滑的路面上行驶时，车轮与路面之间缺乏足够的附着力或摩擦力，雨天高速行车、紧急制动、突然启动或爬坡、转弯时，车轮易产生空转或打滑，致使行车速度降低，油料消耗增多，甚至引起严重的交通事故。通常可以用摩擦系数表征抗滑性能，摩擦系数小，则抗滑能力低，容易引起滑溜。对于城市道路的交叉口，由于车辆经常需要制动，故一般要求路面具有较高的抗滑性能。对于高速公路，由于高速车辆在雨天容易产生滑溜或水漂，故需要路面有较高的纹理深度，减少车辆在制动时出现的水漂现象。

路面的抗滑性能，在低速时，主要取决于集料表面的微观纹理；在高速时，主要取决于路面表面的宏观纹理。路面表面的抗滑能力可以通过采用坚硬、耐磨、表面粗糙的粒料组成路面表层材料来实现，有时也可以采用一些工艺措施来实现，如水泥混凝土路面的刷毛或刻槽等。另外，路面上的积雪、浮冰或污泥等，也会降低路面的抗滑性能，必须及时予以清除。

1.3 路基路面结构及层位功能

视频：路基路面结构及层位功能

路基是在天然地表面按照道路的设计线形和设计横断面的要求开挖或堆填而成的岩土结构物。其是道路的主体，又是路面的基础。路基路面直接承受行驶车辆荷载和自然因素的作用，是道路工程的重要组成部分。

路面是指用各种筑路材料铺筑在公路路基顶面的行车部分供车辆行驶的层状构造物。图1-1所示为路基路面常用层位图。

路基可分为路床、路堤及路堑。

(1)路床是指路面底面(路床顶面)以下80 cm范围内的路基部分，承受由路面传来的荷载。路床分为上路床(0～30 cm)和下路床(30～80 cm)两层。路面直接铺设在路床上。

(2)路堤是指设计标高高于原地面标高的填方路基，主要作用是支撑路床和路面。路床以下的

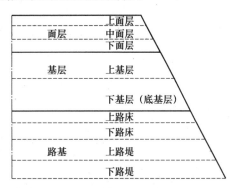

图1-1 路基路面常用层位图

路堤可分为上路堤(路面底面下80～150 cm的填方部分)、下路堤(上路堤以下的填方部分)。

(3)路堑是指设计标高低于原地面标高、通过开挖天然地面而成的路基。路堑边坡处于地壳表层，开挖暴露以后，容易受到自然因素与各种条件的作用，容易发生变形和破坏。路堑可分为土质路堑和石质路堑。根据天然地表坡度，路基分为可修筑半挖半填式路基、半路堤半路堑式路基。

绝大多数路面是多层次的，根据使用要求、受力状况、土基支承条件和自然因素，按不同规格材料铺设垫层、基层和面层等结构层。

1.3.1 路基构造组成

1. 路基高度

路基高度是路基设计标高与原地面标高的差值。路堤为填筑高度，路堑为开挖深度。通常，路基高度是指中心线处路基顶面和原地面高差。由于原地面不平整，路基两侧的边坡高度是指路基边缘和原地面的高差，因此路基高度有中心高度和边坡高度之分。路基高度应根据《公路工程技术标准》(JTG B01—2014)的规定设计。

路基高度的设计应注意以下几点：

(1)路基高度应结合公路路线纵断面、排水及防护措施确定，同时与路基临界高度结合，应使路肩边缘高出地面积水，并考虑地面水、地下水、毛细水和冰冻作用对路基强度和稳定性的影响。

(2)高路堤及深路堑的判别标准以边坡高度为依据：路基高度应受限制，一般土质路基填筑高度不宜超过20 m，岩质路基不宜超过30 m。

(3)沿河及受水浸淹路基的高度应大于设计洪水水位＋壅水高度＋波浪侵袭高度＋

0.5 m。当路基高度不符合规定时，可采取降低水位、设置毛细水隔断层等措施。

从路基的强度和稳定性要求出发，路基上部土层应处于干燥或中湿状态，并满足最小填土高度的要求，还应尽量满足"浅挖、低填、缓边坡"的要求。

2. 路基宽度

路基宽度为行车道路面及其两侧路肩宽度之和。当设有中间带、变速车道、错车道时，还包括这些部分的宽度，可理解为土路肩外边缘之间的距离。图 1-2 所示为 12 m 路基标准横断面图，图 1-3 所示为城市道路 28 m 路基标准横断面图。各级公路路基宽度见表 1-1 及表 1-2，路肩宽度见表 1-3。

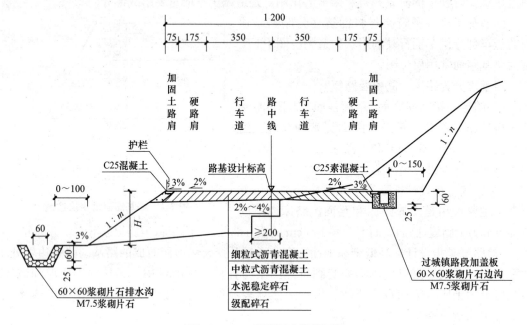

图 1-2　12 m 路基标准横断面图

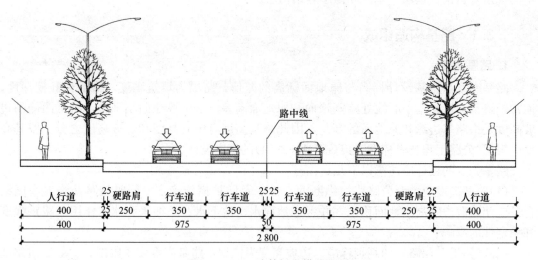

图 1-3　28 m 路基标准横断面图

表1-1 高速公路、一级公路路基宽度

公路等级	高速公路、一级公路		
车道数	≥4		
设计速度/(km·h^{-1})	100	80	60
车道宽度/m	3.75	3.75	3.5

表1-2 二级、三级、四级公路路基宽度

公路等级	二级公路、三级公路、四级公路				
设计速度/(km·h^{-1})	80	60	40	30	20
车道数	2	2	2	2	2或1
车道宽度/m	3.75	3.5	3.5	3.5	3.0

表1-3 路肩宽度

设计速度/(km·h^{-1})		高速公路			一级公路	
		120	100	80	100	80
右侧硬路肩宽/m	一般值	3.00	3.00	3.00	3.00	3.00
	最小值	1.50	1.50	1.50	1.50	1.50
土路肩宽度/m	一般值	0.75	0.75	0.75	0.75	0.75
	最小值	0.75	0.75	0.75	0.75	0.75
设计速度/(km·h^{-1})		一级公路(集散功能)和二级公路			一级公路	
		80	60	40	30	20
右侧硬路肩宽/m	一般值	1.5	0.75			
	最小值	0.75	0.25			
土路肩宽度/m	一般值	0.75	0.75	0.75	0.50	0.25(双车道)
	最小值	0.50	0.50	0.75	0.50	0.50(单车道)

3. 路基边坡坡度

路基边坡坡率用边坡高度与边坡宽度之比 $H:b$ 的形式表示。习惯上取 $H=1$ 计算，边坡坡率表示为 $1:m$ 或 $1:n$ 的形式，如图1-4所示。

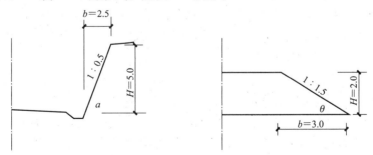

图1-4 边坡坡率示意

边坡坡率的大小，取决于边坡的高度、填料的物理力学性质，以及土质、岩石的性质与水文地质条件等自然因素。其直接影响路基的整体稳定性及土石方量和施工难易程度，是路基整体稳定的关键因素。

一般路基的边坡坡率可根据多年经验或采用设计规范推荐的数值，见表1-4。

表1-4 不同填料边坡坡率

填料种类	边坡坡率	
	上部高度($H \leqslant 8$ m)	下部高度($H \leqslant 12$ m)
细粒土	1：1.5	1：1.75
粗粒土	1：1.5	1：1.75
巨粒土	1：1.3	1：1.5

特殊情况下路基边坡，应进行个别设计，通过设计验算确定：对于高边坡路堤和陡坡路堤，路堤稳定性分析包括路堤堤身的稳定性、路堤和地基的整体稳定性、路堤沿斜坡地基或软弱层带滑动的稳定性等内容；对于挖方高边坡，应进行工程勘探，边坡稳定性评价宜综合采用工程地质类比法、图解分析法等。

(1)路堤边坡坡率。

1)一般填方路堤。当地质条件良好，填方路堤边坡高度不大于20 m时，其边坡坡率不宜小于表1-5的规定值。对边坡高度超过20 m的路堤或地面斜坡坡率大于1：2.5的路堤，以及不良地质、特殊地段的路堤，应进行个别勘探。

对边坡高度超过20 m的路堤，边坡形式宜采用阶梯形，边坡坡率应由稳定性分析计算确定。浸水路堤在设计水位以下的边坡坡率不宜大于1：1.75。

2)砌石路基。砌石路基应选用当地不易风化的片、块石砌筑，内侧填石；对于岩石风化严重或软质岩石路段不宜采用砌石路基。砌石顶宽不小于0.8 m，基底面向内倾斜，砌石高度不宜超过15 m。砌石内、外坡率不宜大于规范规定数值。

当填方路基受地形地物限制或路基稳定性不足时，可采用护脚路基。护脚高度不宜超过5 m，对受水浸淹的路堤护脚，应予以防护或加固。

3)填石路堤。填石路堤是指粒径大于40 mm、含量超过70%的石料填筑的路堤。

填石路堤可采用与土质路堤相同的路堤横断面形式，填石路堤的边坡坡率应根据填石料的种类、边坡高度和基底的地质条件决定。易风化岩石与软质岩石用作填料时，应按土质路堤边坡设计。在路堤基底良好时，填石路堤边坡坡率不宜大于相关规范的规定。

(2)路堑边坡形式及坡率。土质路堑边坡形式及坡率应根据工程地质、水文地质条件、边坡高度、排水措施、施工方法，并结合自然稳定边坡和人工边坡的调查及力学分析综合确定。岩质路堑边坡坡度必要时可采用稳定分析方法予以验算。

1)土质路堑。土质路堑边坡不大于20 m时，边坡坡率不宜大于表1-5的规定。路堑边坡高度大于20 m时，其边坡形式及坡率应按挖方高边坡确定。

2)岩质路堑。岩质路堑边坡高度不大于30 m时，无外倾软弱结构面的边坡可根据岩体类型和风化程度确定边坡坡率，见表1-5。对于有外倾软弱结构面的岩质边坡、坡顶边缘附近有较大荷载的边坡、边坡高度超过表1-5规定范围的边坡等，边坡坡率应按挖方高边坡规定，通过稳定性分析计算确定。

表 1-5 不同岩体类型边坡坡率

边坡岩体类型	风化程度	边坡坡率	
		$H<15$ m	$15\leqslant H<30$ m
Ⅰ类	未风化、微风化	1:0.1～1:0.3	1:0.1～1:0.3
	弱风化	1:0.1～1:0.3	1:0.3～1:0.5
Ⅱ类	未风化、微风化	1:0.1～1:0.3	1:0.3～1:0.5
	弱风化	1:0.3～1:0.5	1:0.5～1:0.75
Ⅲ类	未风化、微风化	1:0.3～1:0.5	
	弱风化	1:0.5～1:0.75	
Ⅳ类	弱风化	1:0.5～1:1	
	强风化	1:0.75～1:1	

1.3.2 路面构造组成

行车荷载和自然因素对路基路面的影响,随深度的增加逐渐减弱。因此,对路面材料的强度、抗变形能力和稳定性的要求也随深度的增加逐渐降低。为了适应这一特点,路面结构通常分层铺筑,按照使用要求、受力状况、土基支撑条件和自然因素影响程度的不同,分成若干层次。通常,按照各个层位功能的不同,路面结构一般由面层、基层、底基层组成,必要时设置垫层作为介于土基与基层之间温度和湿度的过渡层,如图 1-5 所示。

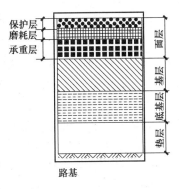

图 1-5 路面结构构成图

1. 面层

面层是直接同行车和大气接触的表面层,它承受较大的行车荷载的垂直力、水平力和冲击力的作用,同时,还受到降水的浸蚀和气温变化的影响。因此,同其他层次相比,面层应具备较高的结构强度,抗变形能力,较好的水稳定性和温度稳定性,而且应当耐磨、不透水;其表面还应有良好的抗滑性和平整度。

视频:路面构造组成

修筑面层所用的材料主要有水泥混凝土、沥青混凝土、沥青碎(砾)石混合料、砂砾或碎石。沥青面层可以分两层、三层或更多的层次铺筑,如高速公路沥青面层总厚度为 16～30 cm,可分为上、中、下三层铺筑,并根据各分层的要求采用不同的级配类型。水泥混凝土路面也有分上、下两层铺筑的,分别采用不同强度等级的水泥混凝土材料。也有水泥混凝土路面或连续配筋水泥混凝土加铺 4～10 cm 沥青混凝土这样的复合式结构。但是,砂石路面上所铺的 2～3 cm 厚的磨耗层或 1 cm 厚的保护层,以及厚度不超过 1 cm 的简易沥青表面处治,不能作为一个独立的层次,应看作面层的一部分。

2. 基层(含底基层)

基层主要承受由面层传来的车辆荷载的垂直力,并扩散到下面的路基(垫层和土基)中去。实际上,基层是路面结构中的承重层,它应具有一定的强度和刚度,并具有良好的扩散应力的能力。基层遭受大气因素的影响虽然比面层小,但是仍然有可能经受地下水和通过面层渗入雨水的浸湿,所以,基层结构还应具有足够的水稳定性。基层表面虽不直接供车辆行驶,但仍然要求具有较好的平整度,这是保证面层平整性的基本条件。

修筑基层的材料主要有各种结合料(如石灰、水泥等)稳定土底基层,沥青稳定基层(包括沥青稳定基层 ATB、大碎石沥青混合料基层 LSAM,排水性沥青稳定基层 ATPB),各种结合料(如石灰、水泥等)稳定碎(砾)石、贫水泥混凝土、普通水泥混凝土、天然砂砾、各种碎石或砾石、片石、块石或圆石的基层,各种工业废渣(如煤渣、粉煤灰、矿渣、石灰渣等)和土砂石所组成的混合料等。

基层厚度较厚时,为保证工程质量可分为两层、三层或更多的层次铺筑。当采用不同材料修筑基层时,基层的最下层称为底基层,对底基层材料质量的要求可以降低,可使用当地材料来修筑。沥青混凝土路面必须采取措施保证沥青层与沥青层、沥青层与无机结合料稳定材料基层之间具有良好的黏结状态,增加路面结构的整体性和结构层材料的疲劳寿命。

水泥混凝土路面与基层之间也应设置水稳定性好的材料(如乳化沥青封层、贫混凝土基层等),减少由于水的作用而产生的水泥混凝土路面与基层之间唧泥现象。

3. 垫层

垫层是为了改善土基湿度和温度状况,保证面层和基层的强度稳定性与抗冻胀能力,扩散由基层传来的荷载应力,减小路基产生的变形而布设的。

垫层设置的路段为在地下水水位高,排水不良,路基经常处于潮湿状态的路段;排水不良的土质路堑;有裂隙水、泉眼水等水文不良情况的岩石挖方路段;季节性冰冻地区可能产生冻胀的中湿、潮湿路段;基层可能受污染的路段。在垫层的材料选用上强度不一定高,但是水稳定性和隔热性能要好。

1.3.3 路面类型

路面类型可以从不同角度划分,但是一般都按面层所用的材料区分,如水泥混凝土路面、沥青路面、砂石路面等。但是在工程设计中,主要从路面结构的力学特性的相似性出发,可以将路面结构划分为柔性路面(沥青混凝土路面)、复合式路面和刚性路面三类。根据基层材料类型及组合的不同又可以将沥青混凝土路面划分为柔性基层沥青路面、半刚性基层沥青路面、刚性基层沥青路面、水泥混凝土路面组合式基层沥青路面。国外一般将水泥混凝土路面和沥青混凝土路面称为有铺装路面;表面处治、沥青碎石、沥青贯入式路面称为简易铺装路面;砂石路面等归入未铺装路面。砂石路面是以砂、石为集料,以土、水、灰为结合料,通过一定的配合比铺筑而成的路面,包括级配砂(砾)石路面、泥结碎石路面、水结碎石路面、填隙碎石路面及其他粒料路面。

1. 柔性基层沥青路面

柔性基层沥青路面的总体结构刚度较小,在车辆荷载作用下产生的弯沉变形较半刚性基层沥青路面大。虽然路面结构某一层的抗弯拉强度较低,但通过合理的结构组合和厚度设计可以保证路面结构整体具有很强的抵抗荷载作用的能力。同时,通过各结构层将车辆荷载传递给土基,使土基承受的单位压力在一定的范围内。路基路面结构主要靠抗压强度和抗剪强度承受车辆荷载的作用。柔性基层主要包括各种未经处理的粒料基层和各类沥青层、碎(砾)石层或块石层组成的路面结构。

2. 半刚性基层沥青路面

用水泥、石灰等无机结合料处治的土或碎(砾)石及含有水硬性结合料的工业废渣修筑的基层，在前期具有柔性基层的力学性质，后期的强度和刚度均有较大幅度的增长，但是最终的强度和刚度仍远小于水泥混凝土。由于这种材料的刚性处于柔性基层与刚性基层之间，因此将这种基层和铺筑在它上面的沥青面层统称为半刚性基层沥青路面。

3. 刚性基层沥青路面

刚性基层沥青路面是指用水泥混凝土[包括普通混凝土、钢筋混凝土(RCP)、连续配筋混凝土(CRCP)、钢纤维混凝土、预应力混凝土、装配式混凝土、碾压混凝土]作基层的沥青混凝土作面层的路面结构。水泥混凝土具有强度高、稳定性好等特点。沥青混凝土行车舒适、噪声小，这种复合式路面可以结合各自的优点，具有良好的使用性能和耐久性。普通混凝土、钢筋混凝土(RCP)基层沥青路面由于接缝处的反射裂缝，对使用性能有一定的影响；连续配筋混凝土(CRCP)基层沥青混凝土路面由于连续的配筋将水泥混凝土的裂缝宽度约束在一定的范围内(一般要求小于1 mm)，故有良好的使用性能和耐久性，但必须采取措施保证沥青层与沥青层、沥青层与水泥混凝土层之间有良好的黏结状态。

4. 水泥混凝土路面

水泥混凝土路面主要是指用水泥混凝土作面层(包括普通混凝土、钢筋混凝土、连续配筋混凝土、钢纤维混凝土、预应力混凝土、装配式混凝土、碾压混凝土)的路面结构。水泥混凝土的强度高，与其他筑路材料比较，其抗弯拉强度高，并且有较高的弹性模量，故呈现出较大的刚性。在车辆荷载作用下，水泥混凝土结构层处于板体工作状态，竖向弯沉较小，路面结构主要靠水泥混凝土板的抗弯拉强度承受车辆荷载。通过板体的扩散分布作用，传递给基础上的单位压力较柔性路面小得多。

5. 组合式基层沥青路面

沥青路面的基层含无机结合料稳定材料、水泥混凝土材料等刚度较大或相对较大的材料，但是在沥青层与刚度相对较大的材料之间夹有柔性材料。如沥青混凝土层＋级配碎石＋无机结合料稳定材料层的路面结构、沥青混凝土层＋级配碎石＋普通水泥混凝土材料层的路面结构、沥青混凝土层＋级配碎石＋碾压式水泥混凝土材料层的路面结构等。组合式基层沥青路面必须认真验算级配碎石基层上面各层的疲劳性能，以避免由于整体性材料与非整体性材料界面上的应力(或应变)突变而产生疲劳破坏。

1.4 公路养护的目的及任务

公路工程建设可分为规划决策阶段、设计阶段、施工阶段和使用阶段四个阶段。公路养护与管理属于最后阶段。公路的养护、管理能够为行车提供安全、经济、舒适、高速运行的保证。因此，公路养护是公路工程建设过程中非常重要的一个阶段，也是目前我国公路建设的发展趋势和侧重点。

1.4.1 公路养护的目的

公路投入使用后，反复承受车轮的作用，遭受暴雨、洪水、风沙、冰雪、日晒、冻融等自然力的侵蚀，以及设计、施工中留下的某些缺陷，若缺乏养护与维修，使用状况必然快速下降，道路通行必然受阻。总体来说，公路是在行车荷载和自然因素的作用下，尤其是现在日益增长的交通量和交通设施使用频率，公路及配套设施会出现不同程度的损坏，使用功能下降。

公路养护的目的就是运用先进的技术和科学的管理方法，合理地分配和使用养护资金，通过养护维修使公路在设计使用年限内经常保持良好技术状态，以保证公路具有快捷、畅通、舒适、安全、经济、美观的使用功能，最大限度地发挥公路的综合效益。

1.4.2 公路养护的任务

公路养护工作按照"预防为主，防治结合"的方针，采取正确的技术措施和工作方法，坚持日常小修保养与大、中修工程相结合，及时修复病害及损坏部分，以保持公路经常完好、畅通、整洁、安全和美观。

(1)经常保持公路及其设施处于完好状态，有针对性地及时养护与维修，保证行车安全、通畅。

(2)采用正确的技术措施，提高养护工作速度与质量，延长公路的使用年限。

(3)防治结合，消除公路存在的病害与隐患，提高公路的抗灾能力。

(4)对原有技术标准过低的路段及沿线设施进行分期改善和增建，提高公路的使用质量和服务水平。

1.4.3 公路养护的技术对策

《公路科学养护与规范化管理纲要》提出的指导方针：建养并重、协调发展、深化改革、强化管理、提高质量、保证畅通。

1. 技术对策

(1)预防为主、防治结合。

(2)因地制宜，就地取材。

(3)常年、科学养护。应用先进的养护技术和科学的管理方法，改善养护生产手段，提高养护技术水平。

(4)重视综合治理，保护生态平衡。

(5)全面贯彻执行公路桥梁养护管理工作有关制度。

(6)公路养护工程设计应符合现行标准《公路工程技术标准》(JTG B01—2014)的规定。

(7)加强以路面养护为中心的全面养护，大力推广和发展公路养护机械化。

2. 采取技术措施的原则

(1)认真开展路况调查，分析公路技术状况，针对病害产生的原因和后果，采取有效、先进经济的技术措施。

(2)加强养护工程的前期工作、各种材料试验及施工质量检验和监理，确保工程质量。

(3)推广路面、桥梁管理系统，逐步建立公路数据库，实行病害监控，实现决策科学化，使有限的资金发挥最大的经济效益。

(4)推广 GBM 工程(实施具有中国特色的公路标准化、美化建设工程)，实施公路的科学养护与规范化管理，改变现有公路面貌，提高公路的整体服务水平。

(5)认真做好公路交通情况调查工作，积极开发，采用自动化观测和计算机处理技术，为公路规划、设计、养护、管理、科研及社会各方面提供全面、准确、连续、可靠的交通情况信息资料。

(6)改革养护生产组织形式，管好、用好现有的养护机具设备，积极引进、改造、研制养护机械，逐步实现养护机械装备标准化、系列化，以保障养护工程质量，提高养护生产效率，降低劳动强度，改善劳动环境。

(7)加强对交通工程设施(包括标志、标线、通信、监控等)、收费设施、服务管理设施等的设置、维护、更新工作，保障公路应有的服务水平。

今后公路养护管理的发展方向是"养护现代化，决策科学化，管理规范化，服务人性化"，养护管理体制改革的方向是"管养分离、事企分开"，养护作业的方向是"专业化、机械化、规范化、科学化"。

项目 2　公路养护常用材料

重点内容

本项目介绍公路养护常用的砂石材料、石灰、水泥、沥青材料等的相关性质。

学习要求

通过学习公路养护常用的砂石材料、石灰、水泥、沥青材料等的相关性质，掌握材料性能及要求等，为后续学习路基路面养护技术奠定理论基础。

2.1　砂石材料

视频：砂石材料

在公路施工及养护中，砂石材料是一种重要的建筑与养护材料，应用极为广泛，在公路养护、路面基层、桥涵等建筑养护中，普遍采用各种规格的块状石料、砾石材料和砂等集料。

2.1.1　石料

天然石材是采自地壳，不经过加工或经过机械加工的天然岩石所制得的材料，具有较高的抗压强度、耐久性、耐磨性，产源分布广，便于就地取材。但石材性质较脆，抗拉强度低，表观密度大，硬度较高，开采加工困难。

天然石材根据生成条件可分为岩浆岩、沉积岩、变质岩三大类。岩浆岩又称火山岩，是由地壳内的岩浆冷凝而成的。在地壳深处生成的岩浆岩称为深成岩，如花岗岩、正长岩等；由岩浆喷出地面后冷凝而成的岩浆岩称为喷出岩，如玄武岩、安山岩等。沉积岩又称为水成岩，是岩浆岩经过风化作用后再经沉积胶结而成的。它包括化学沉积，如石膏、石灰岩等；有机沉积，如贝克岩、白垩等；机械沉积，如砂、砾石等。变质岩是由岩浆岩、沉积岩经过高温、高压作用变质后形成的岩石。这种岩石比沉积岩更致密，如大理石、石英岩等。

由于天然石材生成条件不同，因此石材的组成结构、矿物成分会有所变化，因而同一类岩石，它的性质也可能有很大差别。为了保证工程质量，在使用时必须对石材进行性质检验和鉴定。

天然石料的技术性质可分为物理性质、力学性质与化学性质。

1. 物理性质

物理性质包括物理常数、与水有关的性质、耐候性等。

(1)物理常数。岩石的物理常数是岩石矿物组成结构状态的反映。石料的物理常数是石料矿物组成结构状态的反映。石料内部组成结构主要由矿质实体(V_s)、闭口孔隙(V_n)和开口孔隙(V_i)三部分组成。图 2-1 所示为石料的各部分的质量与体积的关系。

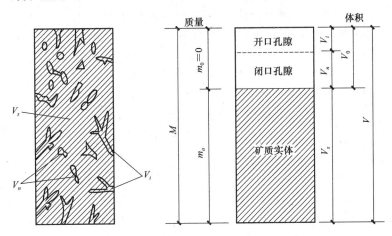

图 2-1 石料的各部分的质量与体积的关系

1)密度(真密度)。密度是指在规定条件下,烘干石料矿质单位体积(不包括开口孔隙与闭口孔隙体积)的质量。由图 2-1 可知,石料的密度公式为

$$\rho_t = m_s / v_s \quad (2\text{-}1)$$

式中 ρ_t——石料的密度(g/cm^3);
m_s——石料矿质实体的质量(g);
v_s——石料矿质实体的体积(cm^3)。

在空气中称量石料的质量,$m_0 = 0$,$m_s = M$,故式(2-1)可以改写成为式(2-2):

$$\rho_t = M / v_s \quad (2\text{-}2)$$

式中 ρ_t,v_s——意义同前;
M——石料试样质量(g)。

石料密度的测定方法是将石料样品经磨细后,在 105 ℃~110 ℃ 的烘箱中烘干,用分析天平称取一定质量的石粉试样,置于容量瓶中,在规定的温度条件下,将不含水溶性的石粉以蒸馏水、含水溶性的石粉以高沸点有机溶剂(如煤油),用置换法测定其体积,按式(2-2)计算石料密度。

2)毛体积密度。毛体积密度是指在规定条件下,烘干石料包括孔隙在内的单位体积固体材料的质量。由图 2-1 可知,石料包括孔隙在内的单位体积质量按式(2-3)计算:

$$\rho_h = m_s / (v_s + v_i + v_n) = M / V \quad (2\text{-}3)$$

式中 ρ_h——石料的毛体积密度(g/cm^3);
v_i——开口孔隙体积(cm^3);
v_n——闭口孔隙体积(cm^3);
M、m_s、v_s——意义同前;
V——石料总体积(cm^3)。

岩石的毛体积密度(块体密度)是一个间接反映岩石致密程度、孔隙发育程度的参数,也是评价工程岩体稳定性及确定围岩压力等必需的计算指标。根据岩石含水状态,毛体积

密度可分为干密度、饱和密度和天然密度。

岩石毛体积密度试验可分为量积法、水中称量法和蜡封法。量积法适用于能制备成规则试件的各类岩石；水中称量法适用于除遇水崩解、溶解和干缩湿胀外的其他各类岩石；蜡封法适用于不能用量积法或直接在水中称量进行试验的岩石。

3)孔隙率。孔隙率是指石料孔隙体积占石料总体积的百分率。由图2-1可知，石料孔隙率可按式(2-4)计算：

$$n = V_0/V = (1 - \rho_d/\rho_t) \times 100\% \tag{2-4}$$

式中　　n——孔隙率(%)；

　　　　V_0——石料孔隙(包括开口和闭口孔隙)体积(cm^3)；

　　　　V——意义同前；

　　　　ρ_d——石料的毛体积密度(g/cm^3)；

　　　　ρ_t——石料的密度(g/cm^3)。

(2)与水相关的性质。岩石的吸水性是指岩石遇水(不瓦解)时，在一定的试验条件(指规定的试验压力及试件尺寸)下吸入水分的能力，通常以自然吸水率和饱和吸水率来衡量。

1)吸水率。吸水率是指在室内常温20 ℃±2 ℃和常压条件下，石料试件最大的吸水质量占烘干石料试件质量的百分率，按式(2-5)计算：

$$\omega_x = (m_2 - m_1)/m_1 \times 100\% \tag{2-5}$$

式中　　ω_x——石料吸水率(%)；

　　　　m_1——烘至恒量时的试件质量(g)；

　　　　m_2——吸水至恒量时的试件质量(g)。

2)饱水率。饱水率是指石料在室内常温(20 ℃±2 ℃)和真空抽气(真空度为20 mm汞柱)状态下，石料试件最大吸水的质量占石料试件干燥时质量的百分率。

一般来说，石料的饱水系数为0.5~0.8。饱水系数大，说明常压下吸水后留余的空间有限，易被冻胀破坏，因而岩石的抗冻性就差。

岩石的吸水率和饱水率能有效地反映岩石微裂隙的发育程度，可用来判断岩石的抗冻性和风化等性能。

3)耐水性。耐水性是指石料长期在饱水状态下而不破坏，其强度也不显著降低的性质，以软化系数表示。

软化系数是指石料长期在饱水状态下的抗压强度与石料在干燥状态下的抗压强度的比值，按式(2-6)计算：

$$K_{软} = R_{压(饱)}/R_{压(干)} \tag{2-6}$$

式中　　$K_{软}$——石料的软化系数；

　　　　$R_{压(饱)}$——石料饱水后的抗压强度(MPa)；

　　　　$R_{压(干)}$——石料干燥状态下的抗压强度(MPa)。

(3)耐候性。岩石抵抗大气等自然因素作用的性能称为耐候性。自然因素导致石料结构的破坏：首先是温度的升降，产生的温度应力而引起石料的破坏；其次是石料在潮湿条件下，受到正、负气温的交替冻融作用，引起石料内部组织结构的破坏。在大多数地区，后者即抗冻性占主导地位。

抗冻性是指石料在饱水状态下，能抵抗多次冻结和融化作用而不被破坏的性能。

通常以石料在饱水状态下，能经受冻融循环的次数(质量损失不超过5%，抗压强度降低不超过25%)来表示。根据冻融循环次数，可将石料分为5、10、15、25、50等强度等级（在温度下降至-15 ℃冻结4 h后，放入(20 ± 5)℃水中融解4 h为冻融循环一次）。如无条件进行冻融试验，也可采用坚固性简易快速测定法，这种方法通过饱和硫酸钠溶液进行多次浸泡与烘干循环后进行测定。

2. 力学性质

公路与桥梁工程结构物中所用石料，除受上述物理性质影响外，还受到外力的作用，所以，石料还应具备一定的力学性质。

力学性质主要由强度表示。石料的强度主要取决于石料内部矿料组成与结构。石料内部孔隙及构造不同，其强度也有较大差异。石料密度越小，孔隙率越大，其强度越低。石料的强度值用石料的标准试件通过试验测定。

石料的力学性质主要包括抗压、抗拉、抗折、磨耗、冲击韧性、硬度及磨光值等。

(1)抗压强度。石料的抗压强度一般仅采用单轴抗压强度试验进行确定，试验每组6个试件。通常，将石料制成标准试件(取边长为50 mm±0.5 mm的正方体或直径与高均为50 mm±0.5 mm的圆柱体)，经吸水饱和后，单轴受压，达到极限破坏时，单位承压面积所受的荷载即抗压强度，按式(2-7)计算：

$$R=F/A \tag{2-7}$$

式中　R——石料的抗压强度(MPa)；

　　　F——极限破坏时的荷载(N)；

　　　A——试件的截面面积(mm^2)。

1)建筑地基采用圆柱体试件，直径为50 mm±2 mm，高/径=2。

2)桥梁工程采用立方体试件，边长为70 mm±2 mm。

3)路面工程采用圆柱体或立方体试件，其直径或边长和高均为50 mm±2 mm。

(2)磨耗性。石料的磨耗率是指石料抵抗冲击、剪力和摩擦等联合作用的能力，可采用洛杉矶试验法测定，以质量损失百分率来评价。磨耗率按式(2-8)计算：

$$Q_{磨}=\frac{m_1-m_2}{m_1}\times100 \tag{2-8}$$

式中　$Q_{磨}$——石料磨耗率(%)；

　　　m_1——装入圆筒中试样质量(g)；

　　　m_2——试验后洗净烘干后试样质量(g)。

磨耗试验是公路用石料的一个综合指标，也是评定石料等级的依据之一。

3. 化学性质

根据试验研究按SiO_2含量多少将石料划分成酸性、碱性及中性。SiO_2含量大于65%的石料称为酸性石料；SiO_2含量为52%～65%的石料称为中性石料；SiO_2含量小于52%的石料称为碱性石料。

矿质集料在混合料中与结合料起着复杂的物理-化学作用，石料的化学性质将影响着混合料的物理-力学性质。根据集料中常见氧化物SiO_2含量的高低，可将集料分为酸性、碱性和中性等不同类型，从而更好地了解和掌握集料与沥青或水泥组成混合物时所产生的不同性能表现。例如，偏碱性的石灰岩集料与沥青之间有更好的黏附效果，这将有助于沥青混合料的水稳性，在沥青混合料中应优先选用碱性石料；偏酸性的花岗岩集料往往具有更好的力学性能表现。

从表 2-1 中可以看出，酸性岩亲水系数大于碱性岩，亲水系数表明石料对水亲和力的大小。亲水系数越大，说明石料与水的结合程度越高，相对应与沥青的结合力就越弱，所以，石料的酸碱性直接影响到石料和沥青构成的混合料的性质。石料与沥青的粘接性能不良而造成的沥青混合料剥离是沥青路面常见的破坏形式之一。

表 2-1　不同岩石的亲水系数

岩石	代表岩石	亲水系数
酸性岩	石英岩	1.06
中性岩	闪长岩	—
碱性岩	石灰岩	0.79

2.1.2　集料

集料包括岩石天然风化而成的砾石（卵石）和砂等，岩石经机械和人工轧制的各种尺寸的碎石，以及工业冶金矿渣。根据集料在工程混合料中的不同作用，可以按粒径将其划分为细集料和粗集料两种。

视频：集料

1. 细集料

砂砾通常是指由岩石风化而成的天然有棱角的松散材料，也称为细集料或砂。水泥混凝土 4.75 mm，沥青混凝土 2.36 mm，小于该尺寸的颗粒为细集料。

砂按照产源可分为河砂、海砂、山砂；按照粒径和细度模数可分为粗砂、中砂、细砂。作为养护材料，对细集料砂的质量要求包括两个方面，即砂的粗细程度和砂的颗粒级配。

（1）粗细程度。砂的粗细程度是指不同粒径砂总体积的粗细程度。砂的粗细程度与总表面积有关，为了获得比较小的总表面积，应尽量采用较粗的颗粒。在拌制混凝土时，由于过粗的颗粒会使砂空隙率增大而使混凝土拌合物产生泌水，影响和易性，因此在拌制时，应同时考虑砂的粗细程度和颗粒级配。

（2）颗粒级配。砂的颗粒级配是指砂中大小颗粒相互搭配的比例情况。当采用相同粒径砂时，砂的空隙率最大[图 2-2(a)]；当两种不同粒径搭配时，空隙率减小[图 2-2(b)]；当两种以上粒径搭配时，空隙率更小。这样一级一级不同粒径按一定比例相互搭配填充空隙，使砂的空隙率达到最小。

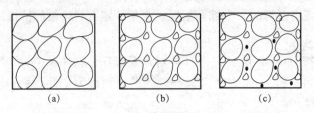

图 2-2　颗粒级配示意

(a)相同粒径，空隙率最大；(b)两种粒径，空隙率减小；(c)两种以上粒径，空隙率更小

（3）砂的颗粒级配与粗细程度的确定。砂的粗细程度与颗粒级配可用筛分析试验来测定。通过筛分可计算出 3 个参数，即分计筛余百分率、累计筛余百分率及通过量百分率。根据参数可以绘制级配曲线及计算细度模数（用细度模数来表示砂的粗细程度）。

筛析法：一套标准筛，根据《公路工程集料试验规程》(JTG E 42—2005)，水泥混凝土和沥青混合料中所用粗细集料的筛分都改为方孔筛。

   (圆孔筛) (方孔筛)
   5.0 mm——4.75 mm
   2.5 mm——2.36 mm
   1.25 mm——1.18 mm
   0.63 mm——0.6 mm
   0.315 mm——0.3 mm
   0.16 mm——0.15 mm

2. 粗集料

粗集料通常是指人工轧制的碎石和天然风化而成的砾石，是水泥混凝土和沥青混合料中的骨架材料。在沥青混合料中，粗集料是指粒径大于 2.36 mm 的碎石、破碎砾石、筛选砾石和矿渣等；在水泥混凝土中，粗集料是指粒径大于 4.75 mm 的碎石、砾石和破碎砾石。

粗集料的性质包括物理性质及级配。

(1)表观密度。表观密度是指在规定条件(105 ℃±5 ℃烘干至恒重)下，单位表观体积(包括集料矿质实体和闭口孔隙的体积)的质量，按式(2-9)计算：

$$\rho_a = \gamma_a \times \rho_T \text{ 或 } \rho_a = (\gamma_a - \alpha_T) \times \rho_w \tag{2-9}$$

式中 ρ_a——粗集料的表观密度(g/cm³)；

   γ_a——粗集料的表观相对密度(g/cm³)；

$$\gamma_a = \frac{m_0}{m_0 + m_1 + m_2}$$

   m_0——试样的烘干质量(g)；

   m_1——水、瓶及玻璃片的总质量(g)；

   m_2——试样、水、瓶及玻璃片的总质量(g)；

   ρ_T——试验温度 T 时水的密度(g/cm³)；

   α_T——试验温度 T 时的水温修正系数；

   ρ_w——水在 4 ℃时的密度(1.000 g/cm³)。

(2)毛体积密度。毛体积密度是指在规定条件(105 ℃±5 ℃烘干至恒重)下，单位毛体积(包括矿质实体、闭口孔隙和开口孔隙)的质量，按式(2-10)计算：

$$\left. \begin{array}{l} \rho_h = \dfrac{m}{V} \\ V = \dfrac{m_1 - m_2}{\rho_w} \end{array} \right\} \tag{2-10}$$

式中 ρ_h——集料毛体积密度(g/cm³)；

   m——烘干至恒重时试样的质量(g)；

   V——集料体积(cm³)。

   m_1——面干吸水饱和试样在空气中的质量(g)；

   m_2——面干吸水饱和试样在水中的质量(g)；

   ρ_w——水的密度，计算时取 1 g/cm³。

组织均匀的岩石，其密度试验结果应为3个试件测得结果的平均值；组织不均匀的岩石，密度应记录最大值与最小值。计算结果精确至 0.01 g/cm³。

(3)松方密度。堆积状态、振实状态、捣实状态下的松方密度按式(2-11)计算：

$$\rho = \frac{m_s}{V_s + V_p + V_v} \tag{2-11}$$

式中 ρ ——粗集料的堆积密度(g/cm³)；

m_s ——矿质实体质量(g)；

V_s、V_p、V_v ——分别为粗集料矿质实体、孔隙和空隙的体积(cm³)。

(4)级配。级配是指集料中各种粒径颗粒的搭配比例或分布情况。级配对水泥混凝土及沥青混合料的强度、稳定性及施工和易性有着显著的影响，级配设计也是水泥混凝土和沥青混合料配合比设计的重要组成部分。可利用筛分试验进行级配的分析。干筛法的步骤如下：

1)将试样倒入按大小筛孔尺寸顺序排好的筛中，盖上筛盖后进行筛分。先前后左右摇动套筛，使试样初步分离后按筛孔大小顺序过筛，一直到各号筛每分钟的通过量不超过试样总量的 0.1% 时，称量存留在筛上的试样质量。

2)当某号筛上的筛余层厚度大于试样的最大粒径值时，应将该号筛上的试样分成两份分别筛分。当筛余颗粒的粒径大于 20 mm 时，筛分过程中允许用手指轻轻拨动颗粒，但不得逐颗塞过筛孔。直到各号筛每分钟的通过量不超过试样总量的 1% 为止。

3)筛分后在筛上的所有分计筛余量和底盘剩余的总和与筛分前测定的试样总量相比，其相差不得超过 0.5%。

4)将全部要求筛孔组成套筛(但不需要 0.075 mm 筛)。将已经洗去小于 0.075 mm 部分的干燥集料置于套筛上(一般为 4.75 mm 筛)，将套筛装入摇筛机，摇筛约 10 min，然后取出套筛，再按筛孔大小顺序，从最大的筛号开始，在洁净的浅盘上逐个进行手筛。

2.2 石灰、水泥

凡在物理、化学作用下，能从浆体变成坚固的石状体，并能胶结其他物料而具有一定机械强度的物质，统称为胶凝材料。胶凝材料可分为水硬性和非水硬性两大类。

视频：石灰、水泥

水硬性胶凝材料是在拌水后不仅能在空气中硬化而且能在水中硬化的材料。如硅酸盐水泥、铝酸盐水泥等无机材料，其不仅能在空气中硬化而且能更好地在水中硬化，又可在水中或适宜的环境中保持并继续提高速度。

非水硬性胶凝材料是只能在空气中或其他条件下硬化，而不能在水中硬化的材料。如无机的石灰、石膏及有机的环氧树脂胶结料等。

2.2.1 石灰

1. 石灰的相关概念

石灰是一种气硬性胶凝材料。其是将碳酸钙为主要成分的材料(主要为石灰石)经过 900 ℃～1 200 ℃的高温煅烧，尽可能地分解与排出 CO_2，得到以 CaO 为主要成分的生石灰，它是一种多孔结构材料。

石灰是一种与水结合能迅速分解并释放出热量的物质。石灰与水发生反应，生成 $Ca(OH)_2$

(氢氧化钙)。其常被称为消石灰或熟石灰。其化学反应式为：$CaO+H_2O=Ca(OH)_2$。

这时，若将 $Ca(OH)_2$(氢氧化钙)加热至 580 ℃以上，$Ca(OH)_2$(氢氧化钙)即可发生化学反应，放出水分，又能生成 CaO(氧化钙)。即 $Ca(OH)_2=CaO+H_2O\uparrow$。

石灰按种类划分为普通石灰、高镁石灰(白云石)、活性石灰三大类。而用于区别它们的主要指标是 CaO、MgO 的含量和活性度指数，见表 2-2。

表 2-2 活性度

名 称	CaO/%	MgO/%	活性度/mL
普通石灰	≥80	≤5	≥180
高镁石灰	≥81	5~12	≥180
活性石灰	≥90	≤0.7	≥300

石灰的用途非常广泛，常见于建筑、建材、冶金、化工、轻工、环保、医药和农业等众多领域。特别是在炼钢、炼铁、烧结、铜、铝冶炼等行业中，石灰作为造渣剂、溶解剂或烧结材料等发挥出了非常重要的作用。

石灰石在高温煅烧之后由于各种原因会生成次品，如温度过低、时间不足、块料过大则会形成欠烧石灰，其石灰石有未分解的部分，利用率低、温度过高、时间太长、块料太小，则会造成过烧石灰，石灰过烧，活性则降低，"欠火石灰"颜色发青，内部有未烧透的内核，使用时不能完全消化，有效氧化钙和氧化镁含量低，缺乏黏结力；"过火石灰"表面出现裂缝或玻璃状的外壳，体积收缩明显，颜色呈灰黑色，块体密度大，消化缓慢，用于建筑结构物中仍能继续消化，以致引起体积膨胀，导致产生裂缝等破坏现象，危害极大。公路在养护材料选用时应规避这两种次品石灰。

2. 石灰的特性

(1)可塑性好。在水泥砂浆中掺入石灰膏，配制成混合砂浆，可显著提高砂浆的和易性。

(2)硬化较慢、强度低。

(3)耐水性差。受潮后石灰中的氧化钙及氢氧化钙会溶解，强度更低，在水中还会溃散。所以，石灰不宜在潮湿的环境中使用，也不宜单独用于建筑物的基础。

(4)硬化时体积收缩大。除调成石灰乳作粉刷外，不宜单独使用，工程上通常要掺入砂、纸筋、麻刀等材料以减小收缩，并节约石灰。

(5)生石灰吸湿性强。储存生石灰不仅要防止受潮，而且也不宜储存过久。

3. 石灰的应用

石灰作为工程中最常见的材料，其应用范围广泛。

(1)石灰砂浆主要用于地面以上部分的砌筑工程，并可用于抹面等装饰工程。

(2)加固软土地基，在软土地基中打入生石灰桩，可利用生石灰吸水产生膨胀对桩周土壤起挤密作用，利用生石灰和黏土矿物之间产生的胶凝反应使周围的土固结，从而达到提高地基承载力的目的。

(3)石灰和黏土按一定比例拌和制成石灰土或与黏土、砂石、炉渣制成三合土，用于道路工程的垫层。

(4)在道路工程中，随着半刚性基层在高等级路面中的应用，石灰稳定土、石灰粉煤灰稳定土及其稳定碎石等广泛用于路面基层。

2.2.2 水泥

凡细磨材料（粉末状），加入适量水后，成为塑性浆体，既能在空气中硬化，又能在水中硬化，并能将砂、石等材料牢固地胶结在一起的水硬性胶凝材料，通称为水泥。

水泥是一种多级分的人造矿物粉料，与水拌和后成为塑性胶体，既能在空气中硬化，也能在水中硬化，并能将砂石等材料结合成具有一定强度的整体，水泥是水硬性无机胶凝材料。

凡由硅酸盐水泥熟料，0%~5%石灰石或粒化高炉矿渣、适量石膏磨细制成的水硬性胶凝材料，称为硅酸盐水泥[即国外通称的波特兰水泥（Portland Cement）]。

硅酸盐水泥可分为两种类型：不掺加混合材料的称为Ⅰ型硅酸盐水泥，代号P·Ⅰ；在硅酸盐水泥熟料粉磨时掺加不超过质量5%石灰石或粒化高炉矿渣混合材料的称为Ⅱ型硅酸盐水泥，代号P·Ⅱ。

1. 水泥组分

水泥组分主要有水泥熟料、石膏、活性混合材、非活性混合材、窑灰、助磨剂等。

（1）水泥熟料。水泥熟料是指适当成分的生料烧至部分熔融，所得以硅酸钙为主要成分的产物。

1）氧化物组成。CaO、SiO_2、Al_2O_3、Fe_2O_3、MgO、SO_3、TiO_2、P_2O_5、K_2O 和 Na_2O 等。

2）矿物组成。石灰石等原料经高温煅烧后，其发生反应生成多种矿物集合体，主要生成四种矿物，其结晶细小（30~60 μm）：硅酸三钙 $3CaO \cdot SiO_2$（C_3S）；硅酸二钙 $2CaO \cdot SiO_2$（C_2S）；铝酸三钙 $3CaO \cdot Al_2O_3$（C_3A）；铁相固溶体 $4CaO \cdot Al_2O_3 \cdot Fe_2O_3$（$C_4AF$）。

另外，还含有少量的游离氧化钙（f-CaO）、方镁石（结晶氧化镁）、含碱矿物及玻璃体等。矿物的基本特性见表2-3。

表2-3 活熟料矿物的基本特性

矿物	含量	水化速度	强度		凝结时间	水化热	耐化学侵蚀性	干缩
			早期	后期				
C_3S	50%	较快	高	高	正常	中	中	中
C_2S	20%	较慢	低	高	缓慢	小	良	小
C_3A	7%~15%	迅速	高	低	很快	大	差	大
C_4AF	10%~18%	<C_3A后期慢	低	低	正常	小	优	小

（2）石膏。天然或工业副产石膏（$CaSO_4$，$CaSO_4 \cdot 2H_2O$），其可调节凝结时间，提高早期强度，降低干缩变形，改善耐久性、抗渗性等性能，对混合材起活性激发作用。其最佳掺量：依据 C_3A 含量、混合材掺量而定，以水泥中的 SO_3 含量作为石膏掺量的控制指标。过少，不能合适地调节水泥正常凝结时间；过多，会和铝酸钙生成含水硫铝酸钙，结晶时体积会增大，则导致水泥体积安定性不良。

（3）活性混合材。混合材磨细后与水泥、石灰和石膏等拌和，加水后既能在水中又能在空气中硬化的称为活性混合材。活性混合材本身不与水反应，加入激发剂后，在激发剂与水作用下发生反应产生强度。应用于活性混合材的激发剂主要包括碱性激发剂和硫酸盐激发剂。碱性激发剂：CaO、Ca(OH)$_2$、NaOH、KOH 等；硫酸盐激发剂：CaSO$_4$ 等；外加剂：减水剂、速凝剂、膨胀剂等。工程实际中应用较多的活性混合材主要有以下三种：

1) 粒化高炉矿渣：炼铁高炉的熔融矿渣经水淬急冷形成，物相组成大部分为玻璃体，具有较高的化学潜能，在激发剂的作用下具有水硬性。

2) 火山灰质混合材：凡天然的及人工的以氧化硅、氧化铝为主要成分的矿物质原料，磨成细粉加水后并不硬化，但与石灰混合后再加水拌和，则不但能在空气中硬化，而且能在水中继续硬化者称为火山灰质混合材。

① 天然：火山灰、火山凝灰岩、浮石、硅藻土、硅藻石、蛋白石等。

② 人工：烧粘土、活性硅质渣、粉煤灰、烧页岩等。

3) 粉煤灰：燃煤发电厂电收尘器收集的细灰。主要化学成分为 SiO_2、Al_2O_3、Fe_2O_3、CaO。物相组成：玻璃体 60%～85%；结晶化合物 10%～30%；未燃尽碳约 5%。

2. 水泥的技术要求

(1) 不溶物。Ⅰ型硅酸盐水泥不溶物不超过 0.75%，Ⅱ型硅酸盐水泥中不溶物不得超过 1.50%。

(2) 氧化镁。水泥中氧化镁含量不超过 5.0%。如果水泥压蒸安定性试验合格，则水泥中氧化镁含量允许放宽到 6.0%。

(3) 三氧化硫。水泥中 SO_3 含量不得超过 3.5%。

(4) 烧失量。Ⅰ型硅酸盐水泥中烧失量不得大于 3.0%，Ⅱ型硅酸盐水泥中烧失量不得大于 3.5%。普通水泥中烧失量不得大于 5.0%。

(5) 细度。水泥颗粒的粗细程度对水泥的使用有重要影响。水泥颗粒粒径一般在 7～200 μm 范围内。硅酸盐水泥比表面积大于 300 m^2/kg，普通水泥 80 μm 方孔筛筛余不得超过 10.0%。

(6) 凝结时间。水泥从加水开始到失去其流动性，即从液体状态发展到较致密的固体状态的过程称为水泥的凝结过程。这个过程所需要的时间称为凝结时间。

硅酸盐水泥初凝时间不得早于 45 min，终凝时间不得迟于 390 min。普通水泥初凝时间不得早于 45 min，终凝时间不得迟于 10 h。

(7) 安定性。水泥浆体硬化后体积变化的均匀性称为水泥的体积安定性，即水泥硬化浆体能保持一定形状，不开裂，不变形，不溃散的性质。用沸煮法检验必须合格。

(8) 强度。水泥强度等级按规定龄期的抗压强度和抗折强度来划分，各强度等级的水泥的各龄期强度不得低于表 2-4 中规定的数值。

表 2-4　各龄期、各类型水泥强度

品种	强度等级	抗压强度/MPa		抗折强度/MPa	
		3 d	28 d	3 d	28 d
硅酸盐水泥	42.5	17.0	42.5	3.5	6.5
	42.5R	22.0		4.0	
	52.5	23.0	52.5	4.0	7.0
	52.5R	27.0		5.0	
	62.5	28.0	62.5	5.0	8.0
	62.5R	32.0		5.5	

续表

品种	强度等级	抗压强度/MPa		抗折强度/MPa	
		3 d	28 d	3 d	28 d
普通水泥	32.5	11.0	32.5	2.5	5.5
	32.5R	16.0	32.5	3.5	5.5
	42.5	16.0	42.5	3.5	6.5
	42.5R	21.0	42.5	4.0	6.5
	52.5	22.0	52.5	4.0	7.0
	52.5R	26.0	52.5	5.0	7.0

2.3 沥青材料

视频：沥青及沥青混合料

沥青材料是一种有机胶凝材料，其内部组成是一些十分复杂的碳氢化合物及其非金属衍生物的混合物。在常温下是黑色或黑褐色的黏稠液体、半固体或固体，主要含有可溶于三氯乙烯的烃类及非烃类衍生物，其性质和组成随原油来源和生产方法的不同而变化。其能溶于二硫化碳、氯仿、苯等多种有机溶剂。

按照来源的不同，沥青可分为地沥青和焦油沥青两大类，如图2-3和图2-4所示。

图 2-3 地沥青

图 2-4 焦油沥青

（1）地沥青可分为直接开采的天然沥青和开采石油加工后的石油沥青。天然沥青是石油在自然界长期受地壳挤压、变化，并与空气、水接触逐渐变化而形成的，按形成的环境可分为湖沥青、岩沥青、海底沥青、油页岩等；石油沥青是由石油原料经蒸馏提炼出各种轻质油品（汽油、煤油、柴油、润滑油等）后的残留物，再经加工（吹氧、调和等）得到的产品。石油沥青的产量大，可加工改性的程度高，并能够较好地满足现代道路交通运输特点，是目前道路工程中应用最多的沥青品种。本项目讨论的沥青与沥青混合料均指石油沥青。

（2）焦油沥青是干馏有机燃料（煤、页岩、木材等）所收集的焦油再经加工而得到的一种沥青材料。按干馏原料的不同，焦油沥青可分为煤沥青、页岩沥青、木沥青和泥岩沥青。工程上常用的焦油沥青为煤沥青。

2.3.1 石油沥青的化学组分

1. 组分

将沥青分为油分、树脂、沥青质三个组分，按三组分分析法所得各组分的性状见表 2-5。

表 2-5 石油沥青按三组分分析法所得各组分的性状

性状 组分	外观特征	平均分子量 Mw	碳氢比 C/H	物化特征
油分	淡黄色透明液体	200～700	0.5～0.7	几乎可溶解于大部分有机溶剂，具有光学活性，常发现有荧光，相对密度为 0.910～0.925
树脂	红褐色黏稠半固体	800～3 000	0.7～0.8	温度敏感性高，熔点低于 100 ℃，相对密度大于 1.00
沥青质	深褐色固体末微粒	1 000～5 000	0.8～1.0	加热不溶化，分解为硬焦炭，使沥青呈黑色

2. 化学组分对路用性能的影响

(1)油分：为淡黄色或红褐色透明黏性液体，在沥青中的含量为 45%～60%，能溶于二硫化碳、苯等有机溶剂中，但不溶于酒精，油分使沥青具有流动性。

(2)树脂：为红褐色至黑褐色的黏稠状半固体物质，在沥青中的含量为 15%～30%，能溶于三氯甲烷、汽油、苯等有机溶剂。树脂使沥青具有塑性。

(3)酸性树脂：是一种表面活性物质，能增强沥青与砂质材料表面的黏附性。

(4)沥青质：为深褐色至黑褐色的固态物质，不溶于酒精，能溶于三氯甲烷和二硫化碳。其在沥青中的含量为 10%～30%，决定沥青的温度稳定性、黏性及硬度。随着含量的增多，沥青的塑性降低、脆性增大。

(5)石蜡：高温时，石蜡变软，导致沥青路面的高温稳定性降低，出现车辙，另外，低温会使沥青变脆硬，导致路面低温抗裂性降低，出现裂缝，且蜡会使石料与沥青之间的黏附性降低，使路面石子与沥青产生剥落，石蜡的存在还会降低沥青路面的抗滑性能。

2.3.2 石油沥青的技术性质

1. 黏滞性(黏性)

黏滞性是指沥青在外力作用下抵抗变形的能力。其大小取决于沥青的化学组分及温度。黏滞性是与沥青路面力学性质联系最密切的一种性质。沥青黏度的选择是首要考虑的参数，沥青的黏性通常用黏度表示，所以，黏度是现代沥青强度等级划分的主要依据。

测定黏滞性的方法很多。工程上通常采用相对黏度(条件黏度)来表示。测定相对黏度的主要方法是用标准黏度计及针入度仪。

测定黏稠石油沥青的相对黏度，是用针入度仪测定。

针入度：沥青在规定的温度 25 ℃条件下，以规定质量 100 g 的标准针，经规定时间 5 s，标准针贯入试样中的深度，以 0.1 mm 为单位表示。针入度值越小表示黏度越大(通过针入度试验测得的针入度越大，表示沥青越软，稠度越小，沥青稠度和黏度关系密切，稠度越高的沥青黏度也越高)。

2. 塑性

塑性是指石油沥青在外力作用时，产生变形而不破坏，外力除去后，仍保持变形前的形状。

影响塑性大小的因素与沥青的组分及温度有关。若石油沥青中岩树脂含量多，油分及沥青质含量适当，则塑性较大。若温度升高，塑性增大，沥青膜层越厚则塑性越高；反之，塑性越差。在常温下，塑性好的沥青，不易产生裂缝，同时对冲击振动荷载具有一定的吸收能力，并减少摩擦时的噪声，所以沥青是一种优良的路面材料。

石油沥青的塑性用延度表示。延度越大，塑性越好。沥青延度是将沥青试样制成∞字形标准试模（中间最小截面面积为 1 cm²）在规定速度 5 cm/min 和规定温度 25 ℃或 15 ℃下拉断时的延长度，以 cm 为单位表示。

3. 温度敏感性（感温性）

温度敏感性是指石油沥青的黏滞性和塑性随温度升降而变化的性能。当温度升高时，沥青由固态或半固态逐渐软化成粘流状态，当温度降低时由粘流状态转变为固态至变脆。工程要求随温度的变化，沥青的黏滞性、塑性变化很小（感温性小）。所以，温度敏感性是沥青性质的重要指标之一。沥青中含蜡量多会增大温度敏感性（温度变高时发生软化，温度较低时又易变脆），因此，多蜡沥青不能用于道路工程中。

项目 3　路基的日常养护

重点内容

本项目介绍路基养护的工作内容和基本要求；路肩、边坡养护、路基排水设施的要求和内容。

学习要求

通过学习路基养护的工作内容和基本要求，路肩、边坡养护、路基排水设施的要求和内容，掌握路基日常养护的工作内容及要求。

3.1　路基日常养护概述

路基是公路的重要组成部分，是路面的基础，它与路面共同承担车辆荷载。路基的强度和稳定性是保证路面结构稳定、路用性能良好的基本条件。路基日常养护工作的范围主要包括对路肩、边坡、路基排水设施等的养护。

3.1.1　路基养护工作的内容

(1)维修、加固路肩、边坡。
(2)疏通、改善排水设施。
(3)维护、修理各种防护构造物。
(4)清除塌方、积雪，处理塌陷，检查险情，防治水毁。
(5)观察和预防、处理翻浆、滑坡、泥石流等病害。
(6)有计划、有针对性地对局部路基进行加宽、加高，改善急弯、陡坡和视距不良路段，使之逐步达到所要求的技术标准。

3.1.2　路基养护工作的一般规定

(1)路基养护范围应包括地基、路堤、边坡及结构物、排水设施等。
(2)路基养护应经常保持路基整体处于良好技术状况，路肩、边坡和支护结构完好稳定，排水设施排水通畅。
(3)路基日常养护应加强路基日常巡查和保养工作，及时清除零星塌方、碎落石、积水和杂物等，及时修剪杂草、疏通排水系统，定期整理路肩、边坡、排水系统及结构物泄水孔，及时维修路肩、边坡、排水设施和各类结构物的局部轻微损坏。

(4)路基养护应加强预防养护工作,结合日常巡查和各类检查及监测,及时排查病害及灾害的各类隐患。当路基及结构物技术状况为优良,但有局部轻微损坏或病害迹象时,应适时采取预防性养护措施,防止或延缓病害的发生和发展。

(5)当路基及结构物出现明显病害或较大损坏时,应及时组织专项检查和评定及必要的工程勘察,采取相应工程措施,并应符合下列规定:

1)路基及结构物技术状况等级为中,或出现局部损坏时,应实施修复养护工程,及时处治或加固。

2)路基及结构物技术状况等级为次及以下,路基整段出现大范围病害,或重要结构物出现较大损坏时,应实施专项养护工程,及时处治、加固或改建。

3.2 路肩养护

视频:路肩养护

各级公路横断面组成中都包括行车道及路肩。路肩指的是位于行车道外缘至路基边缘,具有一定宽度的带状部分。路肩可分为硬路肩和土路肩,如图3-1所示。

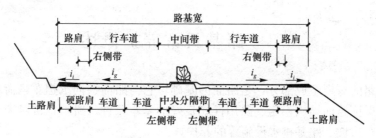

图3-1 路基断面示意

道路设置路肩的主要目的:保护行车道等主要结构的稳定;为发生机械故障或遇到紧急情况的车辆临时停车提供位置;提供侧向余宽,有利于安全,增加舒适感;可供行人、自行车通行;为设置路上设施提供位置;作为养护操作的工作场地;在不损坏公路构造的前提下,也可作为埋设地下设施的位置;改善挖方路段的弯道视距,增进交通安全;使雨水能够在远离行车道的位置排放,减少行车道雨水渗透,减少路面损坏。

路肩养护工作的重点是减少或者消除水对路肩的危害。

3.2.1 路肩养护的要求及内容

1. 养护要求

(1)路肩平整顺适。硬路肩应与路面横坡相同,植草的路肩应略大于路面横坡。路肩横坡度过缓,不利于排水,影响路基稳定;横坡度过大,易被雨水冲刷。

(2)路肩的宽度应符合《公路工程技术标准》(JTG B01—2014)的规定。

(3)路肩应经常保持平整坚实,不应积水、淤泥和出现坑槽、车辙和缺口。

(4)路肩上不应堆放有任何杂物或养护材料。

(5)路肩应尽量与环境协调,尽可能使之美观。

高速公路通常铺设硬路肩，根据设计要求铺设为沥青混凝土或水泥混凝土的面层，并铺砌路缘带。此时，路肩的养护按照同类型路面的养护。

2. 养护内容

(1)路肩清扫。路肩清扫包括机械清扫和人工清扫。进行路面清扫、保洁时，必须将硬路肩同时进行清扫和人工保洁；雨后路肩如有积水，应及时排除。

车辆在高速公路上行驶，如果出现故障，都要停在紧急停车带进行检查、处理。特别是重型车辆，当它停下来使用千斤顶进行处理时，常常要给停车带的沥青留下难以恢复的千斤顶坑迹；同时，在修车过程中，个别车辆会在停车带上漏下柴油，侵蚀沥青混凝土路面，造成停车带沥青路面松散。随着时间的推移，这些被腐蚀的地方就会发展成坑槽。

这种情况长期存在，既影响停车安全，又影响路肩的排水功能，并且会使路面水渗入基层影响路基，所以，要及时地对停车带上的坑迹和腐蚀处进行处理，确保路肩表面平整，横坡适度，边缘顺直。这些坑迹和腐蚀的处理办法，可参照沥青路面坑槽处理办法，也可在路面坑槽修补时一块进行。

(2)护栏、路肩边缘的杂草修剪、清理。护栏、路肩边缘的杂草修剪、清理工作，主要清理路面与硬路肩接缝、硬路肩与土路肩接缝、硬路肩与桥台搭板接缝之间的杂草。杂草清理后应及时用 M7.5 砂浆或沥青灌缝料予以灌注，防止雨水渗入。

(3)路肩与路面边缘产生裂缝。清理裂缝，保持裂缝干净无杂物，用 M7.5 砂浆或沥青灌缝料灌注裂缝，防止雨水渗入。

(4)硬路肩病害的维修。硬路肩如出现沉陷、缺口、车辙、坑槽、横坡不够等病害，应尽快组织维修。高速公路路肩应根据设计要求铺沥青混凝土或水泥混凝土面层，并铺砌路肩边缘带，此时路肩的养护工作将转变成同类型路面的养护工作。

(5)路肩水的处理。路肩松软，多因水的作用造成。所以，路肩养护与维修工作的重点就是减少或消除水对路肩的危害。路面范围的地表水通过路肩排出，因此，必须经常保持路肩的横坡平整顺适。高速公路路肩与路面横坡相同。当路肩过高妨碍路面排水时，应铣刨整平，达到规定要求。对于因路肩湿软而经常发生啃边病害的路段，可在路肩内缘铺设排水盲沟，以及时排除由路肩下渗的积水。盲沟的构造可采用无纺布包裹双壁波纹塑管的形式，这种盲沟施工便捷，造价低廉。

陡坡路段的路肩，易被暴雨冲成纵横沟槽，甚至冲坏路堤边坡，为此可采取下列防护措施：

1)设置截水明槽。自纵坡坡顶起，每隔 20 m 左右两侧交叉设置 30～50 cm 宽的斜向截水明槽，并用碎(砾)石填平，同时，在路肩边缘处设置高 10 cm、顶宽 10 cm、底宽 20 cm 的挡水土埂，在每条截水明槽处留淌水缺口，其下边的边坡用草皮或砌石加固，使雨水集中在截水明槽内排出，如图 3-2 所示。

2)用粒料加固土路肩或有计划地铺筑硬路肩。

3)在陡坡路段的路肩和边坡上全范围人工植草。

(6)路肩的硬化。实施 CBM 工程的公路，路肩应根据设计要求硬化，并砌筑路肩边缘带。在铺筑硬路肩有困难的路线或路段，可种植草皮或利用天然草来加固路肩。种植草皮应选择适宜当地土质、易于成活和生长的草种，成活生长后定期进行维护和修剪，草高不得超过规定值(15 cm)，并随时清除杂草和草丛中积存的泥沙杂物，以利于排水，保持路容美观。

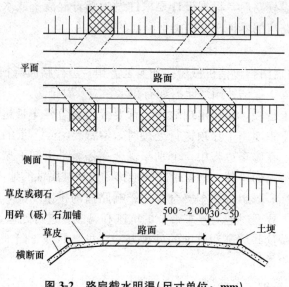

图 3-2 路肩截水明渠(尺寸单位：mm)

3.2.2 路肩养护的类型及方法

1. 保持路肩整洁

(1)保持硬路肩的整洁。加强日常巡查，发现路肩上出现杂物，应及时清扫，以保护路肩的整洁。清扫路肩时应洒水，避免造成扬尘污染。

1)清扫泥土、杂物。

2)排除积水、积雪、积冰、积沙。

3)拦水带(路缘石)的刷白、修理。

(2)保持土路肩的整洁。

1)土路肩上出现的车辙、坑洼，用与原路肩相同的土填平夯实，恢复原有状态。

2)雨后必须及时排除积水、清理淤泥，以保持路肩的整洁。

3)对于植草皮或利用天然草加固的路肩，定期进行维护和修剪，草高不得超过15 cm，并随时清除杂草和草丛中积存的泥沙杂物，以利于排水，保持路容美观。

(3)路肩上严禁种植农作物和堆放任何杂物。对于养路材料，应在公路以外相连路肩之处，根据地形情况，选择适宜地点，设置堆料台，堆料台的间距以200~500 m为宜。

2. 路肩加固

(1)采用粒料加固路肩。为了防止雨中会车时的泥泞陷车，可采用粒料加固，将砾石、风化石、炉渣、碎砖等粒料掺拌黏土铺筑加固层，其厚度不小于15 cm，应尽量采用挖槽铺压；也可在雨后路肩湿软时，直接将粒料(不加黏土)撒铺到路肩上，并进行碾压，分期地将粒料铺压进路肩土中加固。

(2)种植草皮加固路肩。对于交通量不大或铺筑硬路肩有困难的路线或路段可种植草皮或利用天然草来加固路肩。

(3)采用路缘石加固路肩。混凝土应按试验确定的配合比进行拌制及预制，路缘石的质量符合图纸规定要求；路缘石埋设的槽底基础和后背填料应夯击密实，压实度符合图纸要求；安砌缘石时应钉桩拉线，务必使顶面平整，线条直顺，曲线圆滑美观，埋砌稳固。

（4）混凝土预制块加固土路肩。施工前应按图纸逐桩测量其施工标高及应有宽度，当不符合图纸规定时，应进行修整；土路肩的压实度，需满足重型击实标准的95％以上，同时，路基边坡整修应符合图纸要求。经监理工程师检查同意后，方可分段进行预制块的铺砌加固作业。

混凝土预制块按图纸要求的尺寸应在预制场集中预制，经检验合格后方可使用，预制块在运输时应轻拿轻放，不得野蛮装卸，避免损坏。

铺砌预制块时，首先应按图纸要求设置垫层或整平，然后将块件接缝处用水湿润，并在侧面涂抹水泥砂浆。砌块落座时位置正确、灰缝挤紧，但不得碰撞相邻砌块。灰缝宽度不大于10 mm。

铺砌段完成后即进行养护，在砂浆强度达到图纸规定要求前，禁止在其上行走或碰撞。

（5）现浇混凝土加固土路肩。施工前应按图纸逐桩测量其施工标高及应有宽度，当不符合图纸规定时，应进行修整；土路肩的压实度，需满足重型击实标准的95％以上，同时，路基边坡整修应符合图纸要求。经监理工程师检查同意后，方可分段进行现浇水泥混凝土加固作业。

模板应采用钢板材料制成，所有模板均不应翘曲，并应有足够强度来承受混凝土压力而不发生变形。所有模板应处理干净，涂上经批准的脱模剂，并按图纸尺寸对换混凝土全深立模，然后浇筑混凝土。

混凝土应按试验确定的配合比进行拌和及浇筑。按图纸要求的厚度，浇筑在模块内的混凝土宜用振动器振捣或监理工程师认可的其他方法捣固。模板应留待混凝土固结后才可拆除，拆模时应保证棱角不受损坏，混凝土应按规定刮平成形，然后用木抹子将其抹饰平整。经监理工程师允许后可采用其他抹面方法，但不允许粉饰。抹饰平整后即进入养护。

（6）砂石加固硬路肩。砂石加固硬路肩包括泥结碎石、稳定类路肩，如石灰土、二灰碎石等。

（7）综合结构硬路肩。如在基层上做沥青表面处治的综合结构路肩。

3.3 边坡养护

视频：边坡养护

边坡是指为保证路基稳定，在路基两侧做成的具有一定坡度的坡面。其又可分为路堤边坡及路堑边坡两种，如图3-3所示。

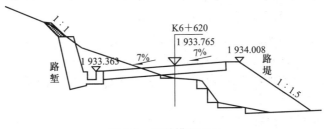

图3-3 路基横断面图

3.3.1 边坡的分类

公路边坡的分类标准很多,根据边坡的成因、岩性、坡高等分类依据。边坡分类见表3-1。在公路边坡工程中,往往同时按多个标准分类,如岩石高边坡、失稳土质边坡开挖陡坡等。相对于其他用途的边坡而言,公路边坡根据路面与天然地面的相对位置,将路基边坡划分为路堤边坡和路堑边坡。当路基面高于天然地面时,用土石方填筑起来的路基斜坡称为路堤边坡;当路基面低于天然地面时,将天然地面挖开做成的路基斜坡称为路堑边坡。

表3-1 边坡分类表

分类依据	名称	简述
成因	自然边坡	由自然地质作用形成地面具有一定斜坡的地段,按地质作用可细分为剥蚀边坡、侵蚀边坡
	人工边坡	由人工开挖、回填形成地面具有一定坡度的地段
岩性	岩质边坡	由岩石构成
	土质边坡	由土质构成
坡高	超高边坡	岩质边坡坡高大于30 m,土质边坡坡高大于15 m
	高边坡	岩质边坡坡高为15~30 m,土质边坡坡高为10~15 m
	中高边坡	岩质边坡坡高为8~15 m,土质边坡坡高为5~10 m
	低边坡	岩质边坡坡高小于8 m,土质边坡坡高小于5 m
坡长	长边坡	坡长大于300 m
	中长边坡	坡长为100~300 m
	短边坡	坡长小于100 m
坡度	缓坡	坡度小于15°
	中等坡	坡度为15°~30°
	陡坡	坡度为30°~60°
	急坡	坡度为60°~90°

3.3.2 边坡及结构物养护的一般规定

(1)路基边坡养护应保持坡面与坡体稳定,支护结构满足承载能力、结构安全和抗灾能力的要求。

(2)当路基边坡出现冲刷、风化剥落或碎落坍塌等浅表病害时,应及时清理和整理坡面,可采取生态防护、工程防护或冲刷防护等坡面防护措施。

(3)当路基边坡出现明显病害时,应根据检测和专项评定结果等,采取修复或加固措施。对适修性很差的原有结构物,应拆除重建。

(4)当路基边坡经专项评定或风险评估确认需要进行加固,或出现下列情况时,应进行加固:

1)边坡失稳或出现失稳迹象时。

2)支护结构及构件有损坏时。

3)因路基拓宽改造可能影响边坡安全时。

4)遭受灾害损坏或已发生过安全事故时。

(5)路基边坡加固方法应根据病害类型、成因和规模等,选用一种或多种组合方法,并应符合下列规定:

1)边坡工程变形及失稳与地表水或地下水直接相关时,应采取截排水等工程措施。

2)路堑边坡整体稳定性及支护结构稳定性等不满足要求时,可选用削方减载法或堆载反压法。牵引式斜坡和膨胀性土体不宜采用削方减载法。

3)发生较大变形和开裂的边坡,或支护结构承载能力、抗滑移或抗倾覆能力等不满足要求,且有锚固条件时,可选用锚固法。

4)边坡整体稳定性或支护结构稳定性不满足要求,且嵌岩段地基强度较高时,可选用抗滑桩法。抗滑桩可与预应力锚杆联合使用,并与原有支护结构共同组成抗滑支护体系。

5)支护结构、构件或基础加固,可选用加大截面法。

6)支护结构地基土、岩土边坡坡体、抗滑桩前土体或提高土体抗剪参数值的加固,可选用注浆法。

7)当采用组合加固法时,各支护结构的受力和变形应相互协调。

(6)路基边坡加固设计应采用动态设计法,应按有关规定进行结构强度、承载力和整体稳定性等验算,并应符合下列规定:

1)加固范围应根据专项评定结果及设计分析确定,可对边坡工程整体、区段、支护结构或排水系统进行加固处理,但均应考虑边坡工程的整体性。

2)原支护结构及构件的几何尺寸应根据实测结果确定。

3)原支护结构及构件的材料强度,当现场检测数据符合原设计值时,可采用原设计标准值;当检测数据与原设计值有差异时,应采用检测结果推定的标准值。

4)新增支护结构与原结构组合时,新增支护结构或构件的抗力和原支护结构或构件的有效抗力,应根据专项检查、勘察和评定结论及加固措施等确定。

5)地震区支护结构或构件的加固,除应满足承载力要求外,还应复核其抗震能力,并应考虑因支护结构刚度增大和结构质量重分布而导致地震作用效应增大的影响。

(7)边坡加固施工除应满足现行国家有关标准的要求外,还应满足下列要求:

1)施工过程中可能出现大变形或塌滑的边坡工程,应先采取临时性加固措施,再实施永久性加固。

2)当支挡结构物发生倾斜、滑动或下沉时,应先卸载,再维修加固。

3)对施工过程中可能引发较大变形的边坡和支护结构,应在施工期间进行监测。

3.3.3 边坡破坏的几种形式

受外界不利因素的影响,自然边坡、人工开挖或者填筑的边坡,都有可能发生滑动、倾倒等形式的失稳性破坏。边坡失稳不仅会毁坏坡面植被,还会因严重的工程事故而造成巨大的经济损失,甚至危及人身安全。因此,修筑公路边坡,首先要判断边坡稳定情况,并对潜在的失稳破坏边坡采取必要的工程或生态防护措施,以保证边坡稳定和行车安全。

1. 深层破坏

公路岩质边坡和土质边坡的失稳形式各不相同,表3-2所示为岩质边坡破坏类型。其中,平面破坏、楔形破坏和曲面破坏是一种深层失稳破坏,一般是在坡面2m以下深处沿滑移面产生剪切滑移破坏,滑移面是平面、楔形面或曲面。这种破坏因滑下的土石方量大,有时可达数万方，造成的危害极大。公路土质边坡深层破坏一般是圆弧滑动模式。

公路边坡破坏基本上分为滑体整体旋转运动和非整体旋转运动两类。在这个意义上，可以将公路边坡失稳类型分为圆弧状滑动和平板状滑动。无论是圆弧状滑动还是平板状滑动，除后缘开明缝外，还必然存在左右两侧侧壁裂缝。圆弧状滑动易发生在由均质土和风化岩构成的边坡或节理细而发育的岩石边坡等处。地层中存在节理、断层、层理等构造软弱线，或者存在软弱夹层或古滑移面等不连续面，且呈顺坡倾向临空面时，则沿不连续面易发生平板状滑动。

表 3-2 岩质边坡破坏类型

破坏类型	示意图	特征	
平面破坏		主要结构面的走向、倾向与坡面基本一致，结构面的倾角小于坡角且大于其摩擦角，产生顺层滑坡形式的破坏。滑面是层状岩层层面或不同岩组之间的各种接触面，特别是岩层中夹有易滑的软弱层，如页岩、泥岩、泥灰岩等，而当地天然侵蚀或人工开挖基面又与软弱层分布部位邻近时，更易产生顺层滑动	一个滑动平面和一个滑动块体
			一个滑动平面和一条长裂隙
			若干滑动平面和横节理
			一个主要滑动平面和主动、被动两个滑动块体
楔形破坏		两组结构面的交线倾向坡面，交线的倾角小于坡角且大于其摩擦角	
曲面破坏		碎裂结构散体结构边坡中，因岩体发育破碎而出现的滑移破坏，滑面是圆弧或非圆弧的其他曲面	
倾倒破坏		岩体被陡倾结构面分割成一系列岩柱，当为软岩时，岩柱产生向坡面弯曲；当为硬岩时，岩柱可再被正交节理切割岩块，向坡面翻倒	

2. 浅层破坏

公路边坡浅层破坏，一般发生在坡面的表层或坡面下不足 2 m 的范围内。虽然滑下的土石方量很小，但它严重破坏了坡面的植被，对于这种破坏也应有足够的认识。边坡浅层破坏形式如图 3-4 所示。

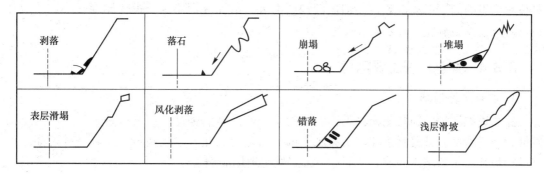

图 3-4　边坡浅层破坏形式

(1)剥落。剥落发生在容易风化的岩土坡面，如红层岩坡或膨胀土边坡，这些边坡开挖后如果不及时防护，坡面将发生风化，岩土体风化成散粒状后，将顺坡滑落下来。在这种坡面上，如果方法不当，风化的坡面会造成植被的破坏。

(2)落石。落石发生在块状结构、碎裂状结构的岩坡或者土石混合的土坡中。其原因可能是坡面受雨水冲刷或风化作用，浅层岩石局部松动后，在重力作用下从坡面落下所造成的破坏。对这种坡面应先清除或加固危石。

(3)崩塌。斜坡上的岩体，在重力或其他外力作用下，突然向下崩落的现象，叫作崩塌。崩塌的发生往往与斜坡陡峻、岩性坚硬、地质构造发育有关的地貌地质条件相联系，崩塌落石可以发生在开挖的人工边坡上，也可以发生在开挖边坡的自然山坡上，而较大规模的崩塌多发生在开挖边坡陡峻的自然斜坡上。对这种坡面首先应找出易崩塌处，然后予以加固。

(4)堆塌。对于碎裂状结构、散体结构的岩坡，易风化的坡面，黏砂性的土坡等，在地表水顺坡流下时，会带走坡面松散、软弱的土颗粒，在坡面形成条条沟状，还会出现坡面沟蚀，有的地方被淘空后，还会出现局部滑塌，滑塌和沟蚀冲积物将堆积在坡脚，形成堆塌破坏。另外，对于节理发育或软质、风化的岩体，由于边坡的开挖过陡，在坡顶或边坡外缘产生拉张裂缝，并逐次向山侧发展而发生堆塌。堆塌体多呈半锥体形，堆塌直到稳定的安息角为止。在这些边坡上即使做了植被防护，如果方法不当，也会发生坡面沟蚀，从而破坏已做好的植被。

(5)表层滑塌。坡体表面若分布有软弱岩土体或者一些破碎的硬质岩，在大气风化作用及水的侵蚀作用下，就有可能造成这些表层破碎的岩土体沿局部软弱面滑动坍塌，称为表层滑塌。

(6)风化剥落。风化剥落发生在容易风化的岩土坡面，如泥岩、砂岩、红层岩坡或土质边坡，这些边坡坡面开挖后，在雨水、日照等自然营力作用下，将发生严重的风化。坡体风化后在坡面形成一定厚度的松散层，在重力和雨水作用下，该松散层将顺坡滑落造成风化剥落破坏。对这种坡面须首先清除风化层或者将风化层稳定于坡面。

(7)错落。斜坡岩体在重力作用下，沿软弱面整体性快速下错的现象称为错落。其整个错动带的形状为折线形，后壁坡度较陡，下部坡度较缓；错动面出现在坡脚临空面以上，其错落体的垂直位移量大于水平位移量。对该类边坡应先找出错落体并予以加固。

(8)浅层滑坡。坡体浅层若分布有较软弱的岩土体或者破碎的硬质岩石，则在自然营力的影响下，易造成这些浅层岩土体在重力作用下沿其下一定的软弱面或带产生整体的以水平位移为主的向下滑动现象，此即坡面浅层滑坡。滑面埋深不大，滑体厚度较小，一般在2 m以内。浅层滑坡将对坡面植被造成较大范围的破坏。

3.3.4　路基边坡主要病害

1. 路基边坡滑塌

路基边坡滑塌的问题是公路工程中最为常见的路基病害之一。其多是由于公路处于山谷或者河谷地区，其路堑边坡多由膨胀土或碎石类等风化残积土组成，还有一种可能是由路堤边坡软质土料填筑而成，从而导致公路发生坍塌等病害。

2. 路基边坡冲沟

路基边坡冲沟多发生在汇水集中区或高填路段，诱发原因：急流槽位置或间距设置不当；边坡压实度不足；防护形式不当(多为分散排水时)；边坡土质不良等。

3. 防护体滑落

诱发原因：水毁；圬工砌筑质量不符合要求；勾缝不密；未设粗砂滤层或泄水孔；坡脚支撑不稳。

4. 植草枯死

诱发原因：土质、环境不适；草种不适；病虫害；寿命终止。

3.3.5　路基边坡防护技术

1. 土质边坡工程防护技术

(1)一般土质路堤边坡。

1)边坡高度 $H \leqslant 4$ m，采用草皮护坡。

2)边坡高度 $4 \text{ m} < H \leqslant 8 \text{ m}$，采用方格骨架内草皮护坡。

3)边坡高度 $H > 8$ m，采用拱形骨架内草皮护坡。

(2)一般土质路堑边坡。

1)边坡高度 $H \leqslant 8$ m，采用生态防护。

2)边坡高度 $H > 8$ m，采用拱形骨架内植草护坡。

但对于特殊性土质，如红黏土、膨胀性土等，边坡如防护不当或不及时，将容易发生病害甚至破坏。红黏土、膨胀性土等边坡，应以柔性防护为主，采用骨架、土工合成材料、排水及生态防护等综合性防护措施，并根据具体情况具体分析。

(3)坡脚挡墙。经调查分析，路堑边坡受雨水冲刷，坡脚是受冲刷最严重的部位。根据对边坡应力状态的多方面分析，边坡应力集中部位为坡脚及坡顶，在坡脚处最大主应力显著增高，而最小主应力显著降低，坡脚处剪应力较大，形成剪应力增高带，故在坡脚处易产生剪切破坏。因此，在边坡坡脚增设挡墙，可减少应力集中，提高边坡坡脚抗冲刷能力。

(4)骨架护坡。土质边坡可广泛使用骨架护坡，风化花岗岩边坡使用骨架护坡时，必须注意以下内容：

1)骨架应与排水结合起来，骨架设计成排水沟形式；

2)根据土中原生及次生裂隙的多少，主肋适当加粗到60～100 cm(深)×60 cm(宽)，间距为4 m；

3)骨架形状可为拱形(拱高4 m)或菱形、方格(间距3 m)、人字(间距3 m)，骨架嵌入坡面深度40 cm；

4)根据临界冲刷长度 $L<6$ m，则骨架的间距应以6 m为主。

(5)边坡植物防护技术。种草防护、铺草皮防护、种树防护、土工网植草防护、行栽香根草防护、蜂巢式网格植草防护、客土植生(客土喷播)植物防护、喷混植生植物防护、植生基质喷射防护。

2. 软质岩边坡工程防护技术

根据对大量边坡的调查及软质岩边坡的病害规律和风化机理分析，软质岩边坡的病害主要是边坡表面的风化剥落和边坡崩坍及滑坡破坏。因此，软质岩边坡的防治应从边坡的可能性破坏方面进行，其重点是防治边坡坡面，以使边坡不进一步风化。对不稳定边坡需要进行加固支护等，常用的支护处理方法如下：

(1)合适的边坡坡比设计。

(2)排水技术，常采用渗透式支撑肋、深层排水管及时排除地表与地下水。

(3)边坡支挡结构，适用的主要有重力式挡土墙、悬臂式挡土墙和扶壁式挡土墙、锚杆挡土墙、抗滑桩及桩板墙、锚固[预应力锚杆(索)、非预应力锚杆(系统锚杆)]、土钉墙。

针对软质岩边坡的主要特点病害，边坡防护的重点是防治边坡受雨水等外在因素的影响，前面介绍的植物防护、骨架植物防护、圬工防护等防护处理方法，均可用于软质岩边坡防护。目前普遍提倡的是生态护坡。水泥混凝土喷浆防护和护面墙护坡由于外观与效果不是很理想，在高速公路上使用较少，用得比较成功并普遍采用的是植物防护、骨架植物防护。考虑到软质岩边坡较破碎，常采用锚杆骨架护坡，边坡防护与边坡加固相结合。在边坡不稳定的情况下，锚杆长度与间距根据计算分析确定；在边坡稳定的情况下，考虑到软质岩的风化深度，距离边坡面4 m以内的范围，温度变化相当显著，大部分温差都是在这段距离内完成的。因此，需要采用4～6 m的锚杆长度。软质岩风化严重，边坡节理裂隙发育、岩体破碎，锚杆骨架梁护坡方法的最大优点是锚杆主要起支撑混凝土骨架的作用，用锚杆加固后可使锚杆骨架梁与边坡岩体成为整体，骨架可采用混凝土或浆砌块(片)石，并与排水相结合，以减少雨水对边坡的冲刷。

3. 硬质岩边坡工程防护技术

硬质岩边坡的主要破坏类型是边坡崩塌落石，形成崩塌落石的条件包括地形、地貌、岩性及地质构造等。地形条件是陡峻的斜坡地形，地貌条件是陡峻的峡谷岸坡、山区河曲凹岸、冲沟岸坡和山坡陡崖处，岩性对崩塌落石起控制作用。影响崩塌发生的因素包括降雨与地下水、地震、风化、植物及人为因素。崩塌落石的防护，主要采用以下措施：

(1)防崩遮挡建筑物：明洞和棚洞等。

(2)防崩支撑建筑物：高支墙、明洞式支墙、柱式支墙、支撑挡土墙和支护墙。

(3)防崩拦截建筑物：主被动柔性防护网、落石平台、落石槽、拦石堤、拦石墙。

(4)加固措施：嵌补、锚杆锚索、灌浆等。

(5)清除措施。

(6)排水措施。

4. 石质边坡坡面防护

石质边坡原则上全部采取生态防护。

(1)对边坡高度不大于 12 m,岩石较完整的稳定边坡,采用一级生态防护。

(2)对边坡高度大于 12 m,采取分级生态防护。

(3)对岩石易破碎、风化严重的边坡,采用锚杆式钢筋混凝土方格骨架内植草(灌木)护坡。

3.3.6 路基边坡病害的治理措施

路基防护工程主要可分为防护工程与支挡工程两大类。一般来说,将用作防止路基被冲刷和风化,主要起隔离作用的设施称为防护工程;将防止路基或山体因重力作用而滑塌,主要起支撑作用的结构称为支挡工程。

视频:路基防护工程的养护

1. 植物防护

植物防护可美化路容,协调环境,调节边坡土的湿度与温度,起到固结和稳定边坡的作用。它对于坡高不大、边坡比较平缓的土质坡面而言,是一种简易有效的防护设施。土质边坡防护也可采用拉伸网草皮固定草种布或网格固定撒种。采用土工合成材料进行土质边坡防护的边坡坡度宜为 1∶1.0～1∶2.0。

植物防护主要有种草、铺草皮、植树,采用植物覆盖层对坡面进行防护,工序简单、效果好。它可以减缓地面水流速度,调节表层水流状况,植物根系深入土层,在一定程度上对表层土起到固结作用。

植物防护的养护主要是植物的养护,对草和树应适时浇水、施肥和除虫,保障植物正常生长。为了达到美化的效果,还应经常进行修剪、整形。对于草皮死亡、树木缺株,应针对情况进行补植。由于水流作用,植物根部被冲空,坡面及坡顶裂缝、隆起,坡面局部冲沟时,应针对病害情况进行维护或改变防护形式。植物防护如图 3-5 所示。

2. 石砌护坡

石砌护坡主要有干砌块(片)石、浆砌块(片)石、护面墙、钢筋混凝土预制挂板等。

当石砌护坡发生松动、下沉、隆起等病害时,应针对护坡破损的严重程度,采取恢复或拆除重建,或改为其他更有效的防护形式。护坡发生裂缝,可用水泥砂浆进行灌缝修补。泄水孔堵塞,墙内渗水,可疏通泄水孔,或在护坡的中、下部增设泄水孔,以排泄护坡背面的积水及减少渗透压力,保障边坡稳定。石砌护坡如图 3-6 所示。

图 3-5 植物防护

图 3-6 石砌护坡

3. 抛石防护

抛石主要用于受水流冲刷和淘刷的路基边坡和坡脚，最适用于沿河床路基的防护，且不受气候条件限制，对于季节性浸水和长期浸水的情况均适用。一般在枯水季节施工，附近盛产大块砾石、卵石及废石方较多的路段，应优先考虑采用此防护措施。这是一种直接防护，它会将水与坡面隔离开。抛石防护如图3-7所示。

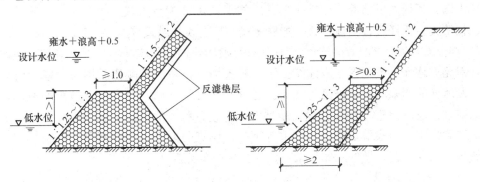

图3-7 抛石防护

4. 石笼护坡

对笼筐破损，应及时采取换修笼筐，填足笼中填石，封闭笼筐等措施。对腐蚀严重的普通铁丝铁笼可更换为镀锌铁丝制作的铁笼。当石笼破损而无法修复时，石料被水流冲失，应视情况重新设置或改换其他有效防护措施。石笼护坡如图3-8所示。

5. 坡面处治

坡面处治包括抹面、喷浆、挂网喷护、勾缝灌缝、锚固等。对坡面处治应进行定期检查，发现风化、空洞、脱落等应进行维修养护。坡面处治如图3-9所示。

图3-8 石笼护坡

图3-9 坡面处治

6. 挡土墙

挡土墙是防止土体坍塌而修筑的，主要承受侧向土压力的墙式建筑物。其广泛应用于支撑路堤填土或路堑边坡，以及桥台、隧道洞口与河流堤岸。其技术状况的好坏对公路往往带来比较大的影响。

路基在遇到下列情况时可考虑修建挡土墙：路基位于陡坡地段或岩石风化的路堑边缘

地段；为避免大量挖方及降低边坡高度的路堑地段；可能产生塌方、滑坡的不良地质路段；水流冲刷严重或长期受水浸泡的沿河路基地段；为节约用地、减少拆迁或少占农田的地段；为保护重要建筑物，生态环境或其他特殊需要的地段。

(1)挡土墙类型。公路上常用的挡土墙按其设置位置可分为路堑挡墙、路堤挡墙、路肩挡墙和山坡挡墙等类型。按挡土墙的墙体材料可分为石砌挡土墙、混凝土挡土墙、钢筋混凝土挡土墙、钢板挡土墙等。按挡土墙的结构形式可分为重力式、半重力式、衡重式、悬臂式、扶壁式、锚杆式、锚锭板式、加筋土式、桩板式和垛式等。

(2)挡土墙检查。挡土墙除经常检查其有否损坏外，每年应在春秋两季各进行一次定期检查，对北方冰冻严重地区尤应注意，主要检查挡土墙在冰冻融化后墙身及基础的变化情况，以及冰冻前所采取的防护措施效果。另外，在反常气候、地震或重型车辆通过等特殊情况后应进行及时检查，发现裂缝、断裂、倾斜、鼓肚、滑动、下沉或表面风化、泄水孔堵塞、墙后积水、周围地基错台、空隙等情况，应查明原因，并观察其发展情况，采取相应的修理、加固措施，做好工作记录，建立技术档案备查。

(3)挡土墙的养护要求。对挡土墙应加强检查，发现病害应查明原因，并观察其发展趋势，采取相应的修复、加固等措施，损坏严重时，可考虑全部或部分拆除重建。应保持挡土墙的泄水孔畅通，定期检查和维修，清理伸缩缝、沉降缝，使其正常发挥作用。重建或增建挡土墙，应根据公路所在地区地形及水文地质等条件合理选择挡土墙类型，并应符合现行《公路路基设计规范》(JTG D30—2015)和《公路路基施工技术规范》(JTG/T 3610—2019)有关规定。

(4)挡土墙病害处治。

1)泄水孔堵塞。挡土墙背后填土潮湿，含水率大，但泄水管却长期不出水，周围块石表面干燥无水迹。其原因主要有泄水孔进水口处反滤材料被堵塞，因反滤层碎石含泥量大或反滤层外未包滤布，填土进入反滤层；反滤层设置位置不当，起不到排水作用；泄水孔被杂物堵塞。

治理方法：如条件许可，可挖开墙后填土，重新填筑反滤材料；如泄水孔堵塞，则清除孔内堵塞物。泄水孔位置如图 3-10 所示。

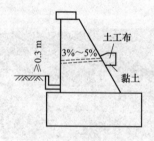

图 3-10　泄水孔位置

2)沉降缝不垂直。沉降缝不垂直或上下错位，缝宽不一致；有时表面虽垂直，但墙身内部块石相互交叉重叠，形成假缝。沉降缝不垂直应视现场挡土墙沉降情况，将影响沉降的块石拆除重砌；当条件许可或质量另有要求时应全部拆除重砌。

3)勾缝砂浆脱落。勾缝砂浆出现裂缝，继后起壳成块状或条状脱落。勾缝砂浆脱落的治理方法是将脱落的砂浆铲除，并将黏附在块石表面的砂浆清理干净，重新按施工规范要求勾缝。

4) 挡土墙滑移。

挡土墙整体外移，与相邻挡工墙产生错位，且上、下位移大致相等。挡土墙滑移的治理方法为可将墙身后填土挖除，按规范要求重新分层填筑、分层压实，必要时采用稳定土或渗水材料作为回填材料；如条件许可，可增加墙前填土的高度，以增加挡墙的被动土压力。

5) 挡墙倾斜。挡土墙整体前倾，与相邻挡土墙产生位移，且位移上大下小成楔形。

治理方法如下：

① 挖开墙后填土，重新按规范要求回填。

② 改用稳定土或渗水材料回填。

③ 套墙加固法。在原墙外侧加宽基础，加厚墙身，如图 3-11 所示。施工时，应挖除一部分墙后填土，减小土压力，同时应注意新旧基础和墙身的结合。方法是凿毛旧基础和旧墙身，必要时设置钢筋锚栓或石榫，以增强联结。墙后回填土必须分层填筑并夯实。

④ 增建支撑墙加固法。在挡墙外侧，每隔一定的间距增建支撑墙。支撑墙的基础埋置深度、尺寸和间距应通过计算确定，如图 3-12 所示。

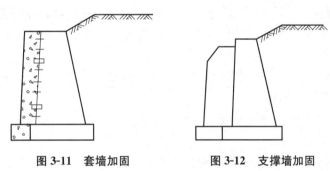

图 3-11　套墙加固　　　　图 3-12　支撑墙加固

6) 砌体断裂或坍塌。砌体产生较大的裂缝，整体倾斜或下沉，严重时砌体发生倒塌或墙身断裂。

治理方法如下：

① 沉陷、倒塌的砌体在查明原因后，拆除重砌。

② 如果是基础原因，可挖开墙前基础填土，加宽基础或打入基桩但新基础必须与原基础连成一体。

③ 较小的裂缝可采用墙体注浆办法解决。

3.4　路基排水设施的养护

视频：路基排水设施的养护

路基排水设施是指应用于路基的排水设施的总称，如图 3-13 所示。路基排水系统能否正常工作，直接影响到路基的稳定性。

水是形成路基病害的主要因素之一，水直接影响到路基的强度和稳定性。影响路基的水分为地面水和地下水，因此，路基的排水工程可分为地面排水和地下排水。为了保持路基能处于干燥、坚固和稳定状态，将地面水拦截并排除到路基范围之外，防止漫流、聚积和下渗，而将地下水截断、疏干，降低地下水水位，并引导到路基范围之外。

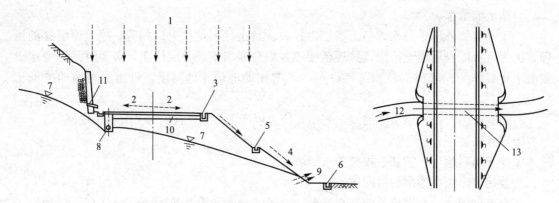

图 3-13 公路排水系统

1—降水；2—路面排水；3—边沟；4—坡面排水；5—排水沟；6—坡脚排水沟；7—地下水水位；
8—地下排水渗沟；9—涌水；10—排水基层；11—挡土墙墙背排水；12—溪流；13—横断面排水

公路排水的类型包括以下几种。

(1)路界表面排水：排除公路用地范围内的地表水，包括由落在路界范围内的降水形成的地表径流，可能进入路界的公路毗邻地带的地表水，以及由相交道路流入路界内的表面排水等。

(2)横向穿越路界排水：公路跨越溪沟、河流、渠道、洼地时，将公路上游侧的地表水流穿过路基引排到公路下游侧。

(3)地下排水：拦截、排除、降低、疏干可能危及路基稳定或影响路基路面结构强度和抗变形能力的含水层地下水。

(4)路面结构内部排水：排除通过裂缝、接缝、面层空隙下渗到路面结构(面层、基层和垫层)内部，或者由路基或路肩渗入并滞留在路面结构内部的自由水。

(5)公路构造物排水：排除公路构造物(桥梁、隧道、支挡结构物等)的表面径流，或者渗入其内部的自由水。

3.4.1 路基排水的任务和目的

路基排水任务：将路基范围内的土基湿度降低到一定的限度以内，保持路基常年处于干燥状态，确保路基及路面具有足够的强度与稳定性。

路基排水目的：将降落在路界范围内的表面水有效地汇集并迅速排除出路界，同时把路基外可能流入的地表水拦截在路界范围外，以减少地表水对路基和路面的危害及对行车安全的不利。

3.4.2 路基排水设施养护的一般规定和要求

1. 一般规定

(1)排水设施养护应经常保持排水系统及设施完善，排水通畅。当排水设施出现堵塞、损坏和冲刷时，应及时疏通、修复或加固。

(2)对机械排水设施的排水泵、阀、动力设备和排水管道等，每月应进行1次定期检修，汛期和雨季前后应实施专项检修。

(3)原有排水设施无法正常发挥排水功能时,应及时采取清理、修补、改造或增设等措施进行恢复和完善。

(4)当土质边沟、截水沟、排水沟等出现冲刷或渗漏等病害时,应根据地形、地质和纵坡等条件,采取稳定土、碎砾石、干砌片石、浆砌片石或预制块等加固措施。

2. 要求

(1)路基排水设施断面尺寸和纵坡应符合原设计标准规定。

(2)对暗沟、渗沟等隐蔽性排水设施,应加强检查,防止淤塞。如有淤塞,应及时修理、疏通。

(3)新增排水设施时,其设计、施工应符合现行《公路路基设计规范》(JTG D30—2015)和《公路路基施工技术规范》(JTG/T 3610—2019)的有关规定。

3.4.3 路基排水设施的类型

1. 常见的地面排水设施

常见的地面排水设施主要有边沟、截水沟、排水沟、跌水、急流槽等。

(1)边沟。其用于汇集和排除降落在路基范围内,以及流向路基的少量地表水,如图3-14所示。边沟的纵坡宜与路线纵坡相一致,并不宜小于0.3%,困难情况下可以减至0.1%,单向排水长度每300~500 m设出水口。

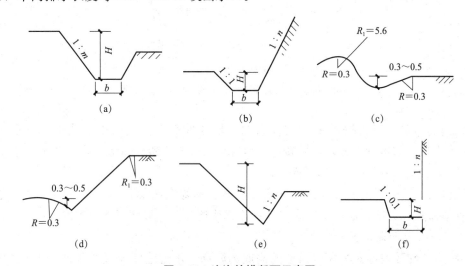

图3-14 边沟的横断面示意图

(a)(b)梯形;(c)(d)流线型;(e)三角形;(f)矩形

(2)截水沟。其用以拦截并排除路基上方流向路基的地面径流,减轻边沟的水流负担,保证挖方边坡和填方坡脚不受流水冲刷。截水沟一般布置在路堑边坡或陡坡路堤上侧,垂直于山坡水流方向或基本与等高线平行。视降雨量,可以不设或设计多道。

截水沟的纵坡不宜小于0.3%,长度的考虑以汇水既不造成过大的冲刷又不淤积为原则。

一般为梯形,沟的边坡坡度因岩土条件而定,一般采用1:1.0~1:1.5。沟底宽度b不小于0.5 m,沟深h按设计流量而定,也不应小于0.5 m,如图3-15所示。

(3)排水沟。排水沟可以将路基范围内各种水源的水流(如边沟、截水沟、取土坑、边

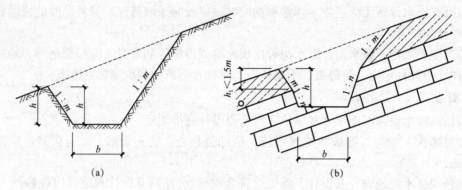

图 3-15 土质和石质
(a)土质；(b)石质

坡和路基附近积水），引排至桥涵或路基范围以外的指定地点，如图 3-16 所示。

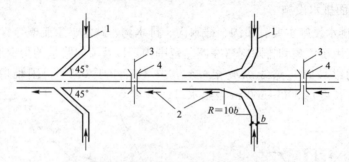

图 3-16 排水沟与水道衔接示意
1—排水沟；2—其他渠道；3—路基中心线；4—桥涵

排水沟的布置可以根据需要并结合当地地形条件而定，距离路基坡脚不宜小于 3～4 m，平面上应力求美观大方，需要转弯时也应尽量圆顺，做成弧形，其半径不宜小于10～20 m，连续长度宜短，一般不超过 500 m。

排水沟应具有合适的纵坡，以保证水流畅通，不致流速太大而产生冲刷，也不可流速太小而形成淤积，为此宜通过水文水力计算而择优选定。一般情况下，可取 0.5%～1.0%，不小于 0.3%，也不宜大于 3%。

(4)跌水。在陡坡或深沟地段设置的沟底为阶梯，水流呈瀑布式跌落的沟槽称为跌水。跌水的作用是在较短的距离内，降低水流流速，消减水流能量，进而防止冲刷（用于坡度大于10%，水头高差大于 1.0 m 的陡坡地段），如图 3-17 所示。

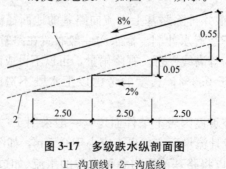

图 3-17 多级跌水纵剖面图
1—沟顶线；2—沟底线

(5)急流槽。急流槽是在陡坡或深沟地段设置的坡度较陡、水流不离开槽底的沟槽。急流槽的作用是在较短的距离内以沟渠的方式引排水流、降低水头，进而防止冲刷（可用于比跌水更陡的坡度，可达600）,如图3-18所示。

图3-18 急流槽

2. 常见的地下排水设施

路基地下排水设施包括暗沟（管）、渗沟、渗井等。

(1)暗沟（管）。暗沟（管）用于排除泉水或地下集中水流，无渗水和汇水的功能，如图3-19所示。

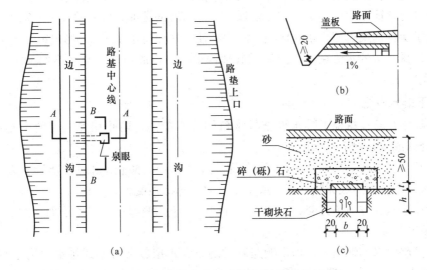

图3-19 疏导路基泉水的暗沟构造图（单位：cm）

(a)平面；(b)剖面 $A-A$；(c)剖面 $B-B$

暗沟横断面一般为矩形，泉井壁和沟底、沟壁用浆砌片石或水泥混凝土预制块砌筑，沟顶设置混凝土或石盖板，盖板顶面上的填土厚度不应小于0.50 m。沟底的纵坡不宜小于1%，条件困难时也不得小于0.5%，出水口处应加大纵坡，并应高出地表排水沟常水位0.2 m以上。

(2)渗沟。渗沟及渗井用于降低地下水水位或拦截地下水。当地下水埋藏较浅或无固定含水层时，宜采用渗沟，如图3-20所示。

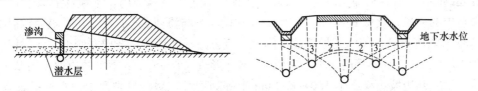

图3-20 拦截潜水流向路堤的渗沟和降低地下水位的渗沟

根据构造的不同，将渗沟分为填石渗沟、管式渗沟、洞式渗沟。填石渗沟也称为盲沟，一般适用于地下水流量不大、渗沟不长的地段，填石渗沟较易淤塞。洞式及管式渗沟，一般适用于地下水流量较大、引水较长的地段，条件允许时应优先采用管式渗沟。

(3)渗井。渗井是竖直方向上的地下排水设备，穿过不透水层，将路基范围内的上层地下水，引到更深的含水层中去，以降低上层的地下水或全部予以排除。一般施工不易，造价高，土基含水量较大，导致强度降低，设计时应分析比较。

3.4.4 路基排水设施养护作业

1. 地面排水设施

(1)除坚持日常检查外，应加强汛前、雨中、暴雨后的检查，及时发现问题加以清除，保证路基各排水设施的正常工作。

(2)各类地面排水沟渠，应经常保持设计断面形状和尺寸，满足排水要求。

(3)对各类地面排水沟渠，还应经常保持沟外边坡的坡度，以防坍塌，阻塞边道。

(4)为了保证沟渠迅速排水，应经常疏通，使沟底保持不小于0.5‰的纵坡。

(5)保证排水沟的水流在注入河流或其他沟渠时，应成锐角相交且不大于45°，使水流通畅，避免冲淤。

2. 地下排水设施

(1)应经常注意保持地下排水设施排水口的排水能力，防止堵塞。若地下排水设施破坏，则应维修或重修地下排水设施。

(2)路基两侧边沟下均设盲沟，用于降低地下水水位，防止毛细水上升至路基工作区范围内形成水分积聚而造成冻胀翻浆，或土基过湿而降低强度。

(3)设在路基挖方与填方交界处的横向盲沟，用于拦截和排除路堑下面层间水或小股泉水，保持填方路段不受水害。

(4)在多层含水的地基上，当影响路基的地下含水层较薄且平式排水渗沟不宜布置时，可考虑设置立式渗水井，向地下穿过不透水层，将上层地下水引入更深的含水层中去，以降低上层的地下水水位或全部予以排除。

3.5 实例

3.5.1 项目概况

在建的G320盘县火铺至胜境关公路改扩建工程位于盘县境内，本项目是国道G320线提升改造中的一段，其中K6+520至K6+620段路基与滇西北至广东±800 kV特高压线路第N9034号塔基重叠，N9034号塔基左侧至后侧公路施工切坡，造成左侧15.0 m外形成高度约为15.0～20.0 m不等的边坡，后侧25 m外形成3.0～5.0 m不等的边坡。塔基中心偏后侧位置至左侧坡边缘产生1.0～3.0 cm不等的裂缝，裂缝呈东西走向。根据覆盖层和强风化层破碎程度及深度推测，裂缝局部深度超过7.0 m。该塔高69.0 m，现场调查，肉眼未见塔基基础有明显变化；根据现场运维人员测量，铁塔塔身有倾斜，具体为：塔基向线路后侧倾斜 11.0 cm，向线路左侧方向倾斜 2.0 cm，倾斜率 1.59‰，目前塔基倾斜度还未超过《架空输电线路运行规程》(DL/T 741—2019)的规定。

1. 地形、地貌、水文条件

勘察区属于中山构造剥蚀及侵蚀山地地貌，地表坡度为 20°～40°。塔基位于北西向舌状山脊中部，山脊右侧为冲沟，切割较深，相对高差较大，左侧为坡谷，地形相对平缓。

(1)地层岩性。根据区域地质资料及现场揭露情况，塔基处地层由第四系残坡积层(Qel+dl)及上三系(N)组成，现场地质条件清楚，地质条件简单。

1)第四系残坡积层(Qel+dl)：主要由粉质黏土、全风化及强风化砂质泥岩组成，褐黄色，结构松散，厚度为 3～6 m。堆积密度 $\gamma=19.0$ kN/m^3，物理力学指标黏聚力 $c=16$ kPa，内摩擦角 $\varphi=18°$。

2)上三系(N)：岩性主要为紫红色、褐黄色砂质泥岩夹砾岩，薄至中层状构造，岩体破碎，完整性差，属软质岩，抗风化能力弱，遇水易软化，失水易分解，工程地质性能差，区域厚度为 0～136 m。据现场揭露，强风化层大于 10 m，主要由砾岩组成，胶结差，呈散体结构，未见中风化层出露。堆积密度 $\gamma=19.5$ kN/m^3，物理力学指标黏聚力 $c=0$ kPa，内摩擦角 $\varphi=40°$。

(2)地质构造。根据现场揭露，塔基处未发现地质构造发育。

(3)水文地质。

1)地表水：该地段地表水主要来源于大气降水，降水量受季节性控制，降雨后一部分以坡面流形式向两侧低矮地带汇流，另一部分垂直下渗成为地下水补给源。

2)地下水：塔基处地下水类型主要为孔隙水及基岩裂隙水，其补给源主要为大气降水，在沟谷低洼处以渗流形式排泄，受地形地貌控制，该处地下水埋藏较深。

(4)气象条件。边坡所在场地处于亚热带季风气候区，雨量丰沛，据乐民雨量站 1965—1999 年降雨资料统计，多年平均降雨量为 1 661.8 mm；据盘县气象站 1951—1990 年资料统计，多年平均气温为 15.2 ℃，7 月最高为 20.6 ℃，1 月最低为 6.3 ℃，多年最高气温为 36.7 ℃，多年最低气温为－7.9 ℃。多年平均相对湿度一般为 77%，多年平均日照时数为 1 597.3 h，多年平均蒸发量为 1 509.0 mm，多年平均风速为 1.6 m/s，最大风速为 24.0 m/s。

2. 工程特点

N9034 号塔基左侧至后侧公路施工切坡，造成左侧 15.0 m 外形成高度为 15.0～20.0 m 不等的边坡，后侧 25 m 外形成 3.0～5.0 m 不等的边坡。塔基中心偏后侧位置至左侧边坡边缘产生 1.0～3.0 cm 不等的裂缝，裂缝呈东西走向。根据覆盖层和强风化层破碎程度及深度推测，裂缝局部深度超过 7.0 m。主要缺陷工程量见表 3-3。

表 3-3 主要工程数量统计表

序号	工程项目	单位	数量
1	路基挖土石方	m^3	18 166
2	护面墙[M7.5 砂浆砌片(块)石]	m^3	489.61
3	挡土墙(C20 片石混凝土)	m^3	4 840.87
4	截水沟(M7.5 砂浆砌片石)	m^3	175.26
5	路基填方	m^3	197

3.5.2 项目施工方案

1. 截水沟施工方案

(1)施工准备→放样→挖沟、基地整平及清理→片石砌筑→抹面→洒水养护→清理现场。

(2)施工前做好材料的储存和堆放,做好开工前的试验检测工作,进行施工测量及复核测量资料。

(3)人工挖沟:开挖成型的截水沟断面尺寸不小于图纸规定,其线形平直、圆滑。截水沟的开挖宜自下游向上游进行,应随挖随即支撑并迅速进行圬工砌筑,不可暴露太久,以免在施工时发生土体坍塌。截水沟挖出的土应在路堑与截水沟之间修成土台并夯实,台顶应筑成2%倾向截水沟的横坡。

(4)当挖至标高时,应进行清理并整平。挖至标高的截水沟不得长期扰动或浸泡。施工前应先进行自检,合格后及时报请业主检查断面尺寸。

(5)进行截水沟的砌筑,砌筑后进行抹面养护。

2. 护面墙施工方案

(1)施工准备→放样→边坡开挖整平及清理→片石砌筑→洒水养护→清理现场。

(2)浆砌石施工部位范围广、高差大,施工先从二级边坡平台处开始向上施工,每15 m设置一道伸缩缝,配置一台自制升降机。

(3)先用载重汽车将石料从料场运至工作面附近的低线公路上,再将石料利用升降机从低线公路运至砌筑面。

(4)砌筑时从下向上,严禁从上向下卸料,避免造成人员及机械设备损伤事故。排水孔施工在浆砌石砌筑时穿插进行,预埋 ϕ110 PVC 排水管。浆砌石墙面勾缝跟进作业,整个施工以不影响低线公路交通为原则。

3. 挡土墙施工方案

(1)片石混凝土挡土墙施工工艺如下:施工准备→基坑开挖→地基承载力检测→基础浇筑→墙身浇筑→拆除模板→养护。

(2)根据施工图纸跳段开挖,边开挖边支护,浇筑完一段再进行下一段挡墙的开挖及混凝土浇筑,保护边坡的稳定性。

3.5.3 项目施工技术与方法

1. 施工技术准备

(1)测量准备。测量设备仪器已经进场,将根据施工图变更设计要求完成各项测量工作。

(2)首件工程制。本边坡处治工程严格实行首件工程制。

2. 主要工序的施工技术与方法

(1)截水沟施工技术与方法。

1)施工工序:施工准备→放样(报验)→挖沟、基底清理及整平(报验)→片石砌筑→墙面勾缝→洒水养护→清理场地。

2)施工准备、测量放样。施工前做好材料的储存和堆放,做好开工前的试验检测工作,进行施工测量及复核测量资料,报请业主检查放样结果。

3)挖沟:本处采用人工方式开挖。开挖时,应注意以下几点:

①开挖成型的截水沟断面尺寸不小于图纸规定,其线形平直、圆滑。

②截水沟的开挖宜自下游向上游进行,应随挖随即支撑并迅速进行圬工砌筑,不可暴露太久,以免在施工时发生土体坍塌。

③截水沟挖出的土应进行夯实,台顶应筑成2%倾向截水沟的横坡。

4)报验。当开挖至标高时应进行清理并整平,挖至标高截水沟不得长期扰动或浸泡。施工前应进行自检,自检合格后及时向业主报验。

5)截水沟材料要求。

①石料采用石质均匀,不易风化、无裂纹,抗压强度不小于30 MPa的块石。所有片石尺寸应平整,不得有风化剥落现象。

②砌筑用的水泥、砂、石等的质量应符合砌筑用砂、石质量标准。砂浆必须具有良好的和易性,采用砂浆拌合机拌和。砂浆应即拌即用,保持适宜的稠度。

6)截水沟技术要求:

①砌筑时不仅要严格控制平面位置和高度,而且必须两边立杆挂线或样板挂线,外面线应顺直整齐,逐层收坡内面线可大致适顺,在砌筑过程中应经常校正线杆,以保证砌体各部位尺寸符合图纸要求。

②各层的片石应安放稳固,砌筑的片石之间砂浆饱满,黏结牢固,不得直接贴靠或脱空。

③砌筑时,底浆应先铺满。竖缝砂浆应先在已砌好的石块侧面铺放一部分,然后待片石放好后填满捣实。

④在砌筑上层片石时,应尽量避免振动下层片石。

⑤砌筑工作中断后恢复施工时,对已砌的片石表面应加以清扫和湿润。

⑥线形要求平顺,尽可能采用直线形,转弯处宜做成弧形,其半径不宜小于10 m。

7)截水沟勾缝及养护:

①勾缝采用平缝,勾缝砂浆一般采用M10级。

②缝槽深度不足时,应凿够深度后再进行勾缝。

③浆砌砌体应在砂浆初凝后,洒水覆盖养护7~14 d。养护期间避免碰撞、振动或承重。

8)截水沟的质量要求:

①截水沟砌体的砂浆配合比准确,砌体咬扣紧密。

②截水沟砌体内侧应平顺整齐,无裂缝及空鼓现象。

③截水沟沟底平整,纵坡顺适,排水畅通,无冲刷及阻水现象。

④砌缝砂浆均匀、饱满,勾缝平顺、无脱落,缝宽大体一致。

(2)护面墙施工技术与方法。

1)施工工艺。边坡修整→测量放样→基坑开挖→材料准备及砂浆拌和→砂浆试件→基坑检验→墙体砌筑→养护。

2)砌筑石料。砌体工程所用石料均采用渣场石料,选取时挑选材质坚实新鲜、无风化剥落层或裂纹的毛石,石材表面无污垢、水锈等杂质。用于墙体表面的石材,应色泽均匀,外形呈块状。石料的抗压强度不低于 25 MPa，其中部厚度不应小于 150 mm，长度不宜大于厚度的 3 倍，宽度不宜大于厚度的 2 倍。规格小于要求的毛石，可以用于塞缝，但应控制其用量不得超过该处砌体质量的 10%，并且具有一个可以作为砌筑体表面的平面，物理力学指标应符合施工图纸要求，同时完善试验成果。

3）砌筑砂浆。用砂采用中粗砂，要求粒径为 0.15～5 mm，细度模数为 2.5～3.0。同时要求过筛，不得含有杂质，含泥量小于 5%。胶凝材料的配合比必须满足施工图纸规定的施工强度及和易性要求，选取强度等级为 42.5 级的袋装水泥，并由实验室根据不同施工条件进行试验，给出不同砂浆的施工配合比，施工时按规范要求取样试验。

砂浆采用机械拌和，拌和时间不少于 180 s。随拌随用，发生离析、析水的砂浆，砌筑前应重新拌和，已初凝的胶凝材料不得使用。水泥砂浆必须分别在拌成后 3 h 内使用完毕。如施工期间最高气温超过 30 ℃，必须在 2 h 内使用完毕。

4）基础处理。对于土质基础，砌筑前应先将基础夯实，并在基础面铺一层 3～5 cm 厚的稠砂浆，然后再安放石块；对岩石基础，铺浆前应将基础表面泥土、杂物洗净，洒水湿润后进行砌筑。

5）浆砌石砌筑。

①砌筑方法。砌筑程序为先砌角石，再砌面石，最后砌腹石，如图 3-21 所示。角石应先确定每段墙体两端的位置和形状，在选石与砌筑时须加倍注意，要选择比较方正的大石块，先行试放，必要时须稍加修凿，然后铺灰安砌。角石的位置必须准确。角石砌好后，就可把样线挂到角石上。面石可选用长短不等的石块，以便与腹石交错衔接。面石的外露面应比较平整，厚度略同角石。砌筑面石也要先行试放和修凿，然后铺浆砌筑，并使灰浆挤紧。腹石可用较小的石块分层填筑，填筑前先铺座浆。填第一层腹石时，须大面向下放稳，尽量使石缝间隙最小，再用灰浆填满空隙的 1/3～1/2，并放入合适的石片，用锤轻轻敲击，灌饱灌实。每砌三层左右大致找平一次。各段交界处应留成台阶，以便相互结合，以保证建筑物的弹性。

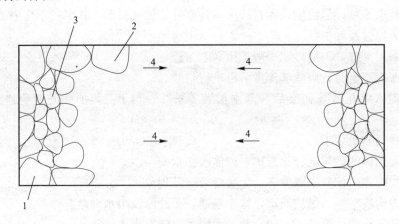

图 3-21 浆砌石砌筑程序
1—角石；2—面石；3—腹石；4—砌石方向

浆砌石采用的是铺浆法砌筑，砂浆稠度控制在 30～50 mm，当气温变化时，做适当调整。砌筑前先将毛石洒水湿润，使表面充分吸收，但不留有残水。暂停施工时，必须将砌块之间的缝隙用砂浆灌满、灌平，而不是在平面上铺砂浆。当复工时应将皮面加以清扫，用水湿润后，才可铺浆砌筑。

②勾缝。砌体勾缝应采用细砂和较小的水胶比，胶砂比控制在1∶1~1∶2。在砌体砂浆凝固前，先将缝内深度不大于2 cm的砂浆刮去，再将槽缝冲洗干净，保持缝面湿润，但不能积水，然后用强度等级较高而且较稠的砂浆进行勾缝。勾缝宽度一般不大于3 cm。勾缝后将残留、溅染在块石上的砂浆等杂物刷洗干净，并经常洒水使砌体保持湿润。砌筑砂浆和勾缝砂浆要分开堆放，防止混用。

③养护。浆砌石砌筑12 h后开始洒水养护，并经常保持外露面的湿润，养护时间不少于14 d。

6)雨期施工措施。施工现场的临时设施，在雨期前应整修加固完毕，保证不漏、不塌、不倒、周围不积水。施工现场的机电设备(电焊机、配电箱、电闸等)均要有可靠的防雨措施(如搭设简易房)。同时，对于电器设备的电源线要悬挂固定，不得拖拉在地，现场机电设备的防雨漏电接地保护装置应灵敏、有效，并有专人负责随时检查。

怕雨、怕潮、易腐蚀的原材料、构件、设备等应放入室内，或设立坚实的基础堆放在高处，或采用篷布遮盖严密等措施，进行分别处理。

雨期施工砌筑工程时，应防止基槽灌水和雨水冲刷砂浆，砂浆的稠度应适当减小，不宜留施工缝。收工时应覆盖砌体表面，雨量过大时应停止砌筑。

雨期施工会造成砂浆原材料因降水而使含水率增加，因此，砂浆配合比应根据雨量情况进行调整。砂浆运输及砌筑过程中，如雨量过大，运输设备和施工现场应有相应的防雨措施，以避免砂浆在运输和使用过程中因含水量增加而改变其流动性与和易性。

(3)挡墙施工技术与方法。

1)施工工序。施工准备→基坑开挖→地基承载力检测→基础浇筑→墙身浇筑→拆除模板→养护。

2)基坑开挖。片石混凝土挡土墙基坑由挖掘机开挖，人工配合清理、整平基底，挖掘机开挖至距离基底设计标高20 cm处后用人工清除，以免机械扰动原状土或超挖。

基坑开挖后及时做地基承载力试验，满足设计及规范要求后方可进行下道工序。

3)施工方法。片石混凝土挡墙采用分段施工，间隔10~15 m设置沉降缝一道，缝宽2 cm，缝内填塞沥青麻絮。

为保证路基施工质量及片石混凝土挡土墙的稳定，片石混凝土挡墙与路基填筑同步施工，且片石混凝土挡墙采用分段分层进行施工，分层高度控制在1.2 m。

片石混凝土挡墙模板采用大块定型钢模板拼装，安装模板前由测量班放出挡墙位置边线桩。安装模板时要严格按测量放线操作，以保证挡墙的设计形状、几何尺寸及位置准确。

模板内表面要平整、光洁，接缝严密，防止漏浆。如有部分接缝不严密，可用腻子抹平后用砂轮机打磨平整。

挡墙模板安装前，首先在墙体内搭设钢管架，管架垂直墙面，沿墙方向每1.5 m断面设置1道，起到内骨架的作用。骨架搭设时，横向钢管安装高度由两侧端头模板平分点挂线控制。

挡墙墙面模板加固时，每0.3 m间距布置一道竖向钢管，钢管用3 m和6 m钢管间隔布置。每0.6 m横向布置一道双钢管，横竖钢管安装时均由挂平分线控制安装方向。模板外采用打地锚斜顶方式加固并用拉线斜拉，以保证模板的稳定性。

模板加固完成后，挂线检查模板大面是否顺直，保证横竖钢管无弯曲变形。

模板之间在同一平面上采用对拉螺杆连接加固，为保证混凝土浇筑时不漏浆，成型美观，在模板连接处贴双面密封胶带。为加强模板刚度和稳定性，保证片石混凝土挡土墙不跑模，并为操作人员提供方便，模板背 10 cm×15 cm 方木或 10 号槽钢，其间距均不得大于 50 cm。拉杆均设置在 10 cm×15 cm 方木或 10 号槽钢上。拉杆水平方向的间距为 60 cm，两端第一根拉杆应设置在距边 30 cm 的位置。拉杆采用穿 PVC 管的直径为 16 mm 的圆钢制作，拉杆螺母采用双螺母及配套的垫圈，以保证模板在片石混凝土浇筑过程中不会发生移动。

模板加固完成后，将模板内钢管骨架立杆拆除。横杆随着片石混凝土面上升将支撑钢管逐层拆除。

(4) 片石混凝土。

1) 混凝土拌和、运输。混凝土拌和严格按照 C20 设计配合比进行，认真控制混凝土拌制各组分的称量，确保偏差不超过规定值。混凝土各成分必须拌和均匀，拌和程序和时间按要求执行。

混凝土运输：拌和好的混凝土应尽快运送至现场。采用 5 台容量为 12 m³ 混凝土搅拌运输车。

2) 片石混凝土施工。

① 混凝土采用 1 台 25 起重机配 1.2 方吊斗入仓。

② 混凝土搅拌运输车在施工便道上就位，然后通过起重机吊装入仓，浇筑时分层布料，并做好随平仓随振捣工作。

③ 片石混凝土采用平铺法水平分层浇筑，分层厚度为 30～50 cm，片石按混凝土量的 20%～30% 进行人工抛填，注意事项如下：

a. 选用无裂缝、无夹层的非条片状的石料，抗压极限强度不小于 30 N/mm²。使用前，要冲洗干净。

b. 石块的粒径在 15～30 cm 为好。

c. 填充第一层石块前，应先浇筑 10～15 cm 厚的混凝土。

d. 填入的石块应大面向下，石块之间距离一般为 10 cm 左右，以不影响插入式振动器振捣为宜。石块与模板的间距以不小于 15 cm 为宜。

e. 最上层石块的表面上，覆盖的混凝土厚度不得小于 10 cm。

f. 水平接缝处的石块应露出 1/2，以保证层间较好的连接。

3) 混凝土振捣。在捣固各层混凝土时，插入式振动器垂直插入混凝土，振捣时间应以混凝土不再显著下沉，不出现气泡，表面平坦一致，开始泛浆为准。振动器插移动距离不超过其有效半径的 1.5 倍，并插入下层混凝土 50～100 mm，顺序依次，方向一致，以保证上、下层的结合，避免漏振。振捣时应遵照"落点均匀，快插慢拔"的原则。

4) 模板拆除。混凝土强度达到规范要求时拆除模板，拆模应防止碰伤各部位边角。

5) 混凝土养护。混凝土浇筑完成及模板拆除后，立即用黑棉布覆盖。浇筑完毕 8～16 h 内（具体时间视气温及混凝土凝固状况，洒水时间不宜过早）开始洒水养护。洒水养护每天不少于 3 次，具体次数视天气情况而定，要确保混凝土表面始终保持湿润状态，养护时间不宜少于 7 d。

6) 片石混凝土挡土墙排水。挡土墙泄水孔采用 φ110 PVC 管，上、下排交错布置，间距为 2～3 m，最下一排泄水孔底部应高出地面不小于 0.3 m。

片石混凝土挡土墙台背1 m范围采用级配碎石填筑，高度在泄水孔周围2 m，起到过滤水的作用。

片石混凝土挡土墙墙体强度达到设计强度的75%以上时方可进行墙后填筑，且挡土墙台背1 m范围内不得有大型机械作业或行驶，防止墙身因受较大的冲击影响而遭到破坏。但为保证该范围内路基压实度达到设计要求，须采用人工配合相应的夯实机械进行夯实。

项目 4　路基典型病害及特殊路基的防护

重点内容

本项目介绍路基典型病害及特殊路基的养护以及路基典型病害成因及防治措施。

学习要求

通过学习路基典型病害及特殊路基的养护，了解病害情况、病害原因、防治措施，能初步判断路基病害。

4.1　路基典型病害

路基是公路的重要组成部分，是路面的基础，它与路面共同承担车辆荷载。路基的强度和稳定性是保证路面结构稳定、路用性能良好的基本条件。

视频：路基典型病害防治

路基工程的特点：

(1) 路基工程以岩石和土为基础，并以岩石和土作为建筑材料。

(2) 路基工程完全暴露在自然环境中，受严寒酷暑、狂风暴雨、地震等自然条件影响，将会引起路基坍塌、路基隆起、下沉、翻浆冒泥等各种病害。

(3) 路基同时受静荷载和动荷载的作用，动荷载也是造成路基病害的主要原因之一。

(4) 路基的设计、施工和养护影响着路基的质量，而工程完工后，质量将主要取决于路基的养护水平。

路基作为路面的基础，是在地表按照路线位置和一定技术要求修筑的带状构造物，承受由路面及交通车辆的静、动荷载，应有足够的强度、稳定性和耐久性。路基的强度与稳定性受水、温度、土质等客观因素影响，同时也受行车荷载的作用。

路基典型病害主要有路基沉陷、路基翻浆、崩塌、滑坡、泥石流等。

4.1.1　路基沉陷

路基沉陷是指路基在垂直方向产生较大的沉落，路基的不均匀下陷将造成局部路段破坏，影响交通。

1. 路基沉陷的两种情况

(1) 路堤沉落：因填料选择不当，填筑方法不合理，压实不足，在荷载和水温的作用下，堤身可能向下沉落，如图 4-1 所示。

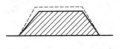

图 4-1 路堤沉落

(2)地基沉陷：原地面为软弱土层，如泥沼、流沙或垃圾堆积等，填筑前未经换土或压实，造成承载力不足，发生侧面剪裂凸起，地基发生下沉，引起路堤堤身下陷，如图 4-2 所示。

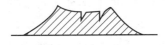

图 4-2 地基沉陷

2. 路基沉陷的原因

受交通荷载和环境因素等的影响，基床病害成为一种分布广、治理难、多发性强的病害。因此，了解路基病害的类型及其发生机理，并对其进行实用的检测，对路基的防护和治理非常重要。

(1)设计因素。公路的设计是公路工程施工的主要依据，设计的优劣在一定程度上决定着公路工程质量。若公路设计不合理，存在一些缺陷，就极易造成公路路基出现沉陷问题。而在设计因素中，路基排水措施设计具有至关重要的作用。若是该方面设计不合理，就会导致路面积水无法及时排出，致使积水不断渗入路基，从而降低路基强度，甚至破坏路基结构，最终造成路基沉陷问题发生。水对路基的危害可谓是"名列前茅"，若没有合理进行排水设计，就势必导致排水不通畅，水分堆积并不断下渗，从而引起路基沉陷。

(2)填筑方法问题。在填筑材料符合规范的前提下，填筑方法不当也极容易造成公路路基的沉陷，比如，施工工艺不当造成滑移或沉陷，或是没有按照填筑要求，出现填筑密度和强度不符合规范要求的情况，都容易产生公路路基沉陷的问题。纵向分幅填筑是路基填筑的常用方法，如果没有严格的控制要求，会造成路基沉陷，给公路造成危害。

(3)地质条件的因素。目前的公路建设发展迅速，在不同地区开展公路建设意味着施工者要面对各种各样复杂的地理环境，不同的地质条件对公路路基的影响也是显著的，有一些地质条件未必能达到路基建设的要求，所以在一些劣质路段，很容易出现因为自身地质条件问题而出现路基变形、位移，在原土壤受到外界压力后出现下沉，造成公路路基沉陷问题。

(4)气候因素的影响。我国地域跨度大，气候复杂多样，不同地区、不同条件下的气候变化较大，常见的气候影响因素如降雨量、冰冻积雪、洪水干旱等，如果公路地段排水不畅极容易产生积水下渗，在与土壤等地质因素的作用下，出现路基强度下降，路基不均匀下沉，造成路基沉陷。气候对于路基的影响是非常明显的，也是对路基质量的一个考验。

(5)车辆载荷量因素。公路设计完成后，通车使用是对路基质量的一个考验。一些公路的车流量大，特别是一些重要路段的公路，每天都会有不间断的车流量经过，一些为了追求经济利益的企业在交通运输上可能会出现高负荷车辆，甚至超载车辆，在大强度的负荷承载量作用下，就容易使路基渗透性的材料发生偏移，进而造成路基沉陷。

(6)其他影响因素。在不同的条件和状况下,造成公路路基下沉的影响因素还有很多,如施工不当,在设计施工阶段偷工减料,或是不按照施工的规范要求,不遵守规范程序,管理不当等;发生一些无法预料的地质灾害,导致地质条件发生变化等。

3. 路基沉陷的防治方法

(1)注意选用良好的填料,严禁用腐殖土或有草根的土块,应分层填筑、分层夯实,并及时排除流向路基的地面水或处理好地下水。

(2)填石路堤从下而上,石块应由大到小认真填筑,并用石渣或石屑填空隙。

(3)原地面为软弱土层时,要采取相应的处置方法,提高路基的稳定性。

4. 路基沉陷的处治方法

路基沉陷病害的处治方法主要有换填土层法、反压护道法、粉喷桩法、灌浆法等。

(1)换填土层法。换填土层法适用于处理各类浅层软弱地基。当建筑范围内上层软弱土较薄时,则可采用全部置换处理。对于较深厚的软弱土层,当仅用垫层局部置换上层软弱土时,下卧软弱土层在荷载下的长期变形可能依然很大。例如,对较深厚的淤泥质土类软弱地基,采用垫层仅置换上层软土后,通常可提高持力层的承载力,但不能解决由于深层土质软弱而造成地基变形量大对上部建筑物产生的有害影响。对于体型复杂、整体刚度差或对差异变形敏感的建筑,均不应采用浅层局部置换的处理方法,如图4-3所示。

图 4-3 换填土层法

(2)反压护道法。当路堤下沉、两侧或路堤下坡一侧隆起时,可采取在路堤两侧或一侧做适当高度与宽度的护道,在护道重力作用下,使路堤两侧或单侧有隆起的趋势得以平衡,保证路堤稳定。在非耕作区和取土不困难的地区,路堤高度不大于5/3~2倍极限高度,主要用于处理软土,有时对泥沼也可以采用,如图4-4所示。

图 4-4 反压护道法

(3)粉喷桩法(图4-5)。粉喷桩法是处理10 m以内路基下沉病害的方法。粉喷桩处理软土地基是通过专门的机械将粉体固体化剂喷出后在基地深处与软土强制搅拌,利用固化剂和软土地基之间产生的物理、化学反应,形成强度、刚度大的柱体。

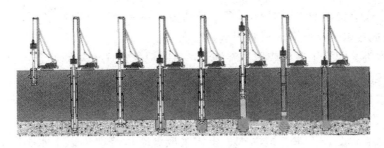

图 4-5 粉喷桩法

(4)灌浆法(图 4-6)。灌浆法是利用液压、气压或电化学原理,通过注浆管将浆液均匀地注入地层中,浆液以充填、渗透和挤密等方式占据土粒间或岩石裂缝中的空间,经人工控制一定时间后,浆液将原松散的土粒或裂缝胶结成一个整体,形成一个结构新、强度大、防水性能高和化学稳定性良好的结晶体。

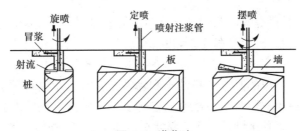

图 4-6 灌浆法

4.1.2 路基翻浆

路基翻浆是指春融时期由于土基强度急剧降低,在行车作用下,路面表面出现不均匀起伏、弹簧或破裂冒浆等现象,主要原因是地下水排除不好或水位发生变化。

冻胀和翻浆主要发生在我国北方各省及南方的季节性冰冻地区。潮湿地段的路基在冬季开始冻结,不断向深处发展,上、下层形成了温度坡差,土中温度高处的水分便向上移动,从而造成大量水分积聚在土基上层,并且逐渐结成聚冰层。由于气候的变化,零度等高线不断下移,形成一层或多层聚冰层。土基中水分冻结后体积膨胀,使路面冻裂或冻胀隆起。春季气温回升到零度以上,土基开始解冻,由于路面导热性大,路中的融解速度较两侧快,水分不易向下及两侧排除,土基上层含水率达到饱和、过饱和,在车辆重复作用下土基承载力极低,使路面出现弹簧、裂纹、拥包、车辙、冒浆等,即为翻浆现象。翻浆的发生,不仅会破坏路面、妨碍行车,严重的还会中断交通,对国民经济建设、国防战备都具有一定的危害,并增加道路维护工作。路基中水分来源不同,并以不同形式存在于路基土中。

根据导致翻浆的水类来源的不同,可将翻浆分为地下水类、地面水类、土体水类、气态水类、混合水类五个类型。

(1)地下水类。受地下水的影响,土基经常潮湿,导致翻浆。地下水包括上层滞水、潜水、层间水、裂隙水、泉水、管道漏水等。潜水多见于平原区,层间水、裂隙水、泉水多见于山区。

(2)地面水类。受地面水的影响,使土基潮湿,导致翻浆。地面水主要指季节性积水,也包括路基路面排水不良而造成路旁积水和路面渗水。

(3)土体水类。因施工遇雨或用过湿的土填筑路堤,造成土基原始含水也过大,在负温度作用下使上部含水率增加,导致翻浆。

(4)气态水类。在冬季强烈的温差作用下,土基中的水主要以气态形式向上运动,聚集于土基顶部和路面结构层内,导致翻浆。

(5)混合水类。受地下水、地面水、土体水或气态水等两种以上水类综合作用产生翻浆。此类翻浆需要根据水源主次定名,如地下水、地面水类等。

路基翻浆的过程:秋季(聚水)→冬季(冻结)→春融(含水量增加)→强度降低行车荷载翻浆。

1. 路基翻浆的影响因素

影响公路翻浆的主要因素:土质、温度、水、路面、行车荷载、人为因素等。其中,土质、温度、水三者的共同作用是形成翻浆的三个自然因素。

(1)土质。粉性土是最容易翻浆的土,这种土的毛细水上升较高,在负温度作用下水分聚流严重,而且土中的水分增多时,土强度降低幅度大而快,容易丧失稳定。粉性土的毛细水上升虽高,但上升速度慢。因此,只有在水源供给充足,并且在土基冻结速度缓慢的情况下,才能形成比较严重的翻浆。粉性土和黏性土含有大量腐殖质和易溶盐时,则更易形成翻浆。砂土一般情况下不会发生翻浆,这种土毛细水上升高度小,在冻结过程中水分聚流现象很轻;同时,这种土即使含有大量水分,也能保持一定的强度。

(2)温度。一定的冻结深度和一定冷量(冬季各月负气温的总和)是形成翻浆的重要条件。在同样的冻结深度和冷量的条件下,冬季负气温作用的特点和冻结速度的快慢对形成翻浆的影响也很大。例如,当初冻的时候气温较高或冷暖交替出现,温度为 0 ℃~-3 ℃(-5 ℃)停留时间较长,冻结线长期停留在路面下较浅处,就会使大量水分聚流到距路面很近的地方,产生严重翻浆。反之,如冬季一开始就很冷,冻结线很快下降到距路面较深的地方,则土基上部聚冰少就不易出现翻浆。除此之外,春天气温的特点和化冻速度对翻浆也有影响,如春季化冻时,天气骤暖,土基急速融化,则会加重翻浆的程度。

(3)水。翻浆过程就是水在路基土中转移、变化的过程。路基附近的地表积水及浅的地下水,能提供充足的水,是形成翻浆的重要条件。秋雨及灌溉会使路基土的含水率增加,使地下水水位升高,将会加剧翻浆的程度。

(4)路面。路面结构与类型对翻浆也有一定的影响。例如,在比较潮湿的土基上铺筑沥青路面后,由于沥青面层透气性较差,路基土中的水分不能通畅地从表面蒸发,使水分滞积于土基顶部与基层,导致路面失稳变形,以致出现翻浆。

(5)行车荷载。公路翻浆是通过行车荷载的作用,最后形成和暴露出来的。当其他条件相同时,在翻浆季节,交通量越大、车辆荷载越重,则翻浆越严重。

(6)人为因素。下列情况都将加剧翻浆的形成:

1)设计时对翻浆的因素考虑不周。路基设计高度不够,特别是低洼地带,路线没有避开不利的水文地质地带,缺乏防治翻浆的措施,以及路面结构组合不当,厚度偏薄等。

2)施工质量有问题。填筑方案不合理,不同土质填料混杂填筑,或采用大量的粉质土、腐殖土、盐渍土、大块冻土等劣质填料,或分层填筑时压实度不足。

3)维护不当。排水设施堵塞,路拱有反向坡,路面、路肩积水,对翻浆估计不足,且无适当的防护措施。

综上所述，造成冻胀和翻浆的条件，首先是寒冷的气候，冬季寒冷的时间越长，路基土壤的冻结深度越大；其次，必须有水源，还必须有毛细作用强的粉土、细砂等细颗粒土壤。关于造成翻浆的原因，重车的作用也是重要的，特别是当路面有一定的结构强度的情况下，翻浆是与重车的作用分不开的。由此可见，影响翻浆的因素是温度、水、土质、路面结构和行车荷载。因此，解决冻胀和翻浆的途径如下：

(1)消除水源，即及时排除地表积水，用地下排水降低地下水水位，或者用隔离层切断水的供应。

(2)换土，即在冻结深度内用不产生冻胀和翻浆的土壤(如砂砾)替换不良的土壤(如粉土、细砂)。

(3)在春融期间，禁止或限制重车通行。

(4)做好路基路面综合设计，如采用合理的路基填土高度、设置隔温层等，以使路面满足防冻要求。

2. 路基翻浆分级

翻浆分级见表4-1。

表4-1　翻浆分级

翻浆等级	路面变形破坏程度
轻	路面龟裂、湿润、车辆行驶时有轻微弹簧
中	大片裂纹、路面松散、局部鼓包、车辙较浅
重	严重变形、翻浆冒泥、车辙很深

3. 路基翻浆防治的一般原则

(1)贯彻"以防为主，防治结合"的原则。

(2)根据地区与路段特点，因地制宜、就地取材。

(3)根据路基填土高度，结合地面水和地下水，搞好冻胀与翻浆地区的路基设计。

(4)对于高级和次高级路面，除按强度进行结构层设计外，还需考虑容许冻胀要求进行复核；对于中、低级路面，则根据防治翻浆要求进行设计。

4. 路基翻浆病害类型

(1)地下水类翻浆病害。

1)在地势低洼、积水难以排出、地下水水位埋深又浅的地区，路基填土高度不大时，冻结期由于地下水补给使土体含水量增大，春季引起道路翻浆。低路堤下的高地下水水位如图4-7所示。

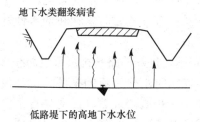

图4-7　低路堤下的高地下水水位

2)地下水类翻浆病害：在丘陵区或山区的挖方和半填半挖地段，由于开挖使路基顶面接近地下水水位或者路堑边坡切断含水层且排水不畅时春季产生道路翻浆。半挖半填路基切断含水层如图 4-8 所示。

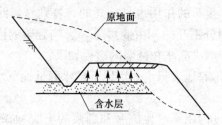

图 4-8　半挖半填路基切断含水层

3)地下水类翻浆病害：在半山腰的填方路堤，有时压住含水层或泉眼，使水分渗入路基，冬季引起路基冻胀，春季化冻时产生翻浆，一般称为两肋翻浆；城市道路有时因地下管道漏水，路基含水量增加，将导致道路翻浆。填方压住含水层露头如图 4-9 所示。

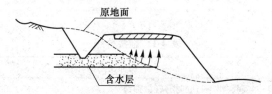

图 4-9　填方压住含水层露头

(2)地面水类翻浆病害：由于降雨、灌溉等使路基两旁积水，而又不能及时排出，渗水使路基含水量增加，又由于冻结过程中的水分迁移作用，使路面下土层含水量增加，春季融化时产生翻浆；由于养护不良、路基边沟堵塞、路面出现车辙、局部洼坑、两侧路肩高于路面等情况使路面或边沟长期积水，渗入路基后使土体含水量增大，春季将引起局部翻浆。地面水类翻浆病害如图 4-10 所示。

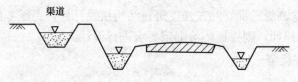

图 4-10　地面水类翻浆病害

5. 路基翻浆防治措施

防止翻浆的基本途径：防止地面水、地下水或其他水分在冻结前或冻结过程中进入路基上部，可将聚冰层中的水分及时排除或暂时蓄积在透水性好的路面结构层中；改善土基及路面结构；采用综合措施防治。

(1)做好路基排水，提高路基。良好的路基排水可以防止地面水或地下水浸入路基，使路基土体保持干燥，从而减轻冻结时水分聚流的来源，这是预防和处理地面水类和地下水类翻浆的有效措施。提高路基是一种效果显著、简便易行、比较经济的常用措施。增大路基边缘至地下水或地面水之间的距离，使路基上部土层保持干燥，在冻结过程中不致因过分聚冰而失稳。

(2)铺设隔离层。隔离层设在路基顶面下 0.5~0.8 m 处,其目的在于阻断毛细水上升通道,保持上部土基干燥,防止翻浆发生。在地下水水位或地面积水水位较高,不宜提高路基时,可铺设隔离层。

(3)设置路肩盲沟或排水渗沟。

1)路肩盲沟:为及时排除春融期间路基中的自由水,达到疏干路基上部土体的目的,可在路肩上设置横向盲沟。路基盲沟适合于路基土透水性较好的地下水类翻浆路段。

2)排水渗沟:为了降低路基的地下水水位,可在边沟下设置盲沟或有管渗沟。为了拦截并排除流向路基的层间水,可采用截水渗沟。

(4)换土。对因土质不良造成翻浆的路段,可在路基上部换填水稳性好、冰冻稳定性好、强度高的粗颗粒土,以提高土的强度和稳定性。一般可根据地区情况、道路等级、行车要求、换填材料等因素确定换土厚度。一般在路基上层换填 40~60 cm 厚的砂性土,路基即可基本稳定。

(5)改善路面结构层。

1)铺设砂(砾)垫层。砂(砾)垫层是用砂砾、粗砂或中砂做成的垫层,具有较大的空隙,能隔断毛细水的上升。化冻时能蓄水、排水,冻融过程中体积变化小,可减小路面的冻胀和变形,而且还具有一定的强度,能将荷载进一步扩散,从而可减小路基的应力和应变。砂(砾)垫层的厚度可按蓄水原则或排水原则设置。蓄水原则是指春融期间,路基化冻后的过量水分能全部集中于砂垫层中。根据蓄水的需要并考虑砂(砾)垫层被污染后降低蓄水能力的情况,经调查研究得出:中湿路段砂(砾)垫层的经验厚度为 0.15~0.20 m;潮湿路段为 0.2~0.3 m。排水原则是将春融期汇集于砂垫层中的水分通过路肩盲沟排走。砂垫层厚度应由路面强度及砂(砾)垫层构造和施工要求决定,一般为 0.1~0.2 m。

2)铺设水泥稳定类、石灰稳定类或石灰工业废渣类基(垫)层。这类基(垫)层具有较好的板体性、水稳性和冻稳性,可以提高路面的整体强度,起到减缓和防止路基冻胀及翻浆的作用。但在重冰冻地区潮湿路段,石灰土不宜直接采用,需要与其他措施配合应用,如在石灰土下铺设砂垫层等。

3)设置防冻层。对于高级和次高级路面结构层的总厚度,除满足强度要求外,还应满足防冻层厚度要求,以避免路基内出现较厚的聚冰带,从而防止产生导致路面开裂的不均匀冻胀。

4.1.3 崩塌

陡崖或陡峭斜坡上的岩土体在重力作用下,突然脱离母体,发生崩落、滚动的现象或者过程。崩塌又称为崩落、垮塌或塌方。崩塌的特点主要有崩塌速度快、发生猛烈;崩塌体运动不沿固定的面或带发生;崩塌体在运动后,其原有整体性遭到完全破坏;崩塌的垂直位移大于水平位移。崩塌如图 4-11 所示。

视频:崩塌与防治

1. 崩塌的危害

1980 年 6 月 3 日,湖北省远安县盐池河磷矿突然发生了一场巨大的岩石崩塌。山崩时,标高为 830 m 的鹰嘴崖部分山体从 700 m 标高处俯冲到 500 m 标高的谷地,在山谷中形成南北长 560 m、东西宽 400 m、石块加泥土厚 20 m 的堆积体,崩塌堆积的体积共 100 万 m^3,其中最大的岩块有 2 700 t 重。顷刻之间,盐池河上筑起一座高达 38 m 的堤坝,构成一座

图 4-11 崩塌

天然湖泊。乱石块将磷矿区的五层大楼掀倒、掩埋,死亡 284 人,还毁坏了该矿的设备和财产,损失十分惨重。

2004 年 12 月 3 日 3 时 40 分,贵州省纳雍县中岭镇左家营村岩脚组发生大面积山体崩塌,19 户、88 人受灾,死亡 39 人,5 人下落不明。

2015 年 5 月 21 日,丰都街道办事处江岸村浪马蒿组崩塌地质灾害隐患点裂缝增宽,发生山体崩塌地质灾害,严重威胁当地群众的生命财产安全。

2017 年 7 月 10 日下午,贵州贞丰县挽澜镇窑上村高家岩路口处引发山体崩塌,崩塌山石土方约 2 万 m^3。

崩塌是危岩失稳崩落瞬间的动力行为;落石是危岩失稳后的体态。崩塌会造成行车事故与人身伤亡,破坏线路和其他设施,增加大量基建投资。因此,研究崩塌产生原因及防治措施在公路养护工作中是非常重要的。

2. 崩塌的类型

(1) 根据坡地物质组成划分。

1) 崩积物崩塌:山坡上已有的崩塌岩屑和沙土等物质,由于它们的质地很松散,当有雨水浸湿或受地震震动时,可再一次形成崩塌。崩积物崩塌如图 4-12 所示。

图 4-12 崩积物崩塌

崩积物是指陡峻斜坡上的土石体突然向坡下翻滚坠落所形成的堆积物。产生于土体的称为土崩，产生于岩体的称为岩崩；规模巨大的，涉及山体稳定者称为山崩；产生于河、湖岸坡的称岸崩。崩落大小不等的土石碎屑物，堆积于坡脚，总称为崩积物。

2）表层风化物崩塌：在地下水沿风化层下部的基岩面流动时，引起风化层沿基岩面崩塌。表层风化物崩塌如图4-13所示。

3）沉积物崩塌：有些由厚层的冰积物、冲击物或火山碎屑物组成的陡坡，由于结构舒散，形成崩塌。沉积物崩塌如图4-14所示。

图4-13 表层风化物崩塌

图4-14 沉积物崩塌

4）基岩崩塌：在基岩山坡面上，常沿节理面、地层面或断层面等发生崩塌。基岩崩塌如图4-15所示。

（2）根据崩塌体的移动形式和速度划分。

1）散落型崩塌：在节理或断层发育的陡坡，或是软硬岩层相间的陡坡，或是由松散沉积物组成的陡坡，常形成散落型崩塌。

2）滑动型崩塌：沿某一滑动面发生崩塌，有时崩塌体保持了整体形态，和滑坡很相似，但垂直移动距离往往大于水平移动距离。

3）流动型崩塌：松散岩屑、砂、黏土，受水浸湿后产生流动崩塌。这种类型的崩塌和泥石流很相似，也称为崩塌型泥石流。

图4-15 基岩崩塌

3. 崩塌产生的原因

（1）内在因素。岩土类型、地质构造、地形地貌，这三个内在条件，又通称为地质条件，它是形成崩塌的基本条件。

1）岩土类型。岩土是产生崩塌的物质条件，一般而言，各类岩、土都可以形成崩塌，但不同类型的岩土所形成崩塌的规模大小不同。通常，坚硬的岩石和结构密实的黄土容易形成规模较大的崩塌，软弱的岩石及松散土层，往往以坠落和剥落为主。

2）地质构造。各种构造面，如节理、裂隙面、岩层界面、断层等，对坡体的切割、分离,为崩塌的形成提供脱离母体(山体)的边界条件。坡体中的裂隙越发育越易产生崩塌,与坡体延伸方向近乎平行的陡倾角构造面,最有利于崩塌的形成。

3)地形地貌。地貌是引起崩塌的基本因素。一定的坡度和高差是崩塌发生的基本条件。据调查,由坚硬岩石组成的斜坡,当坡度大于50°或60°、高差大于50 m时,才可能发生崩塌。由松散物质组成的坡地,当坡度超过它的休止角时可能出现崩塌,一般坡度大于45°、高差大于25 m可能出现小型崩塌,高差大于45 m可能出现大型崩塌。黄土地区,坡度在50°以上才可能发生崩塌。高山峡谷、悬崖陡岸多数是崩塌易发地段。

(2)外在因素。诱发崩塌的外界因素很多,主要因素如下:

1)地震。地震引起坡体晃动,破坏坡体平衡,从而诱发坡体崩塌。

2)融雪、降雨。融雪、大雨、暴雨和长时间的连续降雨,使地表水渗入坡体,软化岩土及其中的软弱面,从而诱发崩塌。

3)地表冲刷、浸泡。河流等地表水体不断地冲刷坡脚,削弱坡体支撑或软化岩、土,降低坡体强度,从而诱发崩塌。

4)不合理的人类活动。如开挖坡脚,地下采空、水库蓄水、泄水、堆(弃)渣填土等改变坡体原始平衡状态的人类活动,都会诱发崩塌活动。

5)还有一些其他因素,如冻胀、昼夜温度变化等也会诱发崩塌。

4. 崩塌的防治措施

(1)绕避。对大规模崩塌,以绕避为主:

1)以跨河桥的方式,改线到对岸;

2)以山内隧道形式将线路内移(但要避开隧道口崩塌)。

(2)修筑挡墙来进行加固。

(3)修筑遮挡物,如明洞、棚洞、落石平台等。

(4)清除危岩。若山坡上部可能的崩塌物数量不大,而且母岩的破坏不甚严重,则以全部清除为宜。在清除后,还须对母岩进行适当的防护加固。

(5)做好排水工程。地表水和地下水均为崩塌落石产生的诱因,在可能发生崩塌落石的地段,务必要做好地面排水和地下排水工程。

4.1.4 滑坡

视频:滑坡

滑坡是指斜坡上的土体或者岩体,受河流冲刷、地下水活动、雨水浸泡、地震及人工切坡等因素影响,在重力作用下,沿着一定的软弱面或者软弱带,整体地或者分散地顺坡向下滑动的自然现象。它是山区道路的主要病害之一。大规模的滑坡可以堵塞江河,摧毁道路。

滑坡大多发生在地质不良的山区。影响滑坡发生的因素主要有岩性、构造、水和地震等。泥岩、页岩、千枚岩、云母片岩等软弱岩层和黏土、黄土、碎石土等松软土层易产生滑坡。

1. 滑坡的特征

(1)平面特征。滑坡的平面形态如图4-16所示。

(2)纵断面特征。典型的滑坡纵断面示意如图4-17所示。

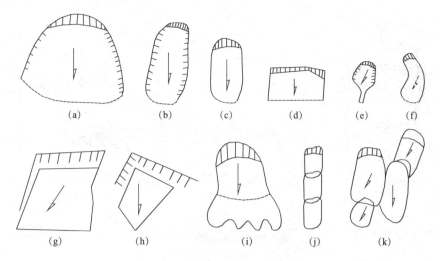

图 4-16 滑坡的平面形态
(a)簸箕形；(b)舌形；(c)椭圆形；(d)长椅形；(e)倒梨形；(f)牛角形；
(g)平行四边形；(h)菱形；(i)树叶形；(j)叠瓦形；(k)复合形

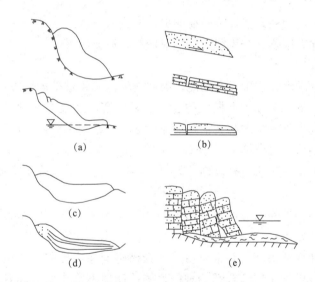

图 4-17 典型的滑坡纵断面示意
(a)圆弧形；(b)平面形；(c)、(d)折线形；(e)软岩挤出形

2. 滑坡产生的过程

一般说来，滑坡的发生是一个长期的变化过程，通常将滑坡的发育过程划分为蠕动变形阶段、滑动破坏阶段、渐趋稳定阶段三个阶段。滑坡形态构造如图 4-18 所示。

(1)蠕动变形阶段。斜坡内部某一部分因抗剪强度小于剪切力而首先变形，产生微小的移动；变形进一步发展，直至坡面出现断续的拉张裂缝；随着拉张裂缝的出现，渗水作用加强，变形进一步发展，后缘拉张，裂缝加宽，两侧剪切裂缝也相继出现。

(2)滑动破坏阶段。

1)滑坡在整体往下滑动的时候，滑坡后缘迅速下陷，滑坡壁越露越高，滑坡体分裂成数块，并在地面上形成阶梯状地形，滑坡体上的树木东倒西歪地倾斜，形成"醉林"。

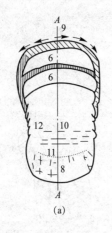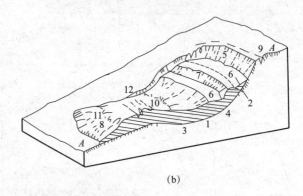

图 4-18 滑坡形态构造示意

(a)平面图；(b)块状图

1—滑坡体；2—滑动面；3—滑动带；4—滑床；5—滑坡后壁；
6—滑坡台地；7—滑坡台地陡坎；8—滑坡舌；9—拉张裂缝；
10—滑坡鼓丘；11—扇形张裂缝；12—剪切裂缝

2)随着滑坡体向前滑动，滑坡体向前伸出，形成滑坡舌。

3)滑动时往往伴有巨响并产生很大的气浪，有时造成巨大灾害。

(3)渐趋稳定阶段。

1)由于滑坡体在滑动过程中具有动能，因此滑坡体能越过平衡位置，滑到更远的地方。

2)在自重的作用下，滑坡体上松散的岩土逐渐压密，地表的各种裂缝逐渐被充填，滑动带附近岩土的强度由于压密固结又重新增加，这时对整个滑坡的稳定性也大为提高。

3)经过若干时期后，滑坡体上的东倒西歪的"醉林"又重新垂直向上生长，但其下部已不能伸直，因而树干呈弯曲状，有时称它为"马刀树"，这是滑坡趋于稳定的一种现象。

3. 滑坡的成因

滑坡是具有滑动条件的斜坡在多种因素综合作用下的结果，但对某一特定滑坡总有一或两个因素对滑坡的发生起控制作用，称它为主控因子。在滑坡防治中应着力找出主控因子及其作用的机制和变化幅度，并采取主要工程措施消除或控制其作用以稳定滑坡，对其他因素则采取一般性措施达到综合性治理的目的，如地下水作用引起者以地下截排水工程为主，因削弱坡体支撑力引起者则以恢复和加强支挡工程为主。

(1)地质因素。

1)山坡表层为渗水的土或破碎岩层，下层为不透水的土或岩层，且层理向路基倾斜。在这种情况下，当有地面水渗入或有地下水活动时，就可使表层土或岩层滑动造成滑坡。

2)山坡岩层软硬交错，且其软弱面向路基倾斜，由于风化程度不同或地下水侵蚀等原因，使岩层可能沿某一软弱面向下滑动。

3)边坡较陡，上部有堆积物或松散层，或上边坡为岩层交错的断开地带，在自重或外界因素的影响下，容易产生滑坡。

(2)水文因素。

1)边坡上有灌溉渠道或水田，没有进行适当处理，渗漏严重或有大量雨水渗入滑坡体内，使土体潮湿软化，增加土体质量，降低土的强度，促进滑坡的产生。

2) 地下水是引起滑坡的主要条件之一，地下水量增加，浸湿滑坡面，降低滑坡面的抗滑能力，从而加速滑坡的形成。

3) 截水沟漏水或设置不合理。例如，在渗水性强的边坡上设置截水沟，沟内没有铺设防水层，当地面水集中流入天沟内后，水分大量渗入土体内部，以致产生滑坡。

4) 沿溪路堤受河水水位涨落或河水冲刷滑坡坡脚，减弱支撑力，引起坡体下滑。

4. 滑坡的防治措施

滑坡的防治要贯彻"及早发现，预防为主；查明情况，综合治理；力求根治，不留后患"的原则结合边坡失稳的因素和滑坡形成的内外部条件，治理滑坡可以从以下两个大的方面着手。

(1) 排水。原则：区内水尽快汇集、排出；区外水应拦截、旁引。

1) 地表排水：设置截水沟和排水明沟系统。截水沟是用来截排来自滑坡体外的坡面径流；排水明沟系统用来汇集坡面径流以将其引导出滑坡体。地表排水如图 4-19 所示。

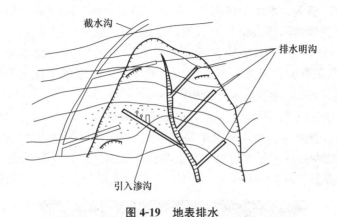

图 4-19　地表排水

2) 地下排水：设置各种形式的渗沟或盲沟系统，以截排来自滑坡体外的地下水流。地下排水如图 4-20 所示。

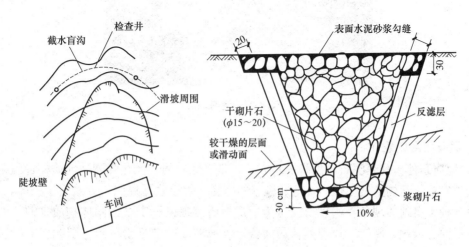

图 4-20　地下排水

(2)改善边坡岩土力学强度。常用的措施：削坡减载；边坡人工加固，如修筑挡土墙、护墙等支挡不稳定岩体；以钢筋混凝土抗滑桩或钢筋桩作为阻滑支撑工程；预应力锚杆或锚索；固结灌浆或电化学加固法加强边坡岩体或土体的强度。

4.1.5 泥石流

近几十年来，我国平均每年因泥石流造成的直接经济损失达几十亿元，死亡数千人。

视频：泥石流与防治

2003年7月11日22时，四川甘孜州丹巴县发生特大泥石流灾害，造成51人死亡，并将大金川河截断，灾情严重。2010年8月7日22时，甘肃甘南藏族自治州舟曲县特大泥石流灾害导致4 496户计20 227人受灾；水毁农田1 417亩，水毁房屋307户计5 508间；进水房屋4 189户计20 945间；机关大楼水毁21栋，损坏车辆18辆，遇难1 481人，失踪284人。2012年6月9日晚至10日凌晨，凯里市舟溪镇出现特大暴雨，降雨量达280 mm，引发泥石流灾害。截至10日13时，已造成3人死亡、7人受伤，127户201间房屋不同程度受损，其中枫香、新龙、里禾、舟南4个村受灾较重。2015年7月22日晚，贵州省黔西南州册亨县者楼镇东风村因暴雨引发泥石流，导致19人被困，其中10人被泥石流不同程度淹没，幸无人遇难。2017年9月5日，贵州省册亨县出现持续暴雨，最大降雨量达147 mm。降雨引发泥石流，近万方泥土被山洪冲下来，将余安高速公路近400 m路段掩埋，泥土最深处近4 mm，导致高速公路中断。

泥石流是指在山区或者其他沟谷深壑，地形险峻的地区，因为暴雨、暴雪或其他自然灾害引发的山体滑坡并携带有大量泥沙及石块的特殊洪流。泥石流具有突然性，以及流速快、流量大、物质容量大和破坏力强等特点。发生泥石流常常会冲毁公路、铁路等交通设施甚至村镇等，造成巨大损失。研究泥石流在公路养护工作中是非常重要的。泥石流如图4-21所示。

图4-21 泥石流

1. 泥石流形成条件

(1)地质条件。凡是泥石流发育的地方，都是岩性软弱，风化强烈，地质构造复杂，褶皱、断裂发育，新构造运动强烈，地震频繁的地区。由于这些原因，导致岩层破碎，崩塌、滑坡等各种不良地质现象普遍发育。这为形成泥石流提供了丰富的固体物质来源。斜坡内的一些层面、节理、断层、片理等软弱面若与斜坡坡面倾向近于一致，则此斜坡的岩土体容易失稳成为滑坡。

(2)地形条件。泥石流流域的地形特征是山高谷深，地形陡峻，沟床纵坡大。

(3)水文气象条件。泥石流发生的水文气象条件是指暴雨给沟谷区域带来大量的汇聚水。水既是泥石流的组成部分，又是泥石流的搬运介质。松散固体物质大量充水达到饱和或过饱和状态后，结构破坏，摩阻力降低，流动性增大，从而与水一起流动形成泥石流。春夏季节高强度的暴雨使得沟谷的水流和泥石混合形成泥石流，且短时间内突然性地大量沿沟谷喷发出来，冲毁下游的建（构）筑物，造成泥石流灾害。

(4)人类工程活动的影响。人类工程活动不当可促使泥石流发生、发展或加剧其危害。乱垦滥伐会使植被消失、山坡失去保护、土体疏松、冲沟发育，大大加重水土流失，进而山坡稳定性被破坏，滑坡、崩塌等不良地质现象发育，结果就很容易产生泥石流，甚至那些已退缩的泥石流又有重新发展的可能。修建铁路、公路、水渠及其他工程建筑的不合理开挖，不合理的弃土、弃渣、采石等也可能形成泥石流。

2. 泥石流的防治措施

泥石流防治坚持"预防为主、防治结合、因地制宜、因害设防、加强管理、注重效益"的原则。其防治措施有以下几种：

(1)生物措施。泥石流灾害不少是由于水土流失恶性发展形成的，生物治理措施主要是对泥石流沟采取封山育林、植树造林等措施，因地制宜地建立起水源涵养林、水土保持林、薪炭林、工程防护林、经济林等，扩大流域内乔灌草植被，提高森林覆盖率，使生态得到恢复，截滞、拦蓄大量降水，减少地表径流，减少水土流失。它通过植物群落的地上和地下共同作用，达到"土蓄水、水养树、树固土"的目的，从而逐渐控制泥石流的发生或削减泥石流的规模。

(2)工程措施。

1)在泥石流沟上方修筑桥梁、涵洞跨越避险工程，既可使泥石流有排泄通道，又能保证道路的畅通。

2)在泥石流下方修筑隧道、明硐和渡槽的穿越工程，使泥石流从上方排泄，下方交通不受影响。

3)对泥石流地区的桥梁、隧道、路基及重要工程设施修筑护坡、挡墙、顺坝等防护工程，从而抵御泥石流的冲刷、冲击、侧蚀和淤埋等危害。

4)修筑导流堤、急流槽、束流堤等排导工程，改善泥石流流势、增大桥梁等建筑物的排泄能力。

4.1.6 水毁

水毁是指因暴雨、洪水造成路基、路面、桥涵及其他设施的损毁，如图4-22～图4-24所示。

多年以来，公路和桥梁的洪水水毁，以及因洪水引发的崩塌、滑坡、泥石流等地质灾害，一直是公路最大的自然灾害。在众多影响因素中，水是最重要和最活跃的，所以，在公路、桥梁工程中必然涉及许多水力学问题。

在我国南方多雨季节，有时会因山洪暴发而引起频繁的塌方或冲毁路基，这就是水毁。公路特别是山区公路的水毁，形形色色，各式各样。其主要类型：桥渡因洪水的冲击与冲刷而造成的破坏；沿河公路及其冲刷防护建筑物因洪水的顶冲与淘刷而造成的坍塌和破坏；因洪水造成山区公路小型人工排水构造物功能失效与毁坏。

图4-22 沿河公路路基的填方部分被洪水冲走，只留下基岩

图4-23 强降雨时山区公路排水沟渠的水流具有很强的冲击力，容易造成渠道和小桥涵进出口的损坏

图4-24 沿河公路路基挡土墙水毁导致路基冲毁

1. 常见路基水毁的破坏形式

(1)山区公路中许多路段与河道并行，沿河路基常因河弯凹岸冲刷、顶冲与斜冲而发生坍塌或遭到破坏。

(2)小桥涵被冲毁后，造成两端路基水毁。

(3)路面设计高程不够，洪水漫溢路面，冲刷路面造成路面和路基水毁。

(4)公路紧靠山边，暴雨时水从山坡汇流而下，轻则冲刷路面，重则冲毁路基。

(5)滑坡、崩塌体堵塞路基边沟，使边沟排水漫溢到路面上，冲毁路面和路基。

(6)洪水漫溢路面，冲毁路面和路基。

2. 水毁的成因

(1)自然因素。自然因素作用是公路水害产生的一个重要原因。地球自身内、外应力的作用和各种气候条件的综合作用，为公路水害的发生创造了条件。引发或诱导公路水害的自然因素主要有以下三个方面。

1)地质原因。公路水害的成因和活跃程度受地质构造的影响。对于断裂构造,存在着一定的构造带且风化强烈,为泥石流塌方、滑坡等灾害提供了充分的固体物质。泥岩、页岩经强烈风化后,又为这些灾害提供了细颗粒的物质,从而造成桥涵淤塞、河床抬高,引发路基垮塌等多种病害。

2)地形、地貌原因。公路地形高低悬殊,山坡陡峭,在重力和水力作用下,松散稳定性差的物料易形成垮塌和水土流失,为各种公路水害的产生和发展提供了条件。如山体植被稀少,自然横坡较大,局部性暴雨强度较大、频率高,河床比降大,那么公路水害程度也较大。因此,地形、地貌因素是公路水害发生的又一重要原因。

3)气象原因。雨季降雨集中,一次降雨量大,易为公路水害的形成提供丰富、充足的水分条件。松散的固体堆积物在强降雨的作用下,当含水率达到饱和时,其黏结性、凝聚力迅速降低,在强降雨形成地面径流的冲击下,固体堆积物力的平衡很快被破坏,各种塌方、滑坡、泥石流等水害便会发生,从而直接导致或诱导公路水害发生。因此,气候因素也是公路水害发生的原因之一。

(2)环境的破坏。环境的破坏是公路水害产生的直接原因。公路沿线的经济建设,沿线土地开发和不合理的人类活动破坏了自然生态平衡,破坏了山体的稳定性。公路建设本身就是对自然状态山体稳定边坡的破坏,无论是挖方还是弃土堆置,都会不同程度地诱发滑坡、崩塌、泥石流等灾害的发生。

森林的过量采伐,使植被覆盖率降低,也会导致公路水害的发生。陡坡开荒,过度放牧,不仅加剧了坡面的侵蚀,也加速了各种灾害的活动。根据调查和观测,泥沙和石屑在干燥状态下的稳定静止角度为35°;潮湿状态下的稳定静止角度只能达到25°,因此应在自然坡度超过25°的坡面上开荒种地。雨水的作用使小块体土壤移动,对坡面土壤的侵蚀由弱变强,坡面被侵蚀冲刷的沟芽逐年扩大;陡坡边坡上的土壤、小石块、石屑等在侵蚀冲刷中被大量带走,淤积边沟或汇入沟中,在桥梁涵洞及沟谷的入口处淤塞河道,并抬高沟床、河床,使洪水流向发生改变,冲毁路基,毁坏桥涵,冲刷河岸或坡脚,从而造成公路垮塌等灾害。

恢复并保护公路沿线生态环境所采取的措施如下:

1)在公路沿线山坡上植树造林,采取以防护林为主的生物治理措施,并辅以与水土保持相结合的综合治理措施。

2)对于公路修建,其开挖后的高大边坡,应采取单元水土保持措施,采取种植根系发达、传播速度快的树木,以及增加植被等措施实施生态保土,增加水土涵养,减小地面径流对坡面的冲刷,从而增强坡面稳定性。

3)禁止在公路边坡开荒和毁林开荒,保护好坡面植被,增强山坡地的水土保持能力。

4)加强公路沿线及沿线河流两岸坡耕地的治理,采取坡改梯和退耕还林相结合的手段。

5)预防并制止过度放牧。

4.2 特殊路基的养护

特殊路基包括特殊土(岩)路基、不良地质路基和特殊条件下路基。本节主要介绍高填方路堤、软土地基路基、黄土地区地基、沙漠地区路基、多年冻土地区地基。

4.2.1 高填方路堤

视频：高填方路堤

我国公路工程建设飞速发展，新建、改建公路工程施工中常遇到高填方路堤。工程完工后，随着时间的推移和车辆重复荷载的作用，路基常出现路基整体下沉或局部沉降；路基纵横向开裂；路基滑动或者边坡滑坍等。

1. 定义

对边坡高度超过 20 m 的路堤或地面斜坡坡率大于 1∶2.5 的路堤，以及不良地质、特殊地段的路堤，应进行个别勘察设计，对重要的路堤应进行稳定性监控。因此，高填方路堤就是指边坡高度超过 20 m 的路堤或地面斜坡坡率大于 1∶2.5 的路堤，以及不良地质、特殊地段的路堤。高填方路堤与低填方路堤只是一个相对的概念。高填方路堤的稳定不仅与边坡高度有关，也与路基填料及其性质、边坡坡度、地基所处水文地质状况、路基压实机具、施工方法等有关。所以，高填方路堤只是笼统地指填方较高的路堤。

2. 病害类型

病害类型主要包括以下几种：

(1)整体下沉或局部沉降。

(2)路基不均匀沉降引起的纵横向开裂(图 4-25)。

(3)路基滑动或边坡坍塌(图 4-26)。

图 4-25 高填方路堤纵向开裂

图 4-26 二郎山隧道东口路堤边坡坍塌

3. 病害成因

(1)前期设计原因。

1)前期设计时未详细对高填方路段地质进行布探，对其地质构造、各种软弱面的分布状况不明，从技术上无法合理设计，高填方边坡设计没有结合相应填料的种类，也未进行稳定性验算，按一般路基进行设计，填料、施工工艺等未做特殊的要求。

2)对扩改建工程，新旧路连接处未按要求做特别处理，留下隐患，可能出现整体下沉或局部沉陷，影响公路的正常使用。

(2)施工原因。

1)原地面未彻底处理：高填方路堤基底承载能力应高于一般路基基底，若按一般路基要求，当路基填料不断增加时，原地基的压缩变形将导致路堤下沉。

2)路基排水方面的原因:高填方地段地面线多位于低洼处,常常积水,尤其是下雨天,使土基长时间浸泡,土基含水量大,排水不良,施工过程中未对路基排水进行处理,若遇水浸泡,会引起土质松软,从而导致承载能力降低、路堤沉陷、路基下沉等。

(3)施工工艺原因。

1)在高填方路堤施工中未严格按分层填筑,在同量工作时控制层厚的不均匀,分层碾压或整平碾压时未严格控制含水量,对同一路段的不同填料没有严格控制,由于压实度不足或不均匀且达不到规定要求,易导致局部较大的沉降变形。

2)施工组织安排不当,先施工低填方路堤,后施工高填方路堤,往往高填方路堤施工完成后就立即铺路面,路基没有足够的时间沉降固结,从而使路面使用不久就发生沉陷。

(4)工程质量管理原因。

1)施工过程中,质量与技术方面的管理力度不够,工地现场人员的责任心不强。

2)技术质量监督力度不够,施工单位工作量偏大,部分人员凭经验减少压实度的抽检频率,甚至伪造试验资料应付检查。

3)施工现场混乱使工程质量降低,造成施工过程中的隐患,甚至造成大的质量事故,危及路基的稳定性。

(5)施工技术处理原因。

1)高填方路堤施工中的纵横向搭接未按规范处理,搭接不正确会导致路基的不均匀沉降而出现裂缝。

2)路基两侧超宽填筑不够,路基亏坡,整修时采用"贴补法",补填土不易与原边坡土结合紧密而且难以压实,整体性差。

3)路基填料选择不当也是影响路基质量的重要因素。

4. 病害处治措施

(1)针对高填方路堤应进行地质补探,掌握其地质层理、节理、断层及了解有无地下水或其分布情况,并按规范要求进行特殊设计,高边坡设计应规定相应的填料,如设计没有验算其稳定性、地基承载力或沉降量等项目时,应向有关部门提出补做,以确保工程质量。

(2)路基若通过耕地,施工时必须做填前碾压,如果有机质含量和其他杂物多而不易压实,应换填土;当地基为松软土,通过对原地进行常规的填前碾压不能满足稳定和沉降要求时,应按《公路软土地基路堤设计与施工技术细则》(JTG/T D31—02—2013)要求向监理工程师提出对软弱土进行加固处治。

(3)高填方路堤的填料。在分层填筑时,应按照《公路软土地基路堤设计与施工技术细则》(JTG/T D31—02—2013)要求进行,逐层整平碾压并按规范进行操作;应通过试验段确定机具配备、洒水量、适宜的松铺系数和相应的碾压遍数。

(4)路堤施工中,各施工层表面不应有积水,填方路堤应根据土质情况和施工时气候状况设置2%~4%的双向或单向排水横坡,及时排走雨水。施工前,应先做好截水沟、排水沟等排水及防渗设施,坡脚避免遭受水的冲刷(排水沟边缘距离路基坡脚不小于2m)。

(5)施工和监理严格遵照有关规章制度进行,不盲目赶工期、抢进度。施工单位应配备完善的施工组织和质量检验体系,专业人员持证上岗。在压实过程中,施工单位自检人员应按规定的频率逐层检查路基的压实度。

(6)旧路加宽时,清除边坡上的杂草并沿旧路边坡挖成向内倾斜的台阶,台阶宽度不小于 1.0 m。填方分段施工两段交接处，则先填段应留台阶与后填段分层阶梯搭接，搭接长度不小于 2 m。半填半挖路段应按规范要求设置台阶并分层压实，提高路堤的整体稳定性。

(7)路基施工应超宽填筑，超宽碾压。一般较设计宽度每侧超宽不小于 30 cm，以确保边坡密实；路基亏坡，整修时开台阶，分层填筑压实，严禁贴补，确保路基的整体性和边坡密实。每层填筑上料前要根据设计边坡线实地放出路堤填筑边线。

(8)高填方路堤以选择水稳性好、干密度大、承载能力高的砾石类土填筑路基为宜。土质应均匀一致，不得混杂，应剔除超大颗粒，保证各点密实度均匀一致，尽量选择集中取土，避免沿线取土(沿线取土一般不能保证路基填料的均匀性，从而导致路基强度不均匀，同时也破坏了自然植被，对沿线环境不利)。

4.2.2 软土地区路基

视频：软土地基

软土地区路基(软土地基)在路桥建设领域非常多见，软土地基处理已成为公路建设的一个技术难关，是工程造价的重要组成部分。软土地基是指由淤泥、淤泥质土、松软冲填土与杂填土，或其他高压缩性软弱土层构成的地基，如图 4-27 所示。

图 4-27 软土地基

1. 概述

(1)定义。软土包括淤泥、淤泥质黏土、淤泥质粉土、泥炭、泥炭质土等，是一种天然含水量大、压缩性高、天然孔隙比大于等于 1、抗剪强度低的细粒土，如图 4-28 所示。

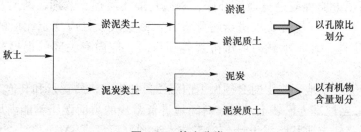

图 4-28 软土分类

(2)软土的特征。软土的颜色多为灰绿、灰黑色，手摸有滑腻感，能染指，当有机质含量高时，有腥臭味；软土的粒度成分主要为黏粒及粉粒，黏粒含量高达 60%～70%；软土的矿物成分，除粉粒中的石英、长石、云母外，黏粒中的黏土矿物主要是伊利石，高岭石次之。此外，软土中常有一定量的有机质，有的高达 60% 以上；软土具有典型的海绵状或蜂窝状结构，这是造成软土孔隙比大、含水量高、透水性小、压缩性大、强度低的主要原因之一；软土常具有层理构造，软土和薄层的粉砂、泥炭层等相互交替沉积，或呈透镜体相间沉积，形成性质复杂的土体。

(3)软土的工程性质。

1)低透水性：软土孔隙细小、黏粒亲水性强、土中有机质多，分解出的气体封闭在孔隙中，使土的透水性能很差，垂直层面几乎是不透水的，对排水固结不利，反映在建筑物沉降延续时间长。

2)高压缩性,沉降量大且具有不均匀性:软土由于孔隙比大于1,含水量大,且土中含大量微生物、腐殖质和可燃气体,故压缩性高。软土在建筑物荷载作用下容易发生大量沉降,且长期不易达到稳定。同时,因沉积环境变化,常夹有厚薄不均的黏土层,使地层在垂直和水平分布上不均匀,易产生不均匀沉降。

3)低强度性:软土地基承载力很低,无侧限抗压强度低,抗剪强度也很低,长期强度更低,这与排水固结程度有密切的关系。

4)触变性:软土是絮凝状的结构性沉积物,当原状土未受破坏时常具一定的结构强度,但一经扰动,结构破坏,强度迅速降低或很快变成稀释状态。软土的这一性质称为触变性。所以,软土地基受振动荷载后,易产生侧向滑动、沉降及其底面两侧挤出等现象。

5)流变性:流变性是指在一定的荷载持续作用下,土的变形随时间而增长的特性。流变性使其长期强度远小于瞬时强度。这对边坡、堤岸、码头等稳定性很不利。因此,用一般剪切试验求得抗剪强度值,应加适当的安全系数。

6)不均匀性:软土层中因夹粉细砂透镜体,在平面及垂直方向上呈明显差异性,易产生建筑物地基的不均匀沉降。

2. 软土地基常见的工程问题

(1)地基承载力和稳定性问题。在道路荷载(静力和动力荷载)作用下,地基承载力不能满足要求时,地基会产生局部或整体剪切破坏,影响道路的正常使用,引起道路破坏或边坡失稳,如图4-29所示。

图4-29 边坡失稳

(2)沉降、水平位移及不均匀沉降问题。在荷载作用下(静力和动力荷载),地基产生变形。当道路沉降、水平位移或不均匀沉降超过相应的允许值时,将会影响道路的正常使用,甚至可能引起破坏。当道路沉降量较大时,不均匀沉降往往也比较大,不均匀沉降对道路的危害更大。沉降、水平位移及不均匀沉降问题如图4-30所示。

软土地基承载力低,压缩性大,透水性差,不易满足建筑物地基设计要求,故需要进行处理。

图 4-30 沉降、水平位移及不均匀沉降问题

3. 软土地基加固和处理方法

(1)桩基法。当淤土层较厚，难以大面积进行深处理时，可采用打桩法进行加固处理。

1)钢筋混凝土预制桩(钢筋混凝土桩和预应力管桩)。钢筋混凝土预制桩目前具有较强承载力，投资省，质量有保证，施工速度快等特点。预制桩打入软土层挤密淤土层并靠摩擦承载，钢筋混凝土预制桩还具有抗水闸水压力产生水平荷载，达到水平稳定作用。

2)灌注桩。打灌注桩至硬土层，作承载台。灌注桩有沉管灌注桩和冲钻孔灌注桩，目前以上两种方法在技术上尚待进一步完善。

桩基主要包括两种：一种是端承桩，另一种是摩擦桩，如图 4-31 所示。

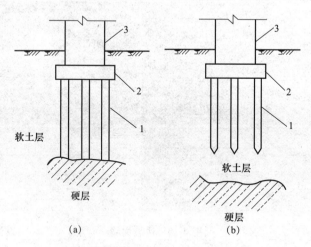

图 4-31 端承桩与摩擦桩
(a)端承桩；(b)摩擦桩
1—桩；2—承台；3—上部结构

(2)换土法。换土法又称换填法。所谓换土法，是指将路基范围内的软土清除，用稳定性好的土、石回填并压实或夯实。在公路施工中，一般采用的是开挖换填天然砂砾，即在一定范围内，将影响路基稳定性的淤泥软土用挖掘机挖除，用天然砂砾进行置换，开挖换填深度在 2 m 以内，采用分层填筑、分层压实、分层检测压实度的方法施工，从而改变地

基的承载力特性，提高抗变形和稳定能力。在换填过程中，对于换填的天然砂砾中石头的粒径、含量和级配也应充分考虑，最好做试验检测，避免无法压实而引起沉降，如图 4-32 所示。

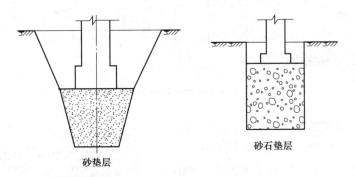

图 4-32　换土法加固路基

当淤土层厚度较薄时(2～3 m)，可将路基(地基)面以下处理范围内的软弱土层部分或全部挖出，换填强度较高的黏性土或砂、砾、卵石、片石等渗水性材料，再进行压实或夯实，形成良好的持力层，从而改变地基承载力特性，提高抗变形和稳定能力。施工时，应注意坑边稳定，保证填料质量，填料应分层夯实。

(3)灌浆法。利用气压、液压或化学原理将能够固化的某些液体注入地基介质中或建筑物与地基的缝隙部位。灌浆浆液利用水泥浆、水泥砂浆、黏土水泥浆、黏土浆及各种化学浆材如聚氨酯类、硅酸盐等加固淤泥软土，提高地基承载力，控制沉降量。图 4-33 所示为灌浆法的施工顺序。

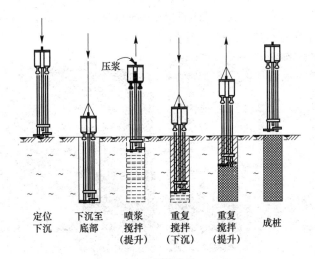

图 4-33　灌浆法的施工顺序

(4)排水固结法。排水固结法是解决淤泥软黏土地基沉降和稳定问题的有效措施，由排水系统和加压系统两部分组合而成。排水系统是在地基中设置排水体，利用地层本身的透水性由排水体集中排水的结构体系，根据排水体的不同可分为砂井排水和塑料排水带两种，如图 4-34 所示。

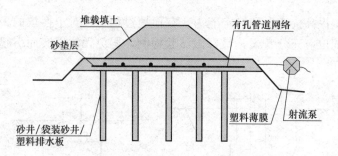

图 4-34 排水固结法加固路基

(5)加筋法。加筋法是将抗拉能力很强的土工合成材料埋置于土层中,利用土颗粒位移与拉筋产生摩擦力,使土与加筋材料形成整体,减少整体变形和增强整体稳定,如图 4-35 所示。

(6)强夯法。对于砂土地基及含水量在一定范围内的软弱黏性土地基,可采用重锤夯实或强夯。它的基本原理:土层在巨大的冲击能作用下,土中产生很大的压力和冲击波,致使土体局部压缩,夯击点周围一定深度内产生裂隙良好的排水通道,使土中的孔隙水(气)顺利排出,土体迅速固结。

图 4-35 加筋法加固路基

强夯后地基承载力可提高 3~4 倍,压缩性可降低 200%~1 000%,如图 4-36 所示。其缺点是质量不可控,易形成"弹簧土"。

(7)抛石填筑。在有软土或弹簧土及有积水的路基填石,填石的高度以露出要处理的路基原有土层(或积水)高度为宜。在填石的过程中注意一定要用推土机把石块压实,不能出现软弹现象,然后再填筑土方,如图 4-37 所示。

图 4-36 强夯法加固路基

图 4-37 抛石填筑路基

4.2.3 黄土地区路基

黄土是自第四纪以来,在干旱和半干旱气候条件下沉积而成的,呈褐黄色或灰黄色,具有针状孔隙及垂直节理的一种特殊土。黄土主要分布于

视频:黄土地基

中亚到我国的西北、华北和东北一带。世界上最大的黄土高原就是位于黄河上中游地区的黄土高原，如图4-38和图4-39所示。

图4-38 陕北窑洞

图4-39 黄土地区地貌

甘肃省黄土分布北东起甘、陕省界，西至乌鞘岭，覆盖庆阳、平凉、天水、定西、白银、兰州、临夏、武威八个地、市，分布面积约为12万 km^2，构造上属鄂尔多斯台地和祁连褶皱系的交界地段；地域上以六盘山为界，分为陇东黄土高原(1 200～1 800 m)和陇西黄土高原(1 200～2 500 m)。陇东黄土高原分为陕甘黄土梁区和陕甘河谷平原区。黄土梁区主要发育有第四纪中更新世(Q_2)和晚更新世(Q_3)原生黄土。呈浅棕黄色(Q_2)、浅灰黄色或灰褐色(Q_3)，大孔隙性，富含碳酸盐，粉质土，质地均匀。其中，Q_2黄土结构较密实，大孔隙随深度而减少，垂直节理发育，发育厚度为130～150 m；Q_3黄土结构较松软，大孔隙显著，无垂直节理发育，厚度为15～25 m。

河谷平原区、泾河流域(干、支流)主要发育着全新世(Q_4)次生黄土，在一、二级阶地上，主要分布黄土类粉质黏土，呈黄褐色，具大孔隙性，结构松散，其覆盖厚度一级阶地为4～6 m，二级阶地为8～19 m。陇西黄土高原分为陇西黄土梁峁区和陇西河谷平原区。黄土梁、峁区主要发育有第四纪晚更新世(Q_3)原生黄土。浅黄或灰黄色，大孔隙发育，富含结晶状碳酸盐，粉质土，结构松散，质地均匀，无垂直节理发育，厚度为30～70 m。河谷平原区，主要发育着全新世(Q_4)次生黄土，在一、二级阶地上，主要分布黄土类粉质黏土及少量亚砂土，淡黄色、黄褐色，具大孔隙性，大多有层理，含云母、氧化铁及少量钙结核。

1. 黄土的特征

黄土是一种第四纪沉积物，具有一系列内部物质成分和外部特征，不同于同时期的其他沉积物。黄土具有以下全部特征：

(1) 颜色以黄色、褐黄色为主，有时呈灰黄色。

(2) 颗粒组成以粉粒(0.05～0.005 mm)为主，含量一般在60%以上，几乎没有粒径大于0.25 mm的颗粒。

(3) 孔隙比较大，一般在1.0左右。

(4) 富含碳酸钙盐类。

(5) 垂直节理发育。

(6)一般有肉眼可见的大孔隙。

缺少上述其中一项或几项特征的称为黄土状土。

2. 黄土地区路基常见的病害

(1)路堤沉陷。

(2)路缘石周围渗水。

(3)裂缝及冲沟。

3. 黄土地区路基病害治理

黄土地区路基遇水容易发生沉陷、坍塌、边沟冲深和蚀宽、边坡松散等病害，应根据各种病害特征采取相应的处治措施。

(1)公路通过沟壑。

1)挖台阶清除表土。

2)拍打密实＋植物防护。

3)抹面——黏土＋铡草(雨量小)。

4)抹面——三合土或四合土(雨量大)。

5)高路堤边坡防护加固：植物护坡。

(2)陷穴——查清水源、水量、发展情况，导水或排水设施。

(3)路肩上坑凹。

1)用砂、土混合料改善表层。

2)路肩硬化。

3)设置路肩盲沟。

(4)在高路堤(大于12 m)地段，垫层下铺设塑料薄膜防水层＋设置盲沟。

(5)通过沟壑时铺设塑料薄膜或其他隔水材料，并铺砌浆砌片石坡脚。

(6)设置拦水埝及急流槽。

4.2.4 沙漠地区路基

随着国家交通建设的需要，穿越沙漠的公路会越来越多。风积沙是沙漠地区特有的地质特征，风积沙的颗粒组成很细且颗粒单一均匀，粉黏粒含量很少，渗透系数较大，比表面积很大，黏聚力很少，松散性很强，保水性较差，水稳性很好，易溶盐含量很小，呈微碱性，本身无腐蚀性，压缩变形小，完成时间短，压缩量与荷载呈指数关系，回弹模量值较大，保水状态下最易压实。沙漠地带地广人稀，交通运输极为不便，高温、沙尘天气对机械车辆的损害大，机械维修保养等极为不便，如图4-40和图4-41所示。

图4-40 穿越沙漠的公路　　图4-41 穿越沙漠的公路

1. 风沙对公路路基的危害

沙漠地区由于气候比较干燥，风沙大，地表植被均较稀疏、低矮，容易发生边坡或路肩被风蚀，或整个路基被积沙掩埋等沙害。风沙对公路的主要危害是沙埋和风蚀，如图 4-42 和图 4-43 所示。

图 4-42　沙埋

图 4-43　风蚀

2. 沙漠地区路基病害的防治

沙漠地区路基养护应采取"固、阻、疏、导"等措施进行综合治理。公路两侧的固沙植物应加强管护，如图 4-44 和图 4-45 所示。

(1) 原有防护措施包括沙障、石笼、风力加速堤、植被、防沙栅栏、砌石护坡等，如有掩埋、倾倒或失效的及时拔高、扶正或修理补充。

(2) 维护生长植物，并有计划地补植和做防护林。

(3) 对风蚀、空洞、坍塌等病害填充并做护坡。

(4) 路基上禁堆杂物，及时清除路基上及路基下风侧 20 m 以外开阔处凹凸不平物。

图 4-44　沙袋沙障

图 4-45　土工网格沙障

4.2.5　多年冻土地区路基

视频：冻土地基

在年平均气温低于 0 ℃ 的条件下，地下形成一层能长期保持冻结状态的土，这种土称为多年冻土。多年冻土主要分布在东北大兴安岭、小兴安岭，青藏高原及西部高山区（天山、阿尔泰山、祁连山等），占国土面积的 22.3%，冻深在 2 m 以上，有的可达几十米。季节冻土主要分布于东北、华北和西北地区，其冻结深度随气候条件而不同，一般为 0.5~2.0 m。多年冻土地区路基的主要病害有融沉、冻胀、翻浆、冰害。

1. 多年冻土病害处治原则

(1)多年冻土地区路基应遵循"保护冻土"的原则,填涂路基坡脚 20 m 范围内不得破坏原地貌,取土坑应设在坡脚 20 m 以外。

(2)路基以外应设置截水沟,将雨雪水引至路基以外。

(3)对有涎流冰产生的路段,应适当提高路基高度,保持路基高于涎流冰最大壅冰高度加 0.5 m。

2. 多年冻土病害处治措施

(1)保护冻土、防止路基不均匀变形防治方法。

1)增加路基热阻。增加路基热阻的方法有加高路基、隔热路基、保温护道。

2)增加散热方法。通风块石路基与热桩路基是这种方法的代表。

3)增加路基填筑体自身稳定性。

4)加强防排水设施。

(2)路堤坍滑治理方法。先将失稳路基的松填料清除,然后对软基或滑动体进行加固处理。常用的治理方法有换土复压(适宜小的坍滑路堤)、修建抗滑挡土墙、打抗滑桩等。在治理坍滑过程中一般都须进行专项勘测设计。

项目 5　沥青路面养护

重点内容

本项目主要讲述了沥青路面的日常养护内容，常见病害及处治，同时介绍了沥青路面养护的稀浆封层、再生技术等养护技术。

学习要求

通过学习能识别沥青路面病害并能分析病害成因。针对病害能制定处治措施并能进行有效实施。掌握沥青路面养护的新技术，如稀浆封层、低温修补、再生等技术。

5.1　概述

5.1.1　沥青路面的基本特性

沥青路面是用沥青材料做结合料黏结矿料修筑面层与各类基层和垫层所组成的路面结构。

由于沥青路面使用沥青做结合料，因而增强了矿料的黏结力，提高了混合料的强度和稳定性，使路面的使用质量和耐久性都得到提高。与水泥混凝土路面相比，沥青路面具有表面平整、无接缝、行车舒适、耐磨、振动小、噪声低、施工期短、养护维修简便、适合分期修建等优点，因而获得越来越广泛的应用。20世纪50年代以来，各国修建沥青路面的数量迅猛增长，所占比重很大。我国的公路和城市道路近20年来使用沥青材料修筑了相当数量的沥青路面。我国高速公路主要采用沥青路面。随着国民经济和现代化道路交通运输的需要，沥青路面必将有更大的发展。

沥青路面属柔性路面，其强度与稳定性在很大程度上取决于土基和基层的特性。沥青路面的抗弯强度较低，因而，要求路面的基础具有足够的强度和稳定性，所以，在施工时必须掌握路基土的特性进行充分的压实。对软弱土基或翻浆路段，必须预先加以处理。在低温时，沥青路面的抗变形能力很低，在寒冷地区为了防止土基不均匀冻胀而使沥青路面开裂，需设置防冻层。沥青面层修筑后，由于它的透水性差，使土基和基层内的水分难以排出，在潮湿路段易发生土基和基层变软，导致路面破坏。因此，必须提高基层的水稳性，尽可能采用结合料处治的整体性基层。对交通量较大的路段，为使沥青路面具有一定的抗弯拉和抗疲劳开裂的能力，宜在沥青面层下设置沥青混合料的联结层。采用较薄的沥青面层时，特别是在旧路面上加铺面层时，要采取措施加强面层与基层之间的黏结，以防止水平力作用而引起沥青面层的剥落、推挤、拥包等破坏。

5.1.2 沥青路面的分类

1. 按强度构成原理分类

按强度构成原理，可将沥青路面分为密实类和嵌挤类两大类。

(1)密实类。沥青路面要求矿料的级配按最大密实原设计，其强度和稳定性主要取决于混合料的黏聚力和内摩阻力。密实类沥青路面按其空隙率的大小可分为闭式和开式两种。闭式混合料中含有较多的小于0.5 mm和0.074 mm的矿料颗粒，孔隙率小于6%，混合料致密而耐久，但热稳定性较差；开式混合料中小于0.5 mm的矿料颗粒含量较少，空隙率大于6%，其热稳定性较好。

(2)嵌挤类。沥青路面要求采用颗粒尺寸较为均一的矿料，路面的强度和稳定性主要靠集料颗粒之间相互嵌挤所产生的内摩阻力，而黏结力则起着次要的作用。按嵌挤原则修筑的沥青路面，其热稳定性较好，但因空隙率较大、易渗水，因而耐久性较差。

2. 按施工工艺分类

按施工工艺的不同，沥青路面可分为层铺法、路拌法和厂拌法三类。

(1)层铺法。路面用分层洒布沥青、分层铺撒矿料和碾压的方法修筑。其主要优点是工艺和设备简单、功效较高、施工进度快、造价较低；缺点是路面成型期较长，需要经过炎热季节行车碾压之后路面方能成型。用这种方法修筑的沥青路面有沥青表面处治和沥青贯入式两种。

(2)路拌法。路面是在路上用机械将矿料和沥青材料就地拌和摊铺与碾压密实而成的沥青面层。此类面层所用的矿为碎(砾)石者称为路拌沥青碎(砾)石；所用的矿料为土者则称为路拌沥青稳定土。路拌沥青面层通过就地拌和，沥青材料在矿料中的分布比层铺法均匀，或以缩短路面的成型期。但因所用的矿料为冷料，需使用黏稠度较低的沥青材料，故混合料的强度较低。

(3)厂拌法。厂拌法是将规定级配的矿料和沥青材料在工厂用专用设备加热拌和，然后送到工地摊铺碾压而成的沥青路面。矿料中细颗粒含量少，不含或含少量矿粉，混合料为开级配的(孔隙率达10%~15%)称为厂拌沥青碎石；若矿料中含有矿粉，混合料是按最佳密实级配配制的(孔隙率10%以下)称为沥青混凝土。厂拌法按混合料铺筑时温度的不同，又可分为热拌热铺和热拌冷铺两种。热拌热铺是混合料在专用设备加热拌和后立即趁热运到路上摊铺压实；如果混合料加热拌和后储存一段时间再在常温下运到路上摊铺压，即热拌冷铺。厂拌法使用较黏稠的沥青材料，且矿料经过精选，因而混合料质量高，使用寿命长，但修建费用也较高。

3. 按沥青路面的技术特性分类

根据沥青路面的技术特性，沥青面层可分为沥青混凝土、热拌沥青碎石、乳化沥青碎石混合料、沥青贯入式、沥青表面处治五种类型。另外，沥青玛琋脂碎石近年在许多国家也得到了广泛应用。

(1)沥青表面处治路面。其是指用沥青和集料按层铺法或拌合法铺筑而成的厚度不超过3 cm的沥青路面。沥青表面处治的厚度一般为1.5~3.0 cm。层铺法可分为单层、双层、三层。单层表处厚度为1.0~1.5 cm，双层表处厚度为1.5~2.5 cm，三层表处厚度为2.5~3.0 cm。沥青表面处治适用于三级、四级公路的面层、旧沥青面层上加铺罩面或抗滑层、磨耗层等。

(2)沥青贯入式路面。其是指用沥青贯入碎(砾)石做面层的路面。沥青贯入式路面的厚度一般为 4~8 cm。当沥青贯入式的上部加铺拌和沥青混合料时,也称为上拌下贯,此时拌合层的厚度宜为 3~4 cm,其总厚度为 7~10 cm。沥青贯入式碎石路面适用于做二级及二级以下公路的沥青层。

(3)沥青碎石路面。其是指用沥青碎石做面层的路面,沥青碎石的配合比设计应根据实践经验和马歇尔实验的结果,并通过施工前的试拌和试铺确定。沥青碎石有时也用作联结层。

(4)沥青混凝土路面。其是指用沥青混凝土做面层的路面,其面层可由单层或双层或三层沥青混合料组成,各层混合料的组成设计应根据其层厚和层位、气温和降雨量等气候条件、交通量和交通组成等因素确定,以满足对沥青面层使用功能的要求。沥青混凝土常用作高等级公路的面层。

(5)乳化沥青碎石混合料。其适用于做三级、四级公路的沥青面层、二级公路养护罩面及各级公路的调平层。国外也用其做柔性基层。

(6)沥青玛蹄脂碎石路面。其是指用沥青玛蹄脂碎石混合料做面层或抗滑层的路面。沥青玛蹄脂碎石混合料(简称 SMA)是以间断级配为骨架,用改性沥青、矿粉及木质纤维素组成的沥青玛蹄脂为结合料,经拌和、摊铺、压实而形成的一种构造深度较大的抗滑面层。它具有抗滑耐磨、孔隙率小、抗疲劳、高温抗车辙、低温抗开裂的优点,是一种全面提高密级配沥青混凝土使用质量的新材料,适用于高速公路、一级公路和其他重要公路的表面层。

5.1.3 沥青路面类型的选择

采用不同的施工工艺和材料可以修筑成不同类型的沥青路面。因此,必须根据路面的使用要求和施工的具体条件,按照技术经济原则来综合考虑,选定最适当的路面类型。

选择沥青路面的类型,一方面要根据任务要求(道路的等级、交通量、使用年限、修建费用等)和工程特点(施工季节、施工期限、基层状况等);另一方面还应考虑材料供应情况、施工机具、劳力和施工技术条件等因素,可参照表 5-1 选定。

表 5-1 路面类型的选择

公路等级	面层类型	设计年限/年	设计年限内累计标准轴次/(万次·一车道$^{-1}$)
高速、一级	沥青混凝土沥青玛蹄脂碎石	15	>400
二级	沥青混凝土	12	<200
	热拌沥青碎石混合料、沥青贯入式	10	100~200
三级	乳化沥青碎石混合料、沥青表面处治	8	10~100
四级	水结碎石、泥结碎石、级配碎(砾)石、半整齐石块路面	5	≤10
	粒料改善土	5	

从施工季节来讲,沥青路面一般都要求在温暖干燥的气候条件下施工,所用沥青材料在施工时具有较大的流动性,便于路面摊铺和压实成型。热拌热铺类的沥青碎石或沥青混凝土面层,气候对其影响较小,仅要求在晴朗天气和气温不低于 5 ℃时施工。若施工气温

较低，则应选用热拌冷铺法施工较为适宜。

沥青路面一般不宜铺筑在纵坡大于6％的路段上。纵坡大于3％的路段，考虑抗滑的要求，宜采用粗粒式的沥青碎石或粗粒式的沥青表面处治。

5.1.4 沥青路面对路基及基层的要求

沥青路面属柔性路面，其力学强度和稳定性很大程度上取决于土基与基层的特性。

1. 沥青路面对路基的要求

沥青路面对路基的基本要求，最重要的有以下两点：

(1)路基要有尽可能高的强度。路基强度的高低不仅对整个路面的厚度有很大影响，而且直接影响到路面结构层材料的选择，软弱土基还可能直接导致路面变形和破坏。

(2)路基要有尽可能高的稳定性。路基在使用过程中，保持其强度和不发生明显变形对路面使用质量及使用期限有好的保障。

为了保证路基的强度和稳定性，首先要尽可能减少或防止自由水进入路基。其次是分层填筑路堤，按重型压实标准加强路基压实，特别是增加路基上部的压实度，这是提高路基强度和稳定性的、既经济又有效的措施。

2. 沥青路面对基层的要求

(1)具有足够的强度和适宜的刚度。基层是沥青路面的承重层，在预期行车荷载的反复作用下，不会产生超过允许的残余变形，更不允许产生剪切破坏(粒料基层)和弯拉破坏(半刚性基层)。特别是在重交通道路上，只有具有必需强度的材料才能作为基层使用。在沥青面层下，应优先选用强度大、承载能力高的半刚性基层，以适应较薄的沥青面层，或适当减薄沥青面层。

在重交通道路、一级公路和高速公路上，基层材料还应该有高的抗疲劳破坏的能力。

(2)具有良好的稳定性。沥青面层，特别是沥青表面处治、沥青贯入式和路拌沥青碎石路面，在使用初期透水性一般较大。雨季表面水有可能透过沥青面层而进入基层或底基层。表面水也有可能从两侧路肩或路面与路肩的结合处渗入路面结构层。如沥青面层上产生了裂缝，表面水将从裂缝渗入路面结构层。而水分要从路面结构层和土基中蒸发出来却比渗透进去困难得多。进入路面结构层的水能使细料含量较多且塑性指数较大的基层材料强度大大降低。因此，必须采用水稳定性良好的材料作为沥青路面基层。在潮湿多雨地区及在土基湿度可能受地下水影响的地段，尤须重视。

在寒冷地区及季冻地区基层还应具有一定的抗冻性和较好的抗低温开裂的性能。

(3)表面必须平整、密实，拱度与面层一致。薄沥青面层的平整度、拱度取决于基层的平整度和拱度。用沥青面层来调整基层的平整度和拱度是不经济、不合理的。因此，保持基层的平整度、拱度是保持沥青面层的厚度均匀一致，以及面层表面的平整度和拱度的先决条件。

(4)与面层结合良好。基层与面层结合良好，可减少面层底部的拉应力和拉应变，以防止薄沥青面层发生滑动、推移等破坏。为此，基层表面应该稳定并具有一定的粗糙度，表面还应该结构均匀，无松散颗粒。在铺筑沥青面层前，表面还应该干燥无尘。为使面层与基层结合良好，还可采取设置联结层或浇洒粘层沥青等措施。

(5)有较小的干燥收缩温度收缩变形，以减少反射裂缝。

5.1.5 沥青路面的材料要求

1. 沥青材料

沥青路面所用的沥青材料有石油沥青、煤沥青、液体石油沥青和沥青乳液等。各类沥青路面所用沥青材料的强度等级，应根据路面的类型、施工条件、地区气候条件、施工季节和矿料性质与尺寸等因素而定。煤沥青不宜做沥青面层用，一般仅作为透层沥青使用。选用乳化沥青时，对于酸性石料、潮湿的石料，以及低温季节施工宜选用阳离子乳化沥青，对于碱性石料或与掺入的水泥、石灰、粉煤灰共同使用时，宜选用阴离子乳化沥青。

对热拌热铺沥青路面，由于沥青材料和矿料均须加热拌和，并在热态下铺压，故可采用稠度较高的沥青材料。而热拌冷铺类沥青路面，所用沥青材料的稠度可较低。对浇贯类沥青路面，若采用的沥青材料过稠，则难以贯入碎石中，而过稀又易流入路面底部。因此，这类路面宜采用中等稠度的沥青材料。当地气候寒冷、施工气温较低、矿料粒径偏细时，宜采用稠度较低的沥青材料。但在炎热季节施工时，由于沥青材料的温度散失较慢，则可用稠度较高的沥青材料。对于路拌类沥青路面，一般仅采用稠度较低的沥青材料。各类沥青路面的沥青材料强度等级见表 5-2。

表 5-2 各类沥青路面选用的沥青强度等级

气候分区	沥青种类	沥青路面类型			
		沥青表面处治	沥青贯入式及上拌下贯式	沥青碎石	沥青混凝土
寒冷地区	石油沥青	A—140 A—180	A—140 A—180	AH—90 AH—110 AH—130 A—100	AH—90 AH—110 A—100
温和地区	石油沥青	A—100 A—140 A—180	A—140 A—180	AH—90 AH—110 A—60 A—100	AH—70 AH—90 A—60 A—100
较热地区	石油沥青	A—60 A—100 A—140	A—60 A—100 A—140	AH—50 AH—70 AH—90 A—60 A—100	AH—50 AH—70 A—60 A—100

注：寒冷地区：年度内最低月平均气温低于 -10 ℃；年内月平均气温 25 ℃的日数少于 215 d；
温和地区：年度内最低月平均气温 -10 ℃~0 ℃；年内月平均气温 25 ℃的日数 215~270 d；
较热地区：年度内最低月平均气温高于 0 ℃；年内月平均气温 25 ℃的日数多于 270 d。
A——普通道路石油沥青；AH——重交通道路用石油沥青。

2. 粗集料

沥青路面所用的粗集料有碎石、筛选砾石、破碎砾石和矿渣等。

碎石由各种坚硬岩石轧制而成。沥青路面所用的碎石应具有足够的强度和耐磨性能，根据路面的类型和使用条件选定石料的等级。各种沥青路面对石料等级的要求列于表5-3中。

表5-3 沥青面层粗集料质量技术要求

指标		高速公路、一级公路	其他等级公路
石料压碎值	不大于/%	28	30
洛杉矶磨耗损失	不大于/%	30	40
视密度	不小于/%	2.50	2.45
吸水率	不大于/%	2.0	3
对沥青的黏附性	不小于	4级	3级
坚固性	不大于/%	12	—
细长扁平颗粒含量	不大于/%	15	20
水洗法<0.075 mm颗粒含量	不大于/%	1	1
软石含量	不大于/%	5	5
石料磨光值	不小于/BPN	42	实测
石料冲击值	不大于/%	28	实测
破碎砾石的破碎面积不小于/%	拌和的沥青混合料路面表面层	90	40
	拌和的沥青混合料路面中下面层	50	40
	贯入式路面	—	40

碎石应是匀质、洁净、坚硬、无风化的，并应不含过量小于0.075 mm的颗粒（小于2%），吸水率小于2%~3%。颗粒形状接近立方体并有多棱角，细长或扁平的颗粒（长边与短边或长边与厚度比大于3）含量应小于15%，压碎值应不大于20%~30%。

碎石与沥青材料的黏附性大小，对沥青混合料的强度和耐久性有极大影响，应优先选用同沥青材料有良好黏附性的碱性碎石。碎石与沥青材料的黏附性用水煮法测定时，一般公路不小于3级，高等级公路应不小于4级。

筛选砾石由天然砾石筛选而得。由于天然砾石是各种岩石经自然风化而形成的不同尺寸的粒料，强度极不均匀，而且多是圆滑形状，因此筛选砾石仅适用于交通量较小的路面面层下层、基层或联结层的沥青混合料，不宜用于防滑面层。在交通量大的沥青路面面层，若使用砾石拌制沥青混合料，则在砾石中至少应掺有50%（按质量计算）大于50 mm的碎石或经轧制的砾石。沥青贯入式路面用砾石时，主层矿料中也应掺有30%~40%以上的碎石或轧制砾石。

轧制砾石由天然砾石轧制并经筛选而得，要求大于5 mm颗粒中40%（按质量计）以上至少有一个破碎面。用于沥青贯入式面层时，主层矿料中要有30%~40%（按质量计）以上颗粒至少有两个破碎面。

路面抗滑表层粗集料应选用坚硬、耐磨、抗冲击性好的碎石，不得使用筛选砾石、矿渣及软质集料。用于高速公路、一级公路沥青路面表面层及各类抗滑表层的粗集料应符合规定的石料磨光值要求。为了保证石料与沥青之间有较好的黏结性能，经检验属于酸性岩石的石料，用于高速公路、一级公路和城市快速路、主干路时，宜使用针入度较小的沥青，必要时可在沥青中掺加抗剥离剂，或用干燥的磨细消石灰或生石灰粉、水泥作为填料的一部分，其用量宜为矿料总量的1‰～2‰。将粗集料用石灰浆处理后使用也可以有效地提高石料与沥青之间的黏结力。

3. 细集料

粗细集料通常以2.36 mm作为分界，沥青面层的细集料可采用天然砂、机制砂及石屑。表5-4所示为沥青面层用天然砂规格。细集料应洁净、干燥、无风化、无杂质，并由适当的颗粒组成。热拌沥青混合料的细集料宜采用优质的天然砂或机制砂，在缺砂地区也可以用石屑。但由于一般情况下石屑的含泥量高，强度不高，因此用于高速公路、一级公路沥青混凝土面层及抗滑表层的石屑用量不宜超过天然砂及机制砂的量。细集料应与沥青有良好的黏结能力，与沥青黏结性能很差的天然砂及用花岗岩、石英岩等酸性石料破碎的机制砂或石屑不宜用于高速公路、一级公路沥青面层。必须使用时，应有抗剥落措施。

表5-4 沥青面层用天然砂规格

方孔筛/mm	圆孔筛/mm	通过各筛孔的质量/%		
		粗砂	中砂	细砂
9.5	10	100	100	100
4.75	5	90～100	90～100	90～100
2.36	2.5	65～95	75～100	85～100
1.18	1.2	35～65	50～90	75～100
0.6	0.6	15～29	30～59	60～84
0.3	0.3	5～20	8～30	15～45
0.15	0.15	0～10	0～10	0～10
0.075	0.075	0～5	0～5	0～5
细度模数 M_x		3.7～3.1	3.0～2.3	2.2～1.6

4. 填料

沥青混合料的填料宜采用石灰岩或岩浆岩中的强基性岩石等憎水性石料经磨细得到的矿粉，原石料中的泥土杂质应除净。矿粉要求干燥、洁净，其质量应符合表5-5规定的技术要求。当采用水泥、石灰、粉煤灰做填料时，其用量不宜超过矿料总量的2%。

表5-5 沥青面层用矿粉质量技术要求

指标	高速公路、一级公路	其他等级公路
视密度 不小于/(t·m^{-3})	2.50	2.45
含水量 不大于/%	1	1
粒度范围 <0.6 mm/%	100	100
<0.15 mm/%	90～100	90～100
<0.075 mm/%	75～100	75～100
外观	无团粒结块	
亲水系数/%	<1	

5.2 沥青路面日常养护

5.2.1 沥青路面养护工作内容

沥青路面的养护可分为日常巡视与检查、小修保养、中修、大修、改建和专项养护工程。以下为各类养护工作的内容。

1. 日常巡视与检查

(1)路面上是否有明显的坑槽、裂缝、拥包、沉陷、松散、泛油、波浪、麻面、冻胀、翻浆等病害,其危害程度及趋势。

(2)路面上是否有可能损坏路面或妨碍交通的堆积物等。

2. 小修保养

对沥青路面进行的预防性保养和轻微损坏部分的维修工作,小修保养又可分为日常保养和小修。

属于日常保养的内容如下:

(1)清扫路面泥土、杂物(尤其是白色垃圾),保持路面整洁。

(2)排除路面积水、积雪、积冰、积砂,铺防滑料、灭尘剂等,以维持安全畅通。

(3)拦水带(路缘石)的刷白、修理。

(4)清理边沟、维修护坡道、培土等。

(5)春融期间灌缝。

属于小修的内容包括修补路面的泛油、拥包、轻微裂缝、坑槽、沉陷、波浪、局部网裂、松散、麻面、啃边等病害。

3. 中修工程

对沥青路面的一般性磨损和局部损坏进行修理加固或局部改善。中修工程的内容以下:

(1)整段(500 m 以上)铺装、更换路缘石。

(2)整段(500 m 以上)罩面或封面(稀浆封层)。

(3)严重病害处理。

4. 大修工程

大修工程是指对沥青路面较大范围内的损坏部分进行综合性修理工作,以全面恢复原设计标准或原技术等级。大修工程的内容包括路面的翻修、补强等。

5. 改建工程

对原有沥青路面因不适应现有交通要求而进行的翻修、加固补强、局部改线等较大的工程项目,内容如下:

(1)翻修。沥青路面出现大面积病害,破损严重时,应采用机械铣刨或挖除,然后重新铺筑沥青面层。

(2)补强。沥青路面强度不足,应在原有路面上进行补强,以改善路面技术状况,提高路面的使用性能。

(3)局部改线。对不适应交通要求、不符合路线标准的路段,通过局部改线,提高公路等级,使其符合技术标准要求。

6. 专项养护工程

沥青路面因遭受自然灾害而需要申请专款修复受损害路段的工程项目。

5.2.2 沥青路面养护的基本要求

(1)沥青路面必须强化预防性、经常性和周期性养护,加强路况日常巡视,随时掌握路面的使用状况,根据路面的实际情况制订日常小修保养和经常性、周期性的养护工程计划,对于较大范围路面维修和超龄路面的维修应及时安排大、中修工程和改建工程。

(2)沥青路面的养护,必须依靠科技进步,加强养护技术管理,采用先进的检测仪器设备采集路况资料,应用路面管理系统正确评价路况,提出科学的养护对策;必须积极推广应用新技术、新材料、新工艺,发展现代化沥青路面养护技术;必须以机械化养护为主,保证养护工程质量。

(3)沥青路面的养护,必须加强计划及施工管理,根据计划做好进度安排、人员组织、物资设备供应,确保养护工作按照计划实施;同时,必须加强沥青路面的养护经济核算和成本分析,提高经济效益。

(4)沥青路面养护,必须贯彻安全生产的方针,制订技术安全措施,加强安全教育,严格执行安全操作规程,确保安全生产,文明施工,交通畅通,保护环境。

5.2.3 沥青路面养护的质量标准

沥青路面养护的质量标准应符合表5-6的要求,达不到规定标准时,应采取适当的措施进行修复。

表5-6 沥青路面养护的质量标准

序号	项目		高速、一级公路	其他等级公路
1	平整度	平整度仪(σ)	≤3.5	≤4.5(≤5.5或≤7.0)
		3 m 直尺(h)	≤7	≤10(≤12或≤15)
		IRI/(m·km^{-1})	≤6	≤8
2	抗滑性能	构造深度/mm	≥0.4	≥0.3
		横向力系数 SFC	≥40	≥30
		摆式仪摆值 BPN	—	≥32
3	路面状况指数 PCI		≥70	≥55
4	路面强度系数 SSI		≥0.8	≥0.6
5	路面车辙深度/mm		≤15	—
6	路拱坡度/%		1.0~2.0	—

注:1. 对于其他等级公路的平整度方差 σ:沥青碎石、贯入式取4.5,沥青表处5.5,粒料类路面取7.0;
    2. 其他等级公路的3 m直尺指标:沥青碎石、贯入式取10,沥青表处取12,粒料类路面取15。

5.2.4 沥青路面初期养护

1. 热拌沥青混合料路面

(1)摊铺、压实后的热拌沥青混合料路面,待摊铺层自然冷却,混合料表面温度低于 50 ℃后方可开放交通。

(2)纵横向施工接缝是沥青路面的薄弱环节,应加强初期养护,随时用 3 m 直尺查找暴露出来的轻微不平,铲高补低,经拉毛后,用混合料垫平、压实。

2. 沥青贯入式路面

(1)路面竣工后,开放交通时,行驶车辆限速在 15 km/h 以下,根据表面成型情况,逐步提高到 20 km/h。

(2)设专人指挥交通或设置临时路标,按先两边后中间控制车辆行驶,达到全面压实。

(3)应随时将行车驱散的嵌缝料回扫、扫匀、压实,以形成平整密实的上封层。当路面泛油后,要及时补撒与施工最后一层矿料相同的嵌缝料,同时控制行车碾压。

3. 沥青表面处治

(1)层铺法施工的沥青表面处治路面的初期养护与贯入式路面的要求基本相同。

(2)拌合法施工的沥青表面处治路面的初期养护与热拌沥青混合料的要求相同。

4. 乳化沥青路面

乳化沥青路面的初期稳定性差,压实后的路面应做好初期养护,设专人管理,按实际破乳情况,封闭交通 2~6 h;在未破乳的路段上,严禁一切车辆、人、畜通过;开放交通初期,应控制车速不超过 20 km/h,并不得制动和掉头。当有损坏时应及时修补。

5.2.5 沥青路面日常养护

视频:沥青路面日常养护

(1)加强路况巡查,及时发现病害,研究分析病害产生原因,并有针对性、及时地对病害进行维修处理。

1)在巡查过程中,发现路面上有杂物,要及时清扫,保持路面清洁。

2)沥青路面的日常清扫,应根据公路等级,采用机械或人工的方法进行清扫。

3)沥青路面的清扫作业频率,应根据路面污染程度、交通量的大小及其组成、气候及环境条件等因素而定。长大隧道内、桥梁上沥青路面的清扫频率应适当增大。

4)为了防止清扫路面时产生扬尘而污染环境,危及行车安全,机械清扫时若缺少洒水装置,应适当配备洒水装置,并根据路面的扬尘程度,确定适当的洒水量。

(2)严禁履带车和铁轮车在沥青路面上直接行驶,如必须行驶,应采取相应措施后才能行驶。

(3)雨后对路面有积水的地方要及时扫除,以免下渗,破坏路面。

(4)排水设施的养护如下:

1)排水设施可分为地面排水设施和地下排水设施。地面排水设施通常有边沟、泄水槽、截水沟、排水沟、跌水及急流槽、拦水坝等;地下排水设施有盲沟、暗沟、渗水沟、渗井等。

2)无论是地面排水设施还是地下排水设施,在春融前,特别是汛前,应全面检查、疏通。雨天必须上路巡查,及时排除堵塞并疏通。防止水流直接冲刷路基、路面及路肩。暴雨过后应重点检查，如有冲刷、损坏，应及时修补。

(5)除雪防滑主要内容如下：

1)每次降雪之后，都要由人工、机械及时清除路面积雪。

2)在冬季降雪或下雨后，路面上有结冰现象时，应在桥面、陡坡、急弯、桥头引道撒一层砂等防滑料，以增大路面摩擦系数，在环保允许情况下，下雪时也可以采用撒布药剂（氯化钙、氯化钠等），以降低冻结温度，达到行车安全的目的。

(6)路肩养护主要内容如下：

1)路肩上应保持适当的横坡，坡度应平整顺适，硬路肩横坡可与路面横坡相同或略大，植草路肩应比路面横坡度大1%～2%，以利于排水。当路肩的横坡过大或过小时，应及时整修。

应在路肩以外设置堆料台，堆料应距离适当，排列规整。

2)路肩应经常保持平整坚实，对出现的坑槽、车辙、缺口，应及时修补。对雨天积水、淤泥，应及时排除和清理，并填平夯实，铲除的淤泥土石及杂物，不得堆放在边沟内或边坡上。

3)用块石、水泥混凝土预制块铺砌边缘带，以保护路肩和美化路容。对边缘带应加强养护，由于路表水冲刷及车辆碾压造成的松动、破损，应及时修复或更换。

4)可在路肩上种植（天然的也可以）草皮，并要经常修整，草高宜不超过15 cm，并不影响路面排水，保护路肩不被冲刷，保持路容路貌整洁美观。

(7)边坡养护主要内容如下：

1)路基边坡的坡面应保持平顺、坚实无冲沟，其坡度应符合设计规定。应经常观察路堑，特别是深路堑边坡的稳定情况，如发现有危岩、浮石等，应及时清除，避免危及行车、行人安全和堵塞边沟。当土路堑边坡出现冲沟时，应及时用黏土填塞捣实；如出现潜流涌水，可开集水沟，将水引向路基以外。

2)填土路堤边坡因雨水冲刷，易出现冲沟和缺口，应及时用黏结良好的土修补拍实。对较大的冲沟和缺口，修理时应将原边坡开挖成台阶形，然后分层填筑夯实，并注意与原坡面衔接平顺，并增加植被防护。

3)边坡、碎落台、护坡道、沿河路堤等，易出现缺口、冲沟、沉陷、塌落滑坡或受洪水、河流、边沟流水冲刷及浸淹时，应根据水流、地质、边坡坡度等情况，选用种草、铺草皮、栽灌木丛、投放石笼、干砌或浆砌片石护坡等措施。

5.3 沥青路面常见病害及处治

沥青路面在使用过程中，常常会出现一些病害。沥青路面的主要病害有坑槽、推移、拥包、沉陷、泛油、裂缝、龟裂、车辙等。这些病害会影响到路面使用者的舒适性，严重的还会影响到行车安全及路面使用年限。因此，需要对病害进行维修处治。

对于沥青路面常见病害的维修，应满足下列要求：

(1)对各种路面病害的维修，应研究分析其产生的原因，并根据路面的结构类型、龄期、维修季节、气温等实际情况，采取相应处治措施。

(2)为防止病害发展和破损面积的扩大，对路面病害的处理应及时，宜早不宜迟。

(3)高速公路和一级公路路面病害的维修宜采用机械作业,所使用的沥青混合料应集中厂拌,并采取保温措施以保证适宜的摊铺温度。其他等级的公路也应尽量提高维修作业的机械化水平。

(4)对病害的维修,事先应有周密的计划,做好材料准备,保证工序之间的衔接,凡需要将原路面面层挖除后进行机械修补作业的坑槽、沉陷、车辙等,宜当日开挖当日修补完成。

(5)修补面积应大于病害的实际面积,修补范围的轮廓线应与路面中心线平行或垂直,并在病害以外 10~15 cm 处,应采取措施使修补部分与原路面连接紧密。

在病害的处治中,凡需挖除原路面面层后重新再铺面层的,其技术要求应符合现行《公路沥青路面施工技术规范》(JTG F 40—2004)的规定;凡需挖除原路面后重做基层的,其技术要求应符合现行《公路路面基层施工技术细则》(JTG/T F20—2015)的规定。如果病害不是由于面层或基层材料的性质、结构层或级配类型引起的,重做时所采用的材料、结构及级配类型等宜与原路面相同。

5.3.1 沥青路面裂缝类病害的处治

裂缝是沥青路面最主要的病害。裂缝可分为纵向裂缝(图 5-1)、横向裂缝(图 5-2)及龟裂(图 5-3)等。它的危害在于从裂缝中不断进入水分使基层甚至路基软化,造成路基强度降低,最终导致沥青路面承载能力下降,进而造成路面局部或成片损坏,加速路面破坏。

图 5-1 路面纵向裂缝

图 5-2 路面横向裂缝

1. 沥青路面裂缝的成因

沥青路面裂缝形式各种各样,按其表现不同,除龟裂、横裂、纵裂外,还有块裂、放射裂缝、不规则裂缝等多种类型。这里只对主要类型的成因进行分析。

(1)龟裂(图 5-3)主要是路面的整体强度不足引起的。其原因可能是路面结构设计不合理,路基压实度不足,路面材料配合比不当或未拌和均匀等,也可能是由于路面出现横向或纵向裂缝后未及时处治,致使水分渗入下层,尤其在融雪期间冻融交加,加剧了路面的破损。沥青在施工及长期使用过程中的老化,也是导致沥青面层形成龟裂的原因之一。

(2)横向裂缝按其成因不同，可分为荷载性裂缝和非荷载性裂缝两大类。荷载性裂缝是由于路面设计不当和施工质量低劣，或由于车辆严重超载，致使沥青面层或半刚性基层内产生的拉应力超过其疲劳强度而产生的裂缝；非荷载性裂缝是横向裂缝的主要形式，它有两种情况，即沥青面层温度收缩性裂缝和基层反射性裂缝。这种病害比较普遍，主要由于沥青面层温度变化而引发病害。

(3)纵向裂缝通常由路基、基层沉降，或施工接缝质量、结构承载力不足而引起。由路基、基层沉降引起的纵缝，通常断断续续，绵延很长。由沥青面层分幅摊铺、施工搭接引起的纵缝，其形态特征是长且直。而由结构承载力不足引起的纵缝多出现在路面边缘，因路基湿软造成承载力不足，从而产生纵缝。

图 5-3 路面龟裂

2. 沥青路面裂缝的维修处治材料

目前普遍采用的裂缝填缝材料可分成以下三种类型：

(1)热灌式橡胶沥青，因其价格最为低廉，对施工人员的要求不苛刻而得到广泛采用。

(2)有机硅树脂，由于其黏度太大，不易充分渗入裂缝，且对施工条件要求高，既费时又昂贵，故大多用于密封新建混凝土路面的接缝。

(3)冷灌式填缝料，是以乳化沥青为基本物质的填缝料，其受限制条件较少，不需要加热使用，可用于潮湿的路面、有灰尘的壁面，其性能受影响较小。

3. 沥青路面裂缝的处治措施

沥青路面裂缝修补方法很多，一般可根据裂缝的宽度和深度确定具体的修补工艺。

确定沥青路面裂缝的处治措施应综合考虑裂缝损坏程度、交通量、路面类型、区域气候等环境条件、可用材料与养护费用的限制等因素，制订技术可行、经济合理的处治措施。

(1)处治方案的选择。处治方案的选择可按以下步骤进行。

1)施工与养护历史资料的调查。沥青路面资料包括路面服务年限、设计要求、维修历史等及其他对选择裂缝处治方案有参考价值的资料与数据。

2)进行路面状况调查，特别是裂缝损坏调查。确定要对某一路段进行裂缝维修后，选择措施前应更进一步观测路面损坏类型、数量和严重程度，分析路面开裂的原因。

3)选择开裂路面适宜的养护类型。根据路面开裂的密度和裂缝状况，确定存在开裂病害的路面适宜的养护措施。养护技术规范可将路面裂缝损坏分为四类(龟裂、不规则裂缝、纵裂和横裂)，又根据裂缝外观状况和裂缝宽度分为不同的损坏等级。根据裂缝病害程度和路面结构功能、使用功能的要求确定采取的养护措施。

4)选择材料与施工工艺。对选定的养护技术措施，考虑气候条件、交通量、裂缝状况、可选用的养护机械设备、养护费用等，选择适当的材料与施工工艺。

5)准备材料与设备。

6)实施养护技术方案。

(2)裂缝的修补方法。

1)在高温季节全部或大部分愈合的轻微裂缝，可不加处理。

2)在高温季节不能愈合的轻微裂缝，可采用以下方法之一进行处治：

①将裂缝周围路面清扫干净,并均匀喷洒少量沥青(在低温、潮湿季节宜喷洒乳化沥青),再匀撒一层 2~5 mm 的干燥洁净石屑或粗砂,最后用轻型压路机将矿料压入路面。

②沿裂缝涂刷少量稠度较低的沥青。

3)由于路面基层温缩和干缩等造成的纵向或横向的裂缝,应按裂缝的宽度分别予以处治。

①缝宽在 5 mm 以内的,按下列步骤修补:

a. 清除缝中杂物及尘土。

b. 将稠度较低的热沥青(缝内潮湿时应采用乳化沥青)灌入缝内,灌入深度约为缝深的 2/3。

c. 填入干净石屑或粗砂,并捣实。

d. 将溢出缝外的沥青及石屑、砂清除。

②缝宽在 5 mm 以上的,按下列步骤修补:

a. 除去已松动的裂缝边缘。

b. 用热拌沥青混合料填入缝中,捣实。缝内潮湿时应用乳化沥青混合料。

4)因沥青性能不好,由路面龄期较长或油层老化等引起的大面积裂缝(包括网裂),如基层强度尚好时,通过技术经济比较,可选用下列维修方法:

①乳化沥青稀浆封层,封层厚度宜为 3~6 mm。

②加铺沥青混合料上封层,或先铺设土工合成材料,再在其上加铺沥青混合料上封层。

③改性沥青薄层罩面。

④单层沥青表面处治。

5)由于土基、基层强度不足或路基翻浆等引起的严重龟裂,应先处治好基层再重做面层。

5.3.2 沥青路面破损类病害的处治

1. 沥青路面坑槽的成因及处治

(1)坑槽的成因。产生坑槽(图 5-4)的主要原因是面层开裂后未及时养护,是由龟裂和松散等损坏进一步发展的结果。另外,基层局部强度不足,在行车作用下也易产生坑槽。

(2)处治措施。

1)路面基层完好,仅面层有坑槽时可按下述方法进行维修。

通常,沥青路面坑槽修补的施工工艺为:测定破坏部分的范围和深度,按"圆洞方补"的原则,画出大致与路中心线平行或垂直的

图 5-4 路面坑槽

挖槽修补轮廓线(正方形或长方形)。槽坑应开凿到稳定部分,槽壁要垂直,并将槽底、槽壁清除干净,在干净的槽底、槽壁薄刷一层黏结沥青,随即填铺备好的沥青混合料;新填

补部分应略高于原路面,待行车压实稳定后保持与原路面相平。具体的坑槽修补方法较多,一般有热补法、冷补法、喷补法、热再生法等几种方式。

①热补法。热补法修补工序是首先用破碎工具铲除需补部位旧路面,然后喷洒沥青黏结层,填充新混合料,并摊平、压实。

②冷补法。冷补法用常温(冷)拌和沥青混合料。常温拌和混合料是一种预先加热拌和、储存,常温下使用的沥青混合料,通常添加一些特殊的外加剂,以保证其性能在储存期间不发生变化。混合料一般袋装储存,使用方便、修补迅速,特别是在寒冷、多雨季节,在传统热补法不易开展的情况下,利用常温拌和混合料修补是一种较适宜的方法。

③喷补法。喷补法利用高压喷射方式,将乳化沥青经过喷管与输送来的集料相混合,通过控制喷管上的乳液、集料和压缩空气三个开关,将混合料均匀、高速地喷洒到坑槽中,达到密实黏结效果,无须碾压,不需沥青混凝土拌合厂配合,且不受气候变化影响。

④热再生法。热再生法是先将高效热辐射加热板放置到待补区域,使旧沥青路面软化,然后刨松被软化的沥青旧料,喷洒乳化沥青使旧料现场再生,补充新沥青混合料拌和,并摊铺、压实。这种方法可对旧料进行现场再生利用,减少了环境污染、资源浪费,降低了维修成本,进行修补作业时不受气候变化影响。

2)对交通量较小的路段,在低温寒冷或阴雨连绵的季节,无法采用常规方法,也无条件采用合适的材料补坑槽时,为防止坑槽面积的扩大,可采取临时性的措施,对坑槽予以处治,待天气好转后再按规范要求重新修补。

3)若因基层结构组成不良,如含泥多、含水率过高或基层局部强度不足等,使基层破坏而形成坑槽,应先处治基层,再修复面层。

2. 沥青路面松散的成因及处治

(1)沥青路面松散(图5-5)的成因。松散产生的原因主要是使用的沥青稠度偏低、用量偏少、黏结力差,或沥青加热时温度过高,与矿料黏附力不足;矿料级配偏粗、过湿,嵌缝料不规格,或在低温、雨期施工等,均可使粒料脱落形成松散或麻面。基层或土基湿软变形,也可导致麻面与松散。

(2)维修措施。

1)基层稳定,仅面层出现松散时按下列要求进行处治:

①路面因嵌缝料散失出现轻微松散或麻面,当沥青面层不贫油时,可在高温季节撒适当的嵌缝

图5-5 路面松散

料,并用扫帚匀扫,使嵌缝料填充到石料的空隙中。对于轻微麻面也可用稀浆封层处治。

②小面积松散可用棕刷在松散部位涂刷稠度较高的沥青,再撒铺矿料。

③大面积松散应喷洒稠度较高的沥青,撒适当粒径的嵌缝料,并使麻面部分中部嵌缝料稍厚,周围与原路面接口要稍薄,定形要整齐,再控制机械碾压成形。

④因沥青量偏少或低气温施工造成的沥青面层松散,应采用以下方法处治:

a. 先将路面上已松动的矿料收集起来,待气温升至15 ℃以上时,按0.8~1.0 kg/m² 的用量喷洒沥青,再均匀撒上3~5 mm的石屑或粗砂,用轻型压路机压实。

b. 如在低温潮湿季节,宜采用乳化沥青做封层处理。

⑤对于因油温过高，沥青老化失去黏结性而造成的松散，应将松散部分全部挖除后，重铺面层。

⑥对因沥青与酸性石料之间黏附性不良而造成的路面松散，应将松散部分全部挖除后，重铺面层。重铺面层的矿料不应再使用酸性石料。应在沥青中掺入抗剥离剂、增黏剂或使用干燥的生石灰、消石灰、水泥等表面活性物质作为填料的一部分，或采用石灰浆处理粗集料等抗剥离措施，以提高沥青与矿料的黏附力，并增加混合料的水稳性。

2)由于基层或土基软化变形而造成的路面松散，应参照有关规定，先处理好基层，再重铺面层。

5.3.3 沥青路面变形类病害的处治

1. 沥青路面拥包的成因及处治

(1)拥包的成因。

1)沥青面层中沥青含量过多、黏度和软化点偏低，矿料级配不良，细料偏多，致使面层材料自身的高温抗剪强度不足，在行车作用下产生拥包。

2)基层局部含水率过大，水分滞留于基层，或基层浮土过多，或透层沥青洒布不符合要求等原因，影响面层和基层之间的结合，在行车水平力的作用下，使路面产生推移而形成局部不规则隆起的变形。

3)由于基层局部强度不足或水稳性不好，使基层松软，在行车作用下，形成局部拥包。

(2)处治措施。根据拥包产生的不同情况，可采用下列方法进行处治：

1)属于施工时操作不慎将沥青漏洒在路面上形成的拥包，将拥包除去即可。

2)已趋于稳定的轻微拥包，将拥包采用机械铣刨或人工挖除。如果除去拥包后，路表不够平整，可刷少量沥青，再撒上适当粒径的矿料后扫匀、整平。

3)因面层沥青用量过多或细料集中而产生较严重拥包，应用机械或人工将拥包全部除去，并低于路面约 10 mm。扫尽碎屑、杂物及粉尘后用热沥青混合料填平并压实。

4)如果路面连续多处出现拥包且面积较大，但路面基层仍属稳定，则应将有拥包的路面面层全部挖除，然后重做面层。

5)因基层局部含水率过高，使面层与基层层间结合不良而被推移变形造成的拥包，应将拥包连同面层挖除，将水分晾晒干，或用水稳性较好的材料更换已变形的基层，再重铺面层。

6)属于基层局部强度不足或水稳性不好，使基层松软而导致的拥包，应将面层和基层完全挖除。如土基中含有淤泥，还应将淤泥彻底挖除，换填新料并夯实。在地下水水位较高的潮湿路段，应采取措施引出地下水并在基层下面加铺一层稳定性好的材料，最后重铺面层。

2. 沥青路面沉陷的成因及处治

(1)沉陷的成因。沉陷是由于路基、路面产生竖向变形而导致路面下沉的现象。通常有以下三种情况：

1)均匀沉陷。均匀沉陷是由于路基、路面在自然因素和行车作用下，达到进一步密实和稳定引起的沉落，一般不会引起路面破坏。

2)不均匀沉陷。由于路基、路面不密实，碾压不均匀，在水的侵蚀下，经行车作用引起的变形。

3)局部沉陷。由于路基局部填筑不密实或路基有枯井、树坑、洞穴、沟槽等，当受到水的侵蚀时而发生的沉陷。

(2)处治措施。

1)因路基不均匀沉降而引起的局部路面沉陷，若土基和基层已经密实稳定，不再继续下沉，可只修补面层。此时应根据路面的破损状况，分别采取不同的处治措施。

①路面略有下沉，无破损或仅有少量轻微裂缝，可在沉陷处喷洒或涂刷黏层沥青，再用沥青混合料将沉陷部分填补到与原路面齐平并压实。

②因路基沉陷导致路面破损严重，矿料已松动、脱落形成坑槽的，应按照坑槽的维修方法予以处治。

2)因土基或基层结构遭到破坏而引起路面沉陷，应参照有关要求处治好基层后再重做面层。

3)桥涵台背因填土不密实出现不均匀沉降的处治方法如下：

①对于台背填土密实度不够的，应重新进行压实处理。台背死角处的压实采用夯实机械。

对含水率和孔隙比均较大的软基或含有机物质的黏性土层，宜采取换土处理。换土深度应视软层厚度而定。换填材料首先应选择强度高、透水性好的材料，如碎石土、卵砾土、中粗砂及强度较高的工业废渣。填料要求级配合理。

②在对台背填土重做压实处理的基础上，加设桥头搭板。

3. 沥青路面车辙的成因及处治

(1)产生原因。车辙是沥青路面上较为常见的病害形式，为了便于鉴别道路路况恶化的原因，可根据其问题性质、位置和路面类型，可将车辙分为两种。

1)有车辙无推移。此类车辙主要是由于路面结构深层的位移，因而其宽度通常比较大，车辙边缘的推移很小。此种类型车辙可能是由于荷载扩散能力不足或二次压实造成的。造成荷载扩散不够的原因是道路面层和基层太薄，不足以防护路基。车辙随交通荷载作用次数的增加而增大，如果有车辙和交通历史资料，或者在两个车道交通荷载明显不同的道路，可以建立车辙交通量关系。对产生该类车辙的路段，可沿线测定路面弯沉，评价整体强度和荷载扩散能力，分析是否由于路面整体强度过低造成。如果车辙的严重程度与路面强度无关，则发生车辙的原因很可能是由于在道路的早期交通作用下路面基层或面层受到二次压实所导致的。在这种情况下，车辙的扩展速度将在初期压实后下降。

2)有车辙又有推移。在车辙的边缘产生明显的推移，表明路面中某一层有剪切破坏，这是由于路面面层的剪切强度难以抵御荷载应力所致。其严重程度通常并不与以弯沉或修正结构数表示的路面总体强度有关。

(2)车辙的维修。

1)路面车道在高温季节因沥青面层软化后受车辆的作用发生侧向位移而形成的车辙，若面层仅有轻微变形，则可以通过控制行车碾压使路面恢复平整。

2)车道表面因磨损过度而产生的车辙，应将出现车辙的路面开凿成槽。槽深应根据破损情况而定，但至少不得小于原路面沥青混合中主集料粒径的1~2倍。在槽底及槽壁均匀喷洒或涂刷一层黏结沥青，再将沥青混合料填入槽内，摊平碾压。在高速公路及一级公路上可采用沥青玛琋脂碎石混合料(SMA)、SBS改性沥青混合料或聚乙烯改性沥青混合料来修补车辙。

3)路面受横向推挤形成的横向波形车辙,如果已经稳定,可将凸出的部分削除,在波谷部分喷洒或涂刷黏结沥青及填补沥青混合料并找平、压实。

4)因面层或基层层间有不稳定的夹层而形成的车辙,应将面层挖除,消除夹层后,重做面层。

5)由于基层强度不足,水稳性能不好,使基层局部下沉而造成的车辙,应先处治基层。其方法可参照上述有关做法。

5.3.4 沥青路面泛油及其他病害的处治

1. 沥青路面泛油的成因及处治

(1)泛油的成因。沥青面层沥青用量过大、稠度太低、热稳定性差等,或者高温时下层黏结料上溢等都易引起泛油。

(2)处治措施。根据泛油的程度,选择不同的方法进行处治。

1)对泛油的路段,应先取样做抽提试验,测定其油石比,然后采取相应的处治措施。

2)只有轻微泛油的路段,可撒 3~5 mm 粒径的石屑或粗砂,并控制行车碾压。

3)泛油较重的路段,可先撒 5~10 mm 粒径的碎石,控制行车碾压车速。待稳定后,再撒 3~5 mm 粒径的石屑或粗砂,并引导行车碾压。

4)面层含油量高,且已形成软层的严重泛油路段,可先撒一层 10~15 mm 粒径的碎石,用压路机将其强行压入路面,待基本稳定后,再分次撒上 5~10 mm 粒径的碎石,并引导行车碾压成型。

5)处治泛油应注意以下事项:

①处治时间选择在泛油路段已出现全面泛油的高温季节。

②撒料应顺行车方向,先粗后细;做到少撒、薄撒、匀撒、无堆积、无空白。

③禁止使用含有粉粒的细料。

④引导行车碾压,使所撒石料均匀压入路面。

⑤在行车碾压过程中,应及时将飞散的粒料扫回,待泛油稳定后,将多余浮动的石料清扫并回收。

2. 沥青路面冻胀和翻浆的成因及处治

(1)冻胀和翻浆的成因。冻胀和翻浆多发生在北方和东北地区挖方或填挖交界的路段,主要是由于路基排水设计不合理,造成路基含水率过大引起的冬季冻胀、春融翻浆。

(2)处治措施。

1)因路基冻胀使路面局部或大面积隆起影响行车时,应将冻胀的沥青路面刨平,待春融后按翻浆处理方法予以处治。

2)因冬季基层中的水结冰引起冻胀,春融季节化冻而引起的翻浆,应根据情况采用以下方法予以处治:

①在有翻浆迹象的地方,用人工或机械将 20~50 cm 直径的钢钎打入(钻入)路面以下,穿透冻层(一般在 1.3 m 以上),然后灌入砂粒,使化冻的水迅速渗入冻层以下。

②局部发生翻浆的路段,可采用打石灰梅花桩或水泥砂砾桩的办法加以改善。桩的排列密度及深度应视翻浆程度而定。

③加深边沟,并在翻浆路段两侧路肩上交错开挖宽 30~40 cm 的横沟,其间距为 3~5 m,沟底纵坡不小于 3‰,沟深应根据解冻情况,逐渐加深,直至路面基层以下。横沟的外口应高于边沟的沟底。如路面翻浆严重,除挖横沟外,还应顺路面边缘设置纵向小盲沟。交通量较大的路段也可挖成明沟。但翻浆停止后,应将明沟填平恢复原状。

3)因基层水稳定性不良或含水率过大造成的翻浆,应挖去面层及基层全部松软部分。将基层材料晾晒干,并适当增加新的硬粒料(有条件时应换填透水性良好的砂砾或工业废渣等),分层(每层不超过 15 cm)填补并压实,最后恢复面层。

4)低温季节施工的石灰稳定类基层,在整体强度未形成时雨水渗入,其上层发生翻浆形成坑槽,应先处治基层,再修复面层。

3. 沥青路面磨光的成因及处治

(1)磨光的成因。磨光多发生在高等级公路上,主要是由于路面在行车水平力的作用下,路面表层集料棱角被磨掉,或沥青路面油石比含油量过大,泛油严重所造成。

(2)处治措施。

1)对已磨光的沥青面层,可用路面铣刨机直接恢复其表面的粗糙度。

2)对高速公路、一级公路的沥青路面,石料棱角被磨掉,路面光滑,摩阻系数低于要求值时,应加铺抗滑层。

3)对表面过于光滑,摩擦系数特别小的路段,应做封层或罩面处理。

封层可以采用拌合法或层铺法施工的单层表面处治,也可以用乳化沥青稀浆封层。罩面宜采用拌合法。

封层与罩面前,应先处治好原路面上的各种病害,若原路表面有沥青含量过多的薄层,应将其刮除掉后洒黏层油。罩面及封层的技术要求应符合现行《公路沥青路面施工技术规范》(JTG F 40—2004)的规定。

4. 桥面沥青铺装层的养护与维修

(1)病害形式。沥青混凝土桥面铺装与正常路面和水泥混凝土桥面铺装相比,损坏形式有所不同,主要有以下几种:

1)铺装层内部产生较大的剪应力,引起不确定破坏面的剪切变形,或者由于铺装层与桥面板层之间结合面黏结力差,抗水平剪切能力较弱,在水平方向上产生相对位移发生剪切破坏,产生推移、拥包等病害。

2)因温度变化并伴随桥面板或梁结构的大挠度而产生的裂隙,在车辆荷载及渗入的水的作用下产生面层松散和坑槽破坏。

(2)病害形成原因。

1)铺装层内部应力变化。铺装层内部产生较大的剪应力,引起不确定破坏面的剪切变形,或者由于铺装层与桥面板层之间结合面黏结力差,抗水平剪切能力较弱,在水平方向上产生相对位移发生剪切破坏,产生推移、拥包等病害。桥梁结构与沥青混合料铺装层之间的黏结层对桥面铺装层起着至关重要的作用。黏结层位于刚性桥板与柔性沥青铺装层之间,剪应力往往很大,由于车辆荷载的作用,会产生"剪切滑动效应",进而导致桥面撕裂、脱皮等损坏。因此,黏结层必须具备足够的黏韧性和合理的用量。

2)温度变化。因温度变化及桥面板或梁结构产生过大挠度等而产生裂缝,车辆荷载作用及水的渗入造成面层松散、坑槽及冻融破坏。

3)荷载作用。对于连续梁桥、拱桥及悬臂梁桥等结构,由于荷载的作用而产生负弯矩或拉力，使桥面板铺装层受到拉力作用而容易产生裂缝，从而造成桥面铺装的损坏。

汽车的大型化及超载运营，加重了桥面铺装层的负荷。轮荷载的大型化产生更大的冲击力，特别是路面不平整或桥面伸缩缝处，冲击力更大，从而造成桥面铺装层的过早破坏。实践证明，超载是桥面铺装层损坏的一个重要原因。

在高速公路的交通组织管理中，由于车道功能不同，人为地使桥梁结构在运营中始终处于偏载状态，加快了主车道铺装层的疲劳。

4）防水层设置。如果桥面铺装未设防水层，则从面层渗入的水或防冻盐溶液会进入桥面板中，在温度和荷载综合作用下，将会造成桥面板的损坏，甚至渗入水或防冻盐溶液会腐蚀主梁钢筋，威胁主梁的安全，降低桥梁使用寿命。由于沥青的黏附性差、桥面铺装层的空隙率过大或铺装层开裂，水会渗入铺装层内部，如果不能将水及时排走，会加速铺装层的损害；如果防水层被破坏，渗水将直接腐蚀桥体，危及桥梁的安全。

5）铺装层结构。铺装层较薄或采用单层式沥青混凝土，因桥面板不平整造成铺装层平整度达不到规范要求时，会影响行车舒适性。另外，桥梁上部结构在施工中由于支架的沉降及预应力反拱无法对其十分准确地预测，或由于施工工艺控制欠佳，施工中主梁顶面高程与设计值不一致，造成铺装层厚度不均，有的地方厚度偏小。

6）铺装层材料。桥面结构完全暴露在空气中，直接受气候条件的影响。因而，与正常路面相比，铺装层材料在夏季温度更高，即夏季的"煎烤效应"；冬季温度更低，即冬季的"冰柜效应"。相同的条件对桥面铺装材料的影响更大。在普通路面中使用性能良好的材料，用在桥面铺装层中就有可能产生温度损坏。这对材料的温度敏感性提出了更高的要求。

7）施工因素。桥面铺装层与水泥混凝土未黏结好，在桥面铺装层（防水层）施工前没有将水泥混凝土表面的松散砂石粒、泥污等清洗干净，表面没有凿毛或者凿毛的密度不够，这些都大大降低了桥面铺装层与水泥混凝土桥之间的黏结力，在车轮的冲击和荷载的作用下容易使桥面出现脱皮、裂缝、剥落等现象。

（3）防治对策。针对水泥混凝土桥梁沥青桥面铺装病害的特点，应主要从以下几个方面进行防治：

1）基层处理要平整、干燥，拉毛符合设计要求，表面无垃圾、浮浆、污渍。

2）防水层粘贴牢固，表面平整，无空鼓、脱落、翘边等缺陷。在未做沥青混凝土铺装层前要严加保护，并要完善排水系统。

3）沥青混凝土铺装层与水泥混凝土桥之间要有足够的黏结力，并且沥青混凝土铺装层要有足够的厚度。资料表明，当沥青混凝土层厚度大于 12 cm 时，由行车荷载引起的剪应力将不会造成防水层的破坏。

另外，在保证层间抗剪能力的前提下，也可采用 1.5 cm 厚微表处作为铺装层，由于更薄结合面产生的剪应力更小，更不易脱开。微表处属于冷料施工，施工方便，能很快开放交通。由于微表处施工时无找平功能，故要使平整度满足规范要求，在桥面防水混凝土施工时必须精细。微表处采用改性沥青作混合料，破乳水分蒸发后留下的空隙，必须经过高温多次碾压才能闭合，结构层才能成型稳定。如果高温时施工并很快通车，效果较好。如低温时通车，在结构层成型前必须做好保护，严禁在其上制动、掉头造成结构层破坏。

4）适用的桥面铺装层材料要具有较高的高温抗变形能力、良好的低温抗开裂能力，以及很高的抗疲劳、抗老化、抗水损害的能力，并与桥面有较好的黏结性和良好的变形适应。

5）严格控制超载车辆。要严格限制超载车上桥，在设计中应根据运营中车辆荷载的实际分布情况，在明确了桥梁结构受力的基础上，对桥面铺装层进行受力计算，同时，也要提高桥面铺装层材料等级与设计标准。

桥面沥青铺装出现的各种病害，经检查不是由桥梁结构破坏而引起的沥青面层损坏，应按上述有关病害的处治方法进行。

5.4 高速公路沥青路面早期破坏预防

我国高速公路半刚性基层沥青混凝土路面的早期破坏有多种形式，是由多种不同原因引起的，应针对不同原因进行早期预防。

5.4.1 常见的早期破坏形式

我国高速公路沥青路面早期病害的表现形式主要有局部沉降、纵横向裂缝、车辙、坑槽松散等。

1. 早期病害形成的主要原因

(1)外因。

1)近几年，高速公路上重型货车的数量显著增加，而且货车普遍超载，这是促使沥青混凝土路面产生早期或过早破坏的重要外因。

2)夏季连续高温是促使沥青混凝土路面产生早期或过早破坏的另一个外因。

(2)内因。

1)无合理工期。高速公路预定工期普遍性缩短，造成抢工、抢料。材料质量不高，不能科学合理地施工。

2)无合理标价。低价中标及进一步的分包，实际工程建设费用不足，使一些工程只能靠偷工减料来完成。

2. 解决早期破坏的主要措施

沥青路面养护维修以预防养护为主，出现下列状况要列入预防性养护维修计划中：

(1)局部露出跑砂点，面积在 10 m^2 以内，由于沥青剥离，细集料跑出，表面呈蜂窝状。

(2)局部沉降点，纵横方向 1 m 范围内沉降超过 2 cm、行车出现明显跳动。

(3)唧浆点，路面龟裂、网裂，水渗透到基层，出现基层冲刷唧浆。

(4)路面出现推移、拥包、车辙点，由于路面的水稳性和热稳性差，导致路面上面层出现局部纵向推移形成搓板、横向推移出现车辙。推移、拥包或车辙长度在 10 m 范围内的点。

(5)横向缝、纵向缝，柔、刚结合部(如桥头搭板接头)等处裂缝出现错台，错台高差大于 5 mm 的点。

5.4.2 路面预防性养护

1. 预防性养护理念

在绝大多数发达国家，公路网已经完善，养护管理成为公路工作的重点，很早就着手于公路养护管理的相关调查、研究工作。

我国的沥青路面预防性养护的定义就是通过定期的路况调查,及时发现路面轻微破损与病害迹象,分析研究其产生原因,对症采取保护性养护措施,以防止微小病害进一步扩大,减缓路面使用性能的恶化速度,使路面始终保持良好的服务状态的一种养护方法、养护理念。预防性养护可以延长路面的使用寿命,提高路面的服务效能,节约养护维修资金,是一项费用—效益比非常可观的养护技术方法,通常用于尚未发生损坏或只有轻微病害的路面。

另外,由于影响道路服务水平的主要因素是路面技术状况,因此路面养护工作占到道路整体养护工作的70%以上。而道路路面技术状况随时间(自然因素和行车荷载作用)的变化具有一定的规律性,也符合预防性养护的基本概念。

2. 预防性养护主要措施类型及选择

(1)预防性养护主要措施类型。

1)路面的表面处理(雾封层、还原剂封层、稀浆封层、微表处、石屑封层和薄层罩面等),目的是封缝封水、抗滑、改善平整度,恢复表面功能。

2)路面裂缝填补(封缝、填缝),目的是封缝封水,防止继续发生破坏并波及基层和路床。

3)路面局部修补,防止破坏扩大,保持路面完好预防成为大的坑槽破坏。

4)修补车辙,确保交通安全。

5)加铺罩面(超薄磨耗层、超薄层罩面)。

(2)预防性养护措施的选择。

1)影响因素。一般的养护措施强调的是路面的结构性能,影响一般养护维修措施选择的主要因素是路面损坏状况和承载能力。而预防性养护的特点决定了反映路面服务能力的功能性指标在对预防性养护措施选择中占主导地位。因而,对于预防性养护而言,除要考虑路面损坏状况外,路面抗滑性能、平整度和车辙在很大程度上影响对策的制定。

在制订预防性养护措施时,通常需要考虑以下因素:

①路面破损状况:路面破损状况包括两部分——路面状况指数(PCI)和主导损坏类型。PCI的大小决定是否需要罩面及罩面层的厚度;路面主导损坏类型决定采取措施前需要采取何种预处理措施。即使PCI相同时,若路面主导损坏类型不同,所采用的对策也可能不同。

②路面行驶质量:路面平整度反映了路面形式质量。在决定罩面厚度时,应考虑路面的平整度。平整度越差,罩面应该越厚。

③路面抗滑:抗滑能力的大小决定路面是否需要加铺抗滑表层。

④路面车辙深度:作为平整度的参考因素,当车辙评价较低时,可以认为路面行驶质量较差。

⑤交通等级:交通量是路面所受的最主要荷载,交通量越大,罩面或补强的厚度应越大。

⑥行政因素:行政干预、政策因素也会影响到路面预防性养护措施的选择。

2)制订预防性养护措施的原则。根据沥青路面使用性能四项指标进行优、良、中、次、差的评价后,在确定养护对策时,需要根据四项指标评价等级之间的不同组合给出每一种组合的养护对策。由于四项指标五个等级的不同组合很多,故若一一给出对策,结果将过于庞大、复杂。另外，根据实际调查发现，四个指标之间存在相互联系，如强度系数小时，往往相应的破损率、平整度都较差；而破损率较大地段其平整度也较差，即很少出现一个指标属于优，而其他指标属于差的情况。因此，具体养护措施的选择应遵循以下原则：

①预防性养护措施不是由措施的种类决定的，而是根据措施应用的目的和措施的效果决定的。

②预防性养护措施的选择主要考虑路面状况和平整度，将抗滑指标单独处理。这是因为从物理机理来分析，路面抗滑性能只与路表浅层结构有关，与路面状况和路面行驶质量的相关性不大。另外，国外在进行各指标的评价和指导养护时，往往也是将路面抗滑作单项处理。

③沥青路面预防性养护应加强水损坏的防范。在水损坏频繁的路段，宜考虑对排水系统、防水层进行合理有效布置。对面层空隙率过大引起水损坏的路段，宜尽早采取罩面等措施。

④路面预防性养护应重视新材料、新工艺的开发研究与推广。如采用改性沥青稀浆封层、SMA薄层罩面等，全面改善沥青老化、松散、剥落和裂缝等路况，但在封层、罩面前应对路面破损进行有效预处理。

⑤路面预防性养护方案的决策是一个非常复杂的过程，对各种养护方案及实施时机、实施顺序的确定，需要建立路面预防性养护效果——费用模型对各方案在生命周期内的效果、费用进行分析。

5.5 路面养护新技术

5.5.1 路面稀浆封层技术

乳化沥青稀浆封层技术是以级配的砂石材料为集料，选用满足某种技术要求的乳化沥青材料作为结合料，加入适量的水、填料和必要的外加剂，在专用的稀浆封层机具内，按设计比例配制成具有一定技术性能且达到某种功能要求的稀浆混合料。该种稀浆混合料的稠度较稀，形态似浆状，铺筑厚度一般为 3～10 mm，主要起防水或改善恢复路面功能的作用，称为乳化沥青稀浆封层，简称为稀浆封层。稀浆封层包括普通稀浆封层和改性稀浆封层两大类。

稀浆封层技术充分利用乳化沥青材料良好的裹覆性、流动性和较强的渗透力、黏结力，修复路面裂缝，提高路面防水性、抗滑性，改善行车舒适性。该技术既可用于旧路面维修，也可用于新路面养护，对于砂石路面可以作为防尘措施，可用于路面下封层和桥面防水层。

1. 稀浆封层的应用

稀浆封层很薄，根本起不到补强层或整平层的作用，但若将稀浆封层铺筑在旧路面上，能明显改善或恢复原路面的使用性能，起到沥青表面处治结构层的作用。铺筑在新建路面的基层上，可起到防水封层和施工养护的作用。我国在拓宽稀浆封层应用范围方面做了大量的试验研究工作，目前主要用于以下几个方面：

（1）沥青路面表面处治。在旧沥青路面上加铺稀浆封层，可以治理裂缝，提高路面耐久性和使用性能；在新铺沥青贯入式路面或粗粒式沥青混凝土面层上加铺稀浆封层，可以提高路面防水性，延长使用寿命，降低养护费用。

(2)水泥混凝土路面表面处治。在旧水泥混凝土路面上，尤其在碾压混凝土路面上加铺稀浆封层，可以改善行车条件，降低行车噪声，增加乘客舒适感。

(3)桥面维修或防水处理。在旧桥面上加铺稀浆封层，对桥面病害进行有效处治，除明显改善行车条件外，还相对减小了桥面自重；在新建水泥混凝土桥面上加铺稀浆封层，可显著提高桥面铺装层的防水性(尤其是对城市高架桥)和桥面耐久性，延长桥梁寿命。

(4)路面下封层防水处治。在高等级公路的路面基层上或隧道路面排水基层以下加铺稀浆封层，能显著提高路面的防水性能及耐久性。

(5)在砂石路面上铺磨耗层。在平整压实后的砂石路面铺筑乳化沥青稀浆封层，可使砂石路面的外观具有沥青路面的特性，提高砂石路面的抗磨性能，改善行车条件。

2. 稀浆封层的施工技术要求

(1)施工前，应保证基层和透层沥青施工质量检查验收合格，同时，应将基层表面的所有杂物、尘土及松散颗粒清扫干净，对由于汽油或柴油滴漏形成的大块油污，用去污剂将其清除干净，否则会降低封层与基层的黏结力，产生起皮、剥离等质量问题。

(2)施工用的原材料(改性乳化沥青、矿料、水等)应经检验合格后使用，施工用矿料必须过筛，把超大粒径的石料筛出去，以免大粒径石料给稀浆混合料的拌和摊铺带来不利影响。

(3)稀浆封层施工应采用稀浆封层摊铺机进行，摊铺前必须对摊铺设备做全面的检查和调试，同时标定摊铺厚度，确定摊铺机工作状态完全正常时方可施工，当原材料或配合比发生较大变化时，应重新进行计量标定。

(4)摊铺时，调整摊铺槽，打开控制开关，使调整好的稀浆流入摊铺槽内。当流至摊铺箱容积 2/3 时，启动底盘，以 1.5～3 km/h 的速度匀速前进。应保持稀浆摊铺量与搅拌量基本一致，并始终保持摊铺箱内稀浆混合料的体积为摊铺箱容积的 1/2 左右，当一种材料用实时，必须停止铺筑，重新装料后再继续进行。

(5)稀浆混合料摊铺后，若出现不平整处应立即用人工找平，找平的重点部位为：起终点，纵、横向接缝及超粒径颗粒引起的沟槽。

(6)接缝处理。对于纵向接缝，当铺好的混合料出现部分凝固状态时，应对其预湿后再进行下一车程的施工；对于横向接缝，宜从上一车程的终端，倒回 5～10 cm 的距离开始下一车程的施工，驾驶员应保证机械的运行线形与上一车相吻合，纵、横接缝处应进行人工找平。

(7)稀浆封层的施工气温及养护成型期内气温不得低于 10 ℃，且施工和养护成型期间如遇天气即将下雨或正在下雨时严禁施工，雨后基层积水未干或未清除以前，不得施工。

(8)稀浆封层施工的外观质量要求：表面平整密实、无松散、无轮迹；纵横缝衔接平顺，外观色泽一致；与其他构造物衔接平顺，无污染；摊铺范围以外无流出的稀浆混合料；表面粗糙，无光滑现象；摊铺厚度均匀。

3. 稀浆封层施工中注意的问题

(1)对要进行稀浆封层的路段进行处理。由于稀浆封层的厚度为 3～15 mm，因此要求原有路面的表面强度、刚度应满足规定；如有沉陷、拥包等现象应先进行处治以保证平整度；摊铺前清扫路面，保持路面的干净；放样划线之后进行路面润湿，但不要有存水。在实际施工中应特别注意雨水井的表面覆盖，防止混合料填充，影响排水功能。

(2)施工前对各种材料进行调查,经试验选择确定的材料在施工过程中应保持稳定,如有变动,应重新试验确定。

(3)摊铺中要做到人机料的完美配合,由于摊铺时间很短,故在摊铺中应立即人工找平;接缝衔接处应恰当,控制纵向接幅,应在车前设置导向杆,并有专人指挥车辆行驶。横接缝应重合3~5 m的摊铺段,纵接缝处应润湿已凝固的混合料,并对纵、横接缝进行及时找平。对大粒料产生的纵向划痕,应尽快清除并填平。

(4)每摊铺完一车料,应对搅拌筒和摊铺箱进行清洗,并应注意清洗后的积水不要影响以后的摊铺。

(5)摊铺前后,不允许任何车辆和行人通过。

5.5.2 低温修补技术

1. 低温修补技术的发展

沥青路面上经常会出现坑洞,如不及时修补,不仅影响路容,而且影响车辆行驶安全。目前,沥青路面的坑洞往往得不到及时的修补,主要是因为用热拌沥青混合料修补坑洞往往不是很方便。一般坑洞修补都需要等到坑洞数量较多时才会集中采用热拌沥青混合料到现场进行修补。如果是冬季或雨季,因为采用热拌沥青混合料修补不方便,故只能等到天热时才修补。当坑洞蔓延扩大成片时,不仅增加了养护工作量,也加速了路面的破坏。因此,及时修补坑洞是非常必要的。

储存式冷铺沥青混合料就是适应路面坑洞修补用的一种路面养护材料。这种沥青混合料是在热态下拌和,冷却后装入袋中储存起来,当路上出现坑洞时,可随时运至现场,摊铺压实,恢复路面平整,保证正常交通。

2. 冷铺沥青材料的特点

(1)这种混合料存放在密闭的袋内,可储存几个月,甚至更长的时间,能保持良好的疏松状态而不结成团,即使结成团块,经拍打就能散开。

(2)混合料在路面坑洞中摊铺后,经过压实即能黏结成型而不松散,这就要求混合料具有良好的黏结性能和压实性。

3. 冷铺路面的优点

(1)路面在行车作用下会逐渐压实,强度慢慢提高。如果在路面修补时,未能使用碾压设备,路面在使用过程中经行车碾压会逐渐密实。

(2)常温下施工,且使用简单工具即可进行坑洞修补,操作颇为方便。

(3)冷铺沥青混合料预先在工厂生产并储存起来,随时可供使用,因而,适合常年路面坑洞修补,或供路面开挖埋设管线后恢复路面使用。

经过碾压成型的冷铺沥青路面,具有与热铺沥青路面基本一样的使用性能,且冷铺沥青路面不易出现温度收缩裂缝。

4. 影响冷铺沥青材料性能的主要因素

(1)沥青的黏度。必须使用液体沥青,但其轻质油分不应挥发过快。应选择中凝或慢凝的液体沥青,黏度宜控制在1~10 Pa·s范围内。

(2)沥青用量。当沥青用量较多时,集料表面沥青膜较厚,自由沥青较多,相互之间容易黏结,混合料易结块成团,结团后也不易打散。当沥青用量较少时,不足以充分裹覆集料表面,沥青与集料之间形成弱界面,虽混合料有较好的疏松性,但集料颗粒之间黏结性差,碾压不能使混合料形成整体,路面容易出现松散。需要根据试验资料归纳适宜的结合料用量。

(3)沥青中的添加剂。

1)改性剂。在沥青中添加树脂改性剂,有利于提高混合料的黏结性,改善储存性,尤其是改善混合料使用初期的稳定性。

2)憎水剂。在沥青中添加憎水剂,有利于混合料抵抗雨水的侵蚀,并使其能在潮湿状态下紧急修补使用。

(4)集料级配与矿粉用量。冷铺材料是用于路面修补的材料,需要广泛的适应性,既可用于修补浅的坑洞,又可用于修补深的坑洞,为此最好有较粗和较细两种不同粒径的混合料,但养护部门只愿意使用一种规格的材料,同时较粗粒径又易造成掉粒,所以,冷铺材料宜设计成一种较细级配的混合料。为提高混合料的承载能力和表面粗糙度,其集料宜设计成近似SMA以能形成骨架结构的级配,但矿粉用量控制在1%~3%范围内,这样有利于提高混合料疏松性和强度。所用集料由3~5 mm和0~3 mm碎石材料配合而成,其中3~5 mm碎石应采用硬质岩石轧制而成,具有良好的棱角性。

5. 冷铺沥青混合料技术要求

(1)疏松性与压实性。评定冷铺混合料的疏松性和压实性,国际上大都采用经验判断的方法。借鉴工地现场检验土壤最佳含水率的简便方法,即用手将混合料捏紧,松开手混合料能成团,则表明混合料可压实成型而不松散;将成团的混合料拍一下,混合料就能散开,则表明混合料疏松性良好。

(2)初始强度。冷铺混合料在压实后需要达到一定强度,以承受车轮荷载。由于马歇尔试验方便,故以稳定度评定其初始强度。取冷铺混合料1 000 g,在常温下正反面各锤击75次,脱模后在常温下测定马歇尔稳定度。

(3)残留稳定度。储存性冷铺沥青混合料压实后,初始空隙率大,抗水性差,因此需要检验其水稳性。将常温下成型的马歇尔试件浸泡在水中一昼夜,测试浸水后的稳定度S_w,该稳定度S_w与原稳定度S_0之比值K,作为评定混合料的水稳性。

(4)低温黏结性。为检验混合料在冬季低温下的黏结性能,将混合料装入塑料袋内,然后放在-10 ℃的冰箱内冷冻4 h以上,取出后将1 000 g样品立即装入试模,每面锤击150次,观察是否能黏结成型,在常温下测试马歇尔稳定度,其值要求大于1.5 kN。

5.5.3 沥青路面再生技术

旧沥青路面的再生利用,就是将旧沥青路面经过路面再生专用设备的翻挖、回收、加热、破碎、筛分后,与再生剂、新沥青、新集料等按一定比例重新拌和成混合料,满足一定的路用性能并重新铺筑于路面的一整套工艺。

视频:沥青路面再生技术

再生沥青混合料施工技术主要可分为4大类,即现场冷再生、现场热再生、厂拌冷再生、厂拌热再生。

1. 现场冷再生

现场冷再生是在常温下使用冷再生机械连续完成铣刨和破碎旧路面结构层(包括面层和部分基层)、添加再生材料、拌和、摊铺等作业过程,碾压成型后的摊铺层可作为低等级公路的面层和高等级公路的下面层或

视频:沥青路面再生利用

基层，属于道路养护维修范畴。它使用的再生材料有稳定类（水泥、石灰、粉煤灰）和黏结类（乳化沥青或泡沫沥青）两种，必要时加入一定量的新集料以改善级配。采用何种再生材料、用量多少，需通过室内试验和成本计算确定。

现场冷再生技术主要有两种方式。一种方式是利用专用再生机械在现场铣刨、破碎、加入新料（包括乳化沥青或其他再生剂、稳定剂和集料）、拌和、摊铺和预压，再由压路机进一步压实；另一种方式是在旧路面上洒布再生剂封层，使再生剂能渗入路面 5～6 mm，恢复表层被氧化沥青的活性，并形成抵抗燃油泄漏的封层，延长路面的使用寿命 2～3 年。

现场冷再生适用于路面高程不受限制的道路，包括一般公路、低等级公路及部分城市道路，再生层主要作为道路的基层（承载层）或下面层使用。原则上各种结构的路面都可以进行冷再生，关键技术是再生混合料配合比设计和再生材料选择问题。另外，应根据道路等级不同确定再生层上是否加铺沥青混凝土面层或做稀浆封层处理（交通量不大的低等级公路可直接作为面层使用）。

现场冷再生施工如图 5-6 所示。

2. 现场热再生

现场热再生技术也称为表层再生技术。该技术通过现场加热、翻耕、混拌、摊铺、碾压等工序，一次性实现就地旧沥青混凝土路面再生。它具有无须运输废旧沥青混合料、工效高、对公路运营影响程度低等优点。现场热再生技术可处理路面最大深度为 5～6 cm。现场再生机组主要包括加热系统、路面翻耙系统、再生搅拌系统、摊铺系统和压实系统等，如图 5-7 所示。

图 5-6　现场冷再生施工

图 5-7　现场热再生施工

现场热再生的类型有整形法、重铺法和复拌法三种。

(1)整形法。一般的翻松深度为 20～25 mm，尽管在某些情况下也可达到 50 mm 的深度，但很少见。旧路面的强度不同，导致路面通常不够平顺和均匀。这种方法适合修复破损不严重的路面，修复后可消除车辙、龟裂等变形，恢复路面的平整度，改善路面性能。

(2)重铺法。重铺法是用复拌机在整形法的基础上，将旧路材料翻松、搅拌均匀后作为中层，同时，在上面再铺设一层新的沥青混合料作为磨耗层，形成全新材料的路面，最后用压路机压实。这种方法适用于破损较严重的路面维修翻新和旧路面升级改造施工，修复后形成与新建路面道路性能相同的全新路面。

(3)复拌法。当一些矿料或新的热沥青混合料要与翻松过的材料搅拌时,复拌法可以提高现有路面的厚度或者通过改变集料的级配或调整胶粘剂的性质提高旧的沥青混合料的等级。这个过程有时和重铺法的工程有点相似,但通常是比重铺法更彻底的加热和拌和。这种方法适用于维修中等程度破损的路面,修复后可以恢复沥青路面的原有性能。

现场热再生的适用标准需要考虑路面的厚度、路面的类型、交通负荷、以前的维修处理、路面现有条件和周围的环境温度等因素。

(1)直接重铺或铣刨后再填补的工程都可以用热再生的方法,因为这可以节约大量的费用。

(2)沥青的老化和裂纹可以使用现场热再生装置。

(3)可以修复基层承载力良好,因面层疲劳而龟裂、车辙、破损的路面。但要注意的是:现场热再生不能修复位于沥青层以下较深位置的伸缩裂纹,也不能纠正任何属于结构上的破坏。

(4)现场热再生可以达到最大深度为 50 mm 的位置,在某种情况下,可以达到更深的再生深度。

(5)可以矫正横断面的不平。

(6)不受大的交通流量的限制。

(7)在实行现场热再生方法前,必须除掉路面上的大量冷混合料补丁——喷涂补丁。

(8)含有矿渣或碎屑橡胶的热沥青混合料可能不适合现场热再生,因为它们具有很差的热传递性。

(9)天冷及雨天时效率将有所降低。

(10)用现场热再生将很难处理急弯,一些交叉角或过渡地带仍然需要先将材料铣刨,将旧料风干后,再利用摊铺机或人工的方法重铺。

(11)现场热再生的优点:能保存集料的完好,保留沥青的组成及性能,100%地利用旧料。而传统的工厂再生法只能利用 40%~50%旧料。新的设备能够产生更高质量的沥青,它和新的沥青混合料具有一样的生命周期,大大节省了开支,交通困扰大大降低,压实不久即可通车。现场热再生施工工艺流程图,如图 5-8 所示。

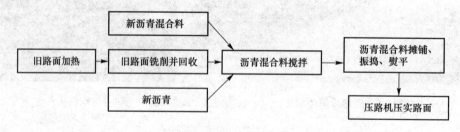

图 5-8 现场热再生施工工艺流程图

3. 厂拌冷再生

厂拌冷再生混合料(图 5-9)主要用作基层或底基层。先将旧沥青混凝土路面材料运回稳定土搅拌厂,经过破碎作为稳定土集料,加入水泥或石灰、粉煤灰、乳化沥青等一种或多种稳定剂和新料(必要时)进行搅拌,然后铺筑于基层或底基层。这项技术不但未充分利用废弃材料中的旧沥青,而且旧沥青还在一定程度上影响混合料的抗压强度,但其生产过程几乎无须专用设备就可实现。对于不能热再生回收的旧料(如改性沥青混合料、老化严重难于再生的混合料），可以有效解决旧料废弃和环境污染等问题。

4. 厂拌热再生

厂拌热再生(图 5-10)技术先将旧沥青混凝土路面铣刨后运回工厂，通过破碎、筛分(必要时)，并根据旧料中沥青含量、沥青老化程度、碎石级配等指标，掺入一定数量的新集料、沥青和再生剂(必要时)进行拌和，使混合料达到规范规定的各项指标，按照与新建沥青混凝土路面完全相同的方法重新铺筑。实践证明，厂拌再生沥青混合料路面能够达到并保持所要求的各项路用性能指标，并且具有更好的抗车辙性能。这种再生方式属于结构性再生，能有效地用于各种条件下旧沥青混凝土路面的再生利用。

厂拌热再生技术的关键是旧沥青混合料的加热问题。目前，现场热拌再生技术是利用红外线加热装置将路面表面以下一定深度范围内的沥青混合料加热到一定温度，使混合料达到可塑状态；厂拌热再生技术主要是通过提高新集料的温度，然后在间歇式拌合仓内将旧料充分混合，从而提升旧料的温度。

图 5-9　厂拌冷再生设备

图 5-10　厂拌热再生设备

5.5.4　同步碎石封层技术

1. 同步碎石封层技术的发展及特点

所谓同步碎石封层，就是用专用设备即同步碎石封层车将碎石及黏结材料(改性沥青或改性乳化沥青)同步铺洒在路面上，通过自然行车碾压形成单层沥青碎石磨耗层，主要作为路面表处层使用。

视频：同步碎石封层技术

同步碎石封层技术最主要的特点：同步碎石封层实质是靠一定厚度的沥青膜黏结的超薄沥青碎石表面处治层，能增加路面抗裂性能、治愈路面龟网裂、减少路面反射裂缝、提高路面防渗水性能，用于道路养护可延长路面使用寿命；同步碎石封层可以大大提高原路面的摩擦系数，即增加路面防滑性能，并使路面平整度得到一定程度的恢复；通过采用局部多层摊铺不同粒径石料的施工方法，同步碎石封层能有效治愈深达 10 cm 以上的车辙、沉陷等病害，这一点是其他养护方法无法比拟的。同步碎石封层技术缩短了胶粘剂喷洒与集料撒布之间的间隔，增加了集料颗粒与胶粘剂的裹覆面积，更易保证它们之间的稳定的比例关系，提高了作业效率，减少了设备配置，降低了施工成本，可以应用于各种等级的沥青路面上。沥青路面经过同步碎石封层处理后，使路面具有良好的抗滑性能和防渗水性能，能有效治愈路面松散、轻微网裂、车辙、沉陷等病害，主要用于道路的预防性养护和修复性养护。

2. 同步碎石封层的主要优点

由于同步碎石封层将胶粘剂喷洒与碎石撒布两道工序集中在一台车上同时完成，可以使碎石颗粒立即与刚喷洒的流动性好的 120 ℃～140 ℃ 的热沥青或乳化沥青相接触，并较深地埋入胶粘剂内，因此同步碎石封层技术具有以下优点：

(1)良好的防水性。同步碎石封层整体力学特征是柔性的，能增加路面抗裂性能、修复路面龟网裂、减少路面反射裂缝，因此提高了路面防渗水性能，若使用聚合物改性沥青则效果更佳。

(2)良好的附着性和防滑性。同步碎石封层中被沥青黏结到路面上的集料仍直接与轮胎接触，其粗糙度增大了与橡胶轮胎之间的摩擦系数，因此可显著提高路面的附着性和防滑性并降低能耗。

(3)良好的耐磨性和耐久性。同步洒铺的碎石和沥青形成沥青结合料，其碎石颗粒以 2/3 的高度陷入沥青，增大了两者的接触面积，并且由于沥青结合料的毛吸引力可以形成一个凹面，该凹面与碎石紧密结合，防止碎石流失，因此，使同步碎石封层具有良好的耐磨性和耐久性，这也是沥青路面采用同步碎石封层技术进行预防性养护或修复性养护、使使用寿命得以延长的重要因素之一。

(4)良好的经济性。同步碎石封层只需要较低的能耗，据测算每平方米沥青路面使用 1.5 kg 沥青、8～12 kg 碎石即可，其成本只有 3 cm 热沥青混合料罩面的 50% 左右，而质量要好于罩面。

(5)同步碎石封层可作为低等级公路的过渡型路面，以缓和公路建设资金暂时不足的问题。

(6)同步碎石封层施工工序简单、施工速度快，可及时限速开放交通，1 h 后可完全开放交通。

无论用于道路养护还是作为过渡型路面，同步碎石封层的性能(使用年限)价格比明显优于其他表面处治方法，可以大大降低道路的维修养护成本。

3. 同步碎石封层采用的材料

同步碎石封层所用原材料主要包括黏结料和碎石两类，其选择需要考虑公路等级、路面类型、交通流量、气候和材料供应能力等各种因素。原材料的选择是实现同步碎石封层优良性能的关键和重要保证，它在很大程度上决定了同步碎石封层设计质量的好坏。

(1)沥青。使用同步碎石封层技术，原则上对沥青的选择和使用无特殊要求。在保证沥青合适的洒布温度、洒布量的前提下，使用普通沥青、重交沥青、乳化沥青、改性沥青都可以获得很好的效果。应注意的是，施工中沥青用量是决定封层质量好坏的一个十分重要的因素。沥青过少时所封层的路面有可能出现严重的碎石脱粒；若过多，则会出现泛油现象。因此，沥青用量要根据交通量、路面状况、施工季节等进行调整，如大交通量的道路用量宜减少 5%～10%，秋季施工用量比夏季应增加 5% 左右。

(2)石料。石料是同步碎石封层的重要组成部分之一，它主要承受车辆的荷载作用，并为行车提供抗滑作用，因而，应选用材质优良的石料。同步碎石封层一般要求使用经过反击破碎(或锤击破碎)所得到的碎石，针片状含量应严格限制在 15% 以下，而且几何尺寸要好,不含杂质和石粉,压碎值不大于14%,并严格经过水洗风干,而对石料酸碱性无特殊的要求。

4. 同步碎石封层施工技术要求

沥青路面的预防性养护和修复性养护一般采用二次封层:第一次用6~10 mm、10~14 mm粗碎石形成骨架;第二次用2~4 mm细碎石嵌缝。两次封层后用轮胎压路机碾压,也可通过自然行车碾压。沥青路面若有10 cm以上的车辙、沉陷等病害,可采用多次封层不同粒径碎石的施工方法。施工前,首先对待施工路段的路面状况、交通量等进行实地勘察。根据检测数据,认真分析并做试验,确定施工方案,其内容包括施工结构选择,沥青和碎石的选用,对车辙、坑槽等病害的预处理等,做好配套机具的调配、组织等工作。

同步碎石封层施工技术要点如下:

(1)选用技术性能先进的同步碎石封层机并保持其良好的技术状态是保证沥青路面同步碎石封层质量和效率的前提和基础,其中包括:结构合理的沥青喷洒装置;保证对沥青喷洒量及均匀性进行精确调节与控制;先进合理的沥青控制系统;精确调节和控制碎石的撒布量及均匀性;沥青喷洒与碎石撒布要保持高度一致。

(2)喷嘴高度不同时喷洒后形成的沥青膜厚度不同(各个喷嘴喷出的扇形雾状沥青的重叠情况不同),因此要通过调整喷嘴高度使沥青膜厚度适宜。

(3)使用改性沥青作为胶粘剂时,为保证雾状喷洒而形成均匀、等厚度的沥青膜,必须保持沥青的温度为160 ℃~170 ℃。

(4)同步碎石封层机应以适宜的作业速度匀速行驶,在此条件下碎石和沥青的洒布率必须匹配。

(5)根据路面平整度和抗滑性能要求,应严格控制所用石料的粒径范围,但考虑到石料的破碎及筛分有一定的困难,针片状石料要限制在15%以内,不含杂质和石粉,压碎值小于14%,要经过水洗、风干。

(6)作为沥青路面表面处理层或磨耗层的同步碎石封层,其平整度和强度必须满足要求。

(7)一般沥青路面预防性养护进行一次同步碎石封层即可。旧沥青路面平整度较差时可选用适宜粒径的粗碎石作为下封层找平,然后用细碎石再做上封层。低等级公路采用同步碎石封层时须两层或三层,各层碎石粒径应互相搭配,以产生嵌挤作用,一般遵循下粗上细的原则。

(8)封层作业前要对原路面进行认真清扫,以免尘土影响沥青的胶粘剂作用发挥。

(9)封层作业过程中要保证有足够数量的轮胎压路机,以便在热沥青温度降低之前或乳化沥青破乳后能及时完成碾压定位工序。

5. 同步碎石封层施工应注意的问题

为了获得满意的同步碎石封层施工效果,需要注意以下几个问题:

(1)准确判断沥青路面损伤的类型与程度,正确选择同步碎石封层施工工艺。

(2)根据交通量、气候和供应条件,合理选择沥青和碎石,并使沥青品质(润湿性、黏结性和内聚性等)与碎石品质(粒度、耐磨性、抗压性和持久性等)之间有良好的相容性。

(3)保持同步碎石封层机和配套机具良好的技术状态,以保证封层施工质量和生产率。

(4)在施工工艺及技术规范所允许的范围内正确调整和操作同步碎石封层机及其他机具。必须进行试封层,并依此对选择的技术参数做必要的修正。

5.5.5 雾封层及沥再生技术

1. 雾封层技术

视频：雾封层及沥再生技术

雾封层就是利用专用雾封层洒布车在沥青面层上喷洒一层薄薄的、高渗透性乳化沥青或改性乳化沥青，以形成一层严密的防水层将路面封闭，起到隔水、防渗、保护路面功能的作用，能够最大限度地减少路面的水损坏造成的不利影响，加大沥青路面集料间的黏结力，由此达到延长路面使用寿命和节约养护资金的目的。雾封层采用沥青洒布车一次性施工，为一超薄喷洒层，要求喷洒层与下面层接触紧密、均匀，并具有良好的抗磨耗能力。雾封层一般用于轻度到中度细料损失或松散的道路，对于开级配混合料出现松散时，雾封层可有效解决，无论低交通量道路还是高交通量道路均可使用雾封层。

当沥青路面正常使用几年后，路面开始出现轻微疲劳龟裂、损失细集料的现象，并且其渗水性大大提高，路面水会经过裂缝或细集料损伤处（露骨处）进入到沥青混合料中，这进一步加速了路面的损坏。在这一时期，路面处于基本完好时期，如果不进行及时处理，会导致网裂、龟裂、坑洞等路面破坏。这一阶段，最有效的方法是使用"雾封层技术"。经雾封层后，由于所用材料流动性比较大，可渗入到集料缝中、裂缝中，对路面"输血"，从而恢复路表沥青黏附力，填补微小裂缝和空隙，更新和保护旧氧化沥青路面，防止路表水下渗，使低温下的路面免受损害，加深沥青路面的颜色，加大沥青路面与标线的对比度，防止开级配路面的松散，将路面性能维持2～3年时间，推迟造价更高的养护工程，提高道路的经济效益。雾封层所使用的材料一般为乳化沥青和水，有时可以添加一定比例的添加剂。

雾封层技术主要用来处理沥青路面的渗水问题；沥青路面的绝大多数病害都是由于水的原因造成的，有效地预防路面进水是非常必需的，而路面雾封层技术是一种很直接、有效和经济的预防性养护措施。

(1) 雾封层的适用范围。

1) 更新和保护旧氧化沥青路面。
2) 填补小型裂缝和表面空隙。
3) 使低温下的路面免受损害。
4) 防止石屑封层的松散。
5) 加深新石屑封层的颜色。
6) 防止开级配路面的松散。
7) 保持和维护重交通道路的路肩。

(2) 雾封层施工技术要点。

1) 雾封层采用沥青洒布车一次性施工，在路面表面形成一超薄喷洒层，要求喷洒层与下面层接触紧密、均匀，并具有良好的抗磨耗能力。

2) 将已经按要求在施工前 24 h 内稀释的乳化沥青装进沥青洒布机的储存罐内。

3) 保持洒布车辆的匀速行驶，开动开关，喷洒乳化沥青。喷洒中控制洒布量，雾封层的一般喷洒量为 $0.23\sim0.45 \text{ L/m}^2$。

雾封层刚刚喷洒后路面呈现咖啡褐色，随着乳化沥青破乳，路面开始变黑，说明雾封层已经进入硬化阶段，待完全硬化后，路面就会黝黑得犹如新铺的路面一样。

2. 沥再生技术

沥再生具有轻微的挥发性气味，为黑色油状液体，是一种用于沥青路面的三合一维护剂。其主要成分为 35%～50% 的煤焦油、32%～42% 的石油蒸馏液和 15%～40% 的三合一煤焦油再生剂（人造树脂石油乳剂、经提炼的煤焦油和主要由煤焦、煤焦油、石油溶剂合成的渗透剂）。

沥再生作为一种预防性的沥青路面维护产品，彻底改变了以往路面养护维修的老观念，在路面未出现病害时即对路面进行一定的保养，使沥青路面长期处于较佳的使用状态，保持柔性路面所特有的良好的弹性及柔韧性，是一直所追求的养护目的和养护效果，是路面养护工作的一大突破。

(1) 沥再生的特点。沥再生是一种极其高效的具有渗透性的沥青再生密封剂。其特点主要如下：

1) 具有抵抗汽油、防水、防化学品侵蚀和抵抗其他损害性杂质影响的特性。它能在沥青路表面形成密封层，抵御水、阳光、化学物品等对沥青路面的侵蚀。

2) 具有不改变沥青表面结构就能起到密封和再生作用的特性。将其涂刷于路面表层后，路面被黝黑的沥再生覆盖，一个月后沥再生的渗透深度可达 1.5 cm 以上，与原沥青结构层融为一体，补充沥青所需的极性物质，恢复老化沥青活性，起到再生作用，从而缓解了路面的硬化脆裂程度，恢复路面的弹性、柔韧性和黏结力。

3) 沥再生具有较强的温度适用性、抗腐蚀能力和耐久性，且基本不影响路面的抗滑性能，是一种充满活性的，能渗透沥青表层并将沥青激活的结合剂，应用沥再生使路面长期处于较佳的工作状态。能渗透到沥青表层，变成沥青层整体的一部分，与之共同收缩和膨胀，不像普通表面密封剂那样易于剥落、开裂和脱层，因而，具有较强的温度适应性、耐久性。它可使沥青路面表层约 15 mm 厚的沥青的硬化程度和脆性显著降低，从而增强路面的柔韧性和弹性。

(2) 沥再生的使用范围。沥青路面在其寿命周期内可分为 3 个阶段：建成投入使用开始，沥青逐渐被老化、损耗，这一阶段为病害萌芽期；沥青路面出现微小裂缝、小坑槽或蜕皮现象，这一阶段为病害前期；路面出现较大面积的裂缝，并贯通形成龟裂，最终出现结构问题，这一阶段为病害后期。沥再生是一种预防性的沥青路面维护产品，它应该在沥青路面裂缝<5 mm 时使用，能达到预期效果；当沥青路面裂缝时，须对裂缝采用填补剂处理后再使用沥再生，即应在沥青路面处于病害前期或更前时使用为最佳时期。沥再生改变了以往等沥青路面出现病害，影响使用功能后再进行养护维修的观念，而在路面未出现病害或刚出现轻微病害时即对路面进行保养，使其恢复新路面的弹性和柔韧性，使路面长期处于较佳的使用状态。

(3) 沥再生施工技术要点。

1) 施工前的准备。必须在施工 2 d 前将道路表面的尘土和其他杂质清洗干净，并将其吹干。

2) 气候条件。沥再生必须在路面保持干燥和表面温度为 10 ℃ 以上时操作，换而言之，在雨天或雨后不宜对沥青路面涂刷沥再生。

5.5.6 薄层罩面技术

薄层罩面作为一项预防性养护技术，给原沥青路面提供了一个崭新

视频：薄层罩面技术

的表面，使原沥青路面的平整度大大增加，减小了行车的振动，减少了行车对路面的激振破坏并增加了行车的舒适性；恢复了表面粗糙度，使抗滑能力提高，增加了行车的安全性；使路面原有的许多表面破坏，如坑洞、裂缝、辙槽等都得到了一定程度的治理，并延长了路面使用寿命。

在我国养护规范中，薄层罩面适用于路面平整度较差、辙槽深度小于 10 mm、路面无结构性破坏，为提高路面表面层服务功能的养护维修措施，也适用于新建公路的磨耗层。薄层罩面的代表厚度为 15~30 mm，一般为 20 mm 左右，在局部面积上可以铺得较厚，混合料宜选用间断级配、改性沥青或其他添加剂，以提高罩面层的水稳性。罩面层的厚度应根据路面的等级、交通量的大小、道路等级、道路的功能要求等综合确定，用于重点解决路面的轻微网裂，透水时可选用较薄的罩面层；对路面破损、平整度、抗滑三项性能需要改善时，应采用较厚的罩面层；各类型的罩面厚度不应小于最小施工结构层厚度，主要解决抗滑问题时高等级公路的罩面层不得小于 2.5 cm 薄层罩面的问题。

薄层罩面用于沥青路面的预防性养护，主要优点：服务寿命延长；能承受重载交通和高剪应力；表面平整性能好；可被铺成需要的厚度、纵坡度和横坡度及中断交通时间短。

薄层罩面按照实施方法的不同可分为冷薄层罩面和热薄层罩面两类。

1. 冷薄层罩面

冷薄层罩面就是将乳化沥青或者改性乳化沥青和砂石材料在常温下拌和均匀、摊铺、压实的一种工艺。其具有以下优点：

(1) 节约能量。由于混合料拌和时砂石料不需要加热，因而可以节省大量的燃料，虽然生产乳化沥青也需要将沥青和水加热，但所消耗的热能与加热混合料的消耗的能源相比差异明显。

(2) 延长施工季节。在潮湿的雨季和阴冷的秋冬季节，沥青路面常易出现病害，可以在发现病害后及时处理，不必等到夏季高温季节再进行处置，从而争取了施工时间，带来了长远收益。

(3) 节省沥青用量。阳离子乳化沥青与石料有良好的黏附性，沥青用量可以减少 10%~20%。

(4) 减少污染，保护环境。乳化沥青混合料拌和、生产在常温下进行，因而没有烟气和粉尘排放，对环境不会造成危害。

2. 热薄层罩面

热薄层罩面是一种很早采用的传统预防性养护方法，它是在原有路面上加铺一层厚度不超过 2.5 cm 的热拌沥青混合料。热薄层罩面可以有效地防止品质正在下降的路面继续恶化，改善路面平整度，恢复路表面的抗滑阻力，校正路面的轮廓，对路面也有一定的补强作用。按热薄沥青混凝土面层的厚度，可将其分为三种，即薄沥青混凝土面层 25~30 mm，很薄沥青混凝土面层 20~25 mm，超薄沥青混凝土面层 15~20 mm。在施工工艺方面，薄层罩面施工中最大的困难是由于层面较薄容易冷却又不宜使用振动压路机，因而不易达到较高的密实度。为了适应薄层路面快速压实的需要，近些年来出现了某些专为压实薄层路面而设计的高频振动压路机，此类振动压路机的振幅极低，只有 0.2 mm 左右，但频率高达 70 Hz 左右，可以说是施工机械上的改观；在材料方面，采用改性沥青作为胶粘剂铺筑的薄层罩面在耐久性和抗滑性能方面均优于普通沥青。因此，正确设计混合料、控制温度及碾压工艺和选择压路机显得尤为重要。

热薄层罩面具有的特点：服务寿命长；使用性能好，能承受重载交通；具有平整的、抗滑性能好的表面；铺筑厚度、纵坡和横坡可以根据需要随时调整并压实成平整、耐久的表面层；改善了原路面的外观。热薄层沥青混凝土罩面技术是一种经济适用的沥青路面修补技术，同时，也可用于新建的沥青路面表面的抗滑磨耗层，广泛应用在沥青路面的预防性养护或者中修养护中。目前，热薄层罩面技术中主要是热拌密实型沥青混合料 AC 加铺层、沥青玛琋脂碎石结合料 SMA、多碎石沥青混凝土 SAC、橡胶沥青混合料罩面等。在进行材料选择时，沥青混合料的热稳定性和不透水性成为薄层罩面选型考虑的焦点。比较各种沥青混合料的技术性能、各自特点及适用性确定混合料类型，设计时要注意对级配进行必要的调整，以保证将来的施工质量，石料的选材可根据混合料类型来确定，如果是 SMA 应采用玄武岩，如果采用其他混合料类型也可以使用优质石灰岩。

(1) 设计中对罩面结构的主要技术性能要求。

1) 表面抗滑性。特征指标是构造深度，可以从集料的选择和级配组成设计入手，严格要求石料的磨光值、针片状含量、压碎值、磨耗值等指标，以提高面层抗滑性能，达到高速公路的技术要求。

2) 高温稳定性。要求采用优质改性沥青和优质矿料拌制的高性能沥青混凝土，其特征指标为动稳定度和永久变形能力。

3) 抗水损害能力。评价罩面层混合料水稳定性的特征指标有黏附性、浸水马歇尔强度比(残留稳定度)等，必要时采取一定的抗剥离措施。

4) 防止泛油。沥青路面的泛油，将影响路面的使用性能，降低抗滑性能，并引起其他路面病害的产生，在设计和施工中应严格控制用油量。

(2) 热薄层罩面的类型。

1) 热拌密实型沥青混合料 AC 罩面。密级配沥青混凝土 AC 属于典型的悬浮—密实结构，这种结构中细集料胶浆含量多且致密，反映在力学性能上即为马歇尔稳定度较高，同时密水性好、工程造价相对较低，施工工艺比较成熟，是罩面工程中经常采用的措施，常见的级配有 AC-13、AC-16。但是，这种材料抵抗早期损坏和高温车辙的能力相当弱，且表面较为光滑，高速行车下易使汽车发生漂滑现象，对交通安全危害大，特别是在超重载路段上表现如下：

① 表面抗滑能力较差。

② 在高温条件下稳定性较差，抗车辙能力不足。

③ 路面低温抗裂性能差，反射裂缝、疲劳裂缝严重。

④ 路面使用寿命较短，造成频繁罩面，从而增加总体投资。

对于有特殊要求的路段，不宜采用 AC 罩面，应该按照使用功能要求分段设计。以松散、坑槽等水损病害为主，应选择密级配 AC-16 型沥青混合料。

2) 沥青玛琋脂碎石混合料 SMA 薄层罩面。沥青玛琋脂碎石混合料(Stone Mastic Asphalt，SMA)，是一种由沥青、纤维稳定剂、矿粉及少量的细集料组成的沥青玛琋脂填充间断级配的粗集料骨架间隙而形成的沥青混合料，它是最适合于罩面工程的材料。在高温情况下，占 70% 以上的粗集料骨架承受交通荷载，粗颗粒之间相互良好的嵌挤作用使得沥青混合料产生非常好的抗荷载变形的能力，即使玛琋脂的黏度降低，也不会影响骨架承载能力，因而，抗车辙能力非常显著。在低温下，抗裂性能由结合料的拉伸性能决定，SMA 中填充空隙的玛琋脂具有较好的黏结作用，尤其是使用改性的沥青材料，玛琋脂的韧性和柔性会更加明显,从而使混合料具有良好的低温抗变形能力。

另外,SMA 罩面还具有表面构造深度大、抗滑性能好、耐磨耗、良好的水稳定性、耐久性等特点,SMA 中的沥青用量较多,施工中不易离析,易于压实,减少了施工难度。在等级高、交通量大、重载车辆多且使用条件恶劣的公路中通常采用 SMA 进行罩面,以延缓路面的使用寿命,改善路面的使用性能。若使用改性沥青作为胶结料,则 SMA 改性沥青混合料适用于很多病害种类,但是其造价较高,通常应用于病害较严重的地段。

3)多碎石沥青混凝土 SAC 罩面。为使路表面具有良好的高温稳定性和表面构造深度,在密级配沥青混合料的矿料组成中增加碎石(粗集料)含量,减少细集料含量,为控制空隙率过大同时增加填料含量,这样的间断级配的结构就是多碎石沥青混凝土 SAC。在 SAC 结构中由于粗集料含量多,因而多碎石沥青混凝土在水稳定性、高温稳定性、摩擦系数和构造深度等方面表现出较好的性能。

多碎石沥青混凝土 SAC 作为高等级公路沥青路面的上面层,既要具备良好的密实性以防水,又要有一定的构造深度以防滑。采用 SAC 结构铺筑高等级公路抗滑表层比较经济适用,其特点是属于间断密实级配,设计空隙率为 3%～4%,表面构造深度为 0.18～1.12 mm,对原材料技术指标的要求低于 SMA 结构,可以在满足路用性能的基础上同时达到降低工程造价的目的。SAC-10 是一种小粒径、多碎石、粗集料断级配密实型沥青混合料,一般的摊铺厚度为 15～25 mm,用于沥青路面表面功能的恢复,主要是抗滑性能的恢复,具有构造深度大,抗滑性能好,行车噪声低的特性,同时由于厚度较薄,造价低;解决以磨光、泛油等影响路面抗滑性能的病害为主,否则罩面沥青混合料应选择多碎石 SAC-16 型;以车辙、波浪拥包等变形类病害为主,应选择改良的多碎石 SAC-16 型。

项目6　水泥混凝土路面养护

重点内容

本项目主要讲述了水泥混凝土路面的特点，日常养护的内容、要求，以及水泥混凝土路面常见病害和成因，同时讲述了病害处治措施及其修复措施。

学习要求

通过学习能进行水泥混凝土路面病害调查，并能分析判断病害原因，根据病害原因能制订出切实可行的养护处治方案。

6.1　概述

视频：水泥混凝土
路面养护概述

6.1.1　水泥混凝土路面的分类

水泥混凝土路是高级路面，它由混凝土面板和基层、垫层组成。根据材料的要求、组成及施工工艺的不同，水泥混凝土路面包括普通混凝土、钢筋混凝土、连续配筋混凝土、预应力混凝土、装配式混凝土和钢纤维混凝土等。目前采用最广泛的是就地浇筑的普通混凝土路面，简称混凝土路面。所谓普通混凝土路面，是指除接缝区和局部范围（边和角隅）外不配置钢筋的混凝土路面。

6.1.2　水泥混凝土路面的特点

与其他类型路面相比，水泥混凝土路面具有以下优点：

(1)强度高。水泥混凝土路面具有很高的抗压强度和较高的抗弯拉强度及抗磨耗能力。

(2)稳定性好。水泥混凝土路面的水稳性、热稳性均较好，特别是它的强度能随着时间的延长而逐渐提高，不存在沥青路面的那种"老化"现象。

(3)耐久性好。由于水泥混凝土路面的强度和稳定性好，因此它经久耐用，一般能使用20~40年，而且它能通行包括履带式车辆等在内的各种运输工具。

(4)有利于夜间行车。混凝土路面色泽鲜明，能见度好，对夜间行车有利。

但是，水泥混凝土路面也存在一些缺点，主要有以下几个方面：

(1)对水泥和水的需要量大。修筑0.2 m厚、7 m宽的混凝土路面，每1 000 m要耗费水泥400~500 t，水约250 t，还不包括养护用的水在内，这对水泥供应不足和缺水地区带来较大困难。

(2)有接缝。一般水泥混凝土路面要建造许多接缝，这些接缝不但增加了施工和养护的复杂性，而且容易引起行车跳动，影响行车的舒适性，接缝又是路面的薄弱点，如处理不当将导致路面板边和板角处破坏。

(3)开放交通较迟。一般水泥混凝土路面完工后，要过 28 d 的潮湿养护才能开放交通，如需提早开放交通，则需采取特殊措施。

(4)修复困难。水泥混凝土路面损坏后，开挖很困难，修补工作量也大，且影响交通。

6.2 水泥混凝土路面状况调查与评定

视频：水泥混凝土路面状况的调查和评定

水泥混凝土路面使用性能随着使用年限的增加而逐渐衰退，因此，养护部门应定期组织专业技术人员对路面使用状况进行评定。路面调查的目的：运用各种仪器设备对路面状况各种指标进行检测，了解当时路面状况，以便选择相应的养护措施，制定养护政策，规划养护工程项目，编制养护计划；为建立路面管理系统积累数据，以便进行科学管理。

6.2.1 路面状况调查

1. 路面状况调查内容

路面状况调查内容包括路面破损状况、路面结构承载能力、路面行驶质量、路面抗滑能力、交通状况(包括车辆组成和轴载)、路基和路面排水状况、路面修建和养护历史七项内容。按调查需求和路面状况的不同，分别选择不同的调查内容和调查深度，采用不同的评定指标和标准。

目前，水泥混凝土路面调查内容主要是路面破损状况调查、路面行驶质量调查、路面抗滑能力调查、路面结构承载能力调查。

(1)路面破损状况调查。按水泥混凝土路面病害分类，对每个路段的各类病害进行现场识别和记录。路面病害调查是水泥混凝土路面调查的主要内容。

(2)路面行驶质量调查。采用断面类或反应类平整度仪，测定各路段的平整度指标，并将其转化成国际平整度指数。

(3)路面抗滑能力调查。采用抗滑系数测定仪测定各路段路面与轮胎之间的摩擦系数或横向力系数，或者采用铺砂法测定各路段的抗滑构造深度。

(4)路面结构承载能力调查。路面结构整体强度的调查包含两项内容：一是调查路面板混凝土的实际强度和厚度，可采取钻芯进行劈裂(或抗压)试验，然后换算成抗折强度；二是采用落锤式弯沉仪或贝克曼梁检测板块边角弯沉。板块边角弯沉与板厚、水泥混凝土的弹性模量、基层类型厚度、板底支撑情况等均有关系，可综合反映路面结构总体强度。

2. 路面状况调查频率

病害调查、平整度调查应当每年进行 1 次。路面板混凝土的实际强度通过钻芯检测调查，仅在拟加铺路段或必要时进行。抗滑能力调查，高速公路和一级公路应当每 2 年进行 1 次，一般公路仅在必要时进行调查。

当路面调查仅是为了了解和评价路网状况以制定养护政策、分配养护资金、规划养护工程项目或编制养护工程计划时，除特别重要的线路外，一般可按水泥混凝土路面里程数的10%～20%(每500～1 000 m抽查100 m)进行抽样调查。

3. 路面状况调查方法

(1)病害数据采集小组。外业调查宜按每50～100 km作为一个调查区段,由一个数据采集小组完成调查。每个小组由技术人员2人、安全维护人员2人和辅助人员2人共6人组成。技术人员负责对病害情况进行判读和记录,安全维护人员负责指挥两个方向的车辆交通,确保外业调查的便利和安全,辅助人员负责拉尺量测桩号。

(2)外业数据采集方法。对右侧车道100 m长度范围实行交通封闭,安全维护人员应站在封闭路段两端,面朝来车方向,用停车牌等工具指挥车辆暂停或慢行通过。调查人员顺桩号沿封闭车道行进,边走边判断路面的病害类型和分级,两个技术人员一个主要负责搜寻和判读病害,另一个主要负责记录并协助搜寻和判读病害。各种病害按"水泥混凝土路面病害调查记录图符及记录代号"在原始记录表上进行记录,记录表应采用"水泥混凝土路面病害调查原始记录表"。在上路调查过程中,外业数据采集小组全体人员必须穿着醒目的安全标志服,并且任何时候不得越过中线进入放行车道进行病害观察,以防止发生意外。

(3)外业数据的抽查复核。各调查小组的上级管理单位应对外业调查资料按10%的比例进行抽查。当抽查路段(一般为1 km)裂板率相对误差<5%并且坏板率相对误差<10%时为合格。当有一个抽查路段不合格时,应当对该路段两端各5 km返工重新调查;当有两个及以上抽查路段不合格时,应对该外业数据采集小组调查的50 km全部返工重新调查。

(4)资料汇总和整理。外业调查原始资料按路段进行汇总和计算病害指标。路段长度一般为1 km,按整桩号划分;当路面宽度、面层结构、基层结构、施工年份或管养单位有变化时,应在变化点处划分路段。

6.2.2 水泥混凝土路面状况评定

路面状况评定采用路面使用性能(PQI)指标进行。其包括路面损坏、平整度、抗滑性能三项内容。在计算时,按式(6-1)取加权值:

$$PQI = w_{PCI}PCI + w_{RQI}RQI + w_{SRI}SRI \tag{6-1}$$

式中 w_{PCI}——路面损坏PCI在PQI中的权重,按表6-1取值;

w_{RQI}——平整度RQI在PQI中的权重,按表6-1取值;

w_{SRI}——抗滑性能SRI在PQI中的权重,按表6-1取值。

表6-1 PQI分项指标权重

路面类型	权重	高速公路、一级公路	二、三、四级公路
水泥混凝土路面	w_{PCI}	0.5	0.6
	w_{RQI}	0.4	0.4
	w_{SRI}	0.1	—

1. 路面损坏

(1)路面损坏状况指数(PCI)。路面损坏用PCI评价,PCI按式(6-2)计算。

$$PCI = 100 - \alpha_0 DP^{\alpha_1} \tag{6-2}$$

$$DR = 100 \times \frac{\sum_{i=1}^{i_0} w_i A_i}{A}$$

式中 DR——路面破损率为各种损坏的折合损坏面积之和与路面调查面积之百分比(%);

A_i——第 i 类路面损坏的面积(m^2);

A——调查的路面面积(调查长度与有效路面宽度之积,m^2);

w_i——第 i 类路面损坏的权重,水泥混凝土路面按表6-2取值;

a_0——沥青路面采用15.00,水泥混凝土路面采用10.66,砂石路面采用10.10;

a_i——沥青路面采用0.412,水泥混凝土路面采用0.461,砂石路面采用0.487;

i——考虑损坏程度(轻、中、重)的第 i 项路面损坏类型;

i_0——含损坏程度(轻、中、重)的损坏类型总数,沥青路面取21,水泥混凝土路面取20,砂石路面取6。

(2)路面破损状况评价标准。根据路面破损情况,可将路面分为优、良、中、次、差五个等级。评价标准见表6-3。PCI与DR的对应关系见表6-4。

表6-2 水泥混凝土路面损坏类型和权重

类型 i	损坏名称	损坏程度	权重 w_i	计量单位
1	破碎板	轻	0.8	面积 m^2
2		重	1	
3	裂缝	轻	0.6	长度 m
4		中	0.8	(影响宽度:1.0 m)
5		重	1	
6	板角断裂	轻	0.6	面积 m^2
7		中	0.8	
8		重	1	
9	错台	轻	0.6	长度 m
10		重	1	(影响宽度:1.0 m)
11	唧泥		1	长度 m (影响宽度:1.0 m)
12	边角剥落	轻	0.6	长度 m (影响宽度:1.0 m)
13		中	0.8	
14		重	1	
15	接缝料损坏	轻	0.4	长度 m
16		重	0.6	(影响宽度:1.0 m)
17	坑洞		1	面积 m^2
18	拱起		1	面积 m^2
19	露骨		0.3	面积 m^2
20	修补		0.1	面积 m^2

表6-3 路面破损状况评价标准

评定等级	优	良	中	次	差
路面状况指数 PCI	≥90	≥80,<90	≥70,<80	≥60,<70	<60

表 6-4 PCI 与 DR 的对应关系

PCI	90	80	70	60
DR(水泥路面)	0.8	4	9.5	18

2. 路面行驶质量

(1)路面行驶质量指数 RQI。路面平整度用路面行驶质量指数(RQI)评价，按式(6-3)计算：

$$RQI = \frac{100}{1+\alpha e^{\alpha_i IRI}} \qquad (6-3)$$

式中　IRI——国际平整度指数(International Roughness Index，m/km)；
　　　α——高速公路和一级公路采用 0.026，其他等级公路采用 0.018 5；
　　　α_i——高速公路和一级公路采用 0.65，其他等级公路采用 0.58。

(2)路面行驶质量分为五个等级，各个等级的行驶质量等级评价标准参见表 6-5。

表 6-5 路面行驶质量的评价标准

评定等级	优	良	中	次	差
行驶质量指数 RQI	≥90	≥80，＜90	≥70，＜80	≥60，＜70	＜60

3. 路面抗滑性能

路面抗滑性能用路面抗滑性能指数(SRI)评价。路面抗滑性能评价标准参见表 6-6。

表 6-6 路面抗滑性能评价标准

评定等级	优	良	中	次	差
抗滑性能指数 SRI	≥90	≥80，＜90	≥70，＜80	≥60，＜70	＜60
横向力系数 SFC	≥48	≥40，＜48	≥33.5，＜40	≥27.5，＜33.5	＜27.5

6.3 水泥混凝土路面日常养护

视频：水泥混凝土路面日常养护

公路使用寿命的长短，除建设中的质量问题外，在很大程度上取决于养护工作的好坏。水泥混凝土路面作为高级路面，虽然具有使用周期长、养护工作量小、耐久性好的特点，但一旦开始破坏，其破损就会迅速发展，且修补较其他路面困难。因此，必须在对水泥混凝土路面进行经常性认真检查的基础上，及时发现存在的问题和缺陷，采取有效的技术措施，做好预防性、经常性养护，保证路面处于完好状态，充分发挥水泥混凝土路面使用寿命长的特点。

6.3.1 水泥混凝土路面日常巡查

水泥混凝土路面在行车和自然因素的不断作用下，由正常使用到破损，其初期有一个逐渐的变化过程。养护工人在巡查中，通过直接观察或简单的量测工具(如手锤、钢卷尺、3 m 直尺等)能及时发现这一变化。如水泥混凝土板块出现错台，填缝料脱落，车辆通过时接缝喷水或冒浆等，均是病害产生的特征。巡查时对此应做好记录，逐级上报。当破损量大、破损状况发展迅速时，应专题上报，供上级制订养护维修方案使用。

1. 巡查的目的

(1)发现路面的破损情况和结构物的损坏情况。

(2)发现并清除道路上影响交通的障碍物。

(3)检查排水系统是否完好畅通。若阻塞，则及时采取措施疏通。

(4)掌握养护工作的实施情况及工程质量。

2. 巡查的种类

巡查可分为日常巡查和特殊巡查。

(1)日常巡查是对水泥混凝土路面外观状况进行的日常巡视检查。日常巡查由养护班组进行，每天一次，主要检查拱起、沉陷、错台等病害，以及路面油污、积水、结冰等诱发病害的因素和可能妨碍交通的路障。

1)巡查频率应不小于 1 次/d。雨季、冰冻季节和遇台风暴雨等灾害性气候，应加强日常巡查工作。

2)日常巡查可以车行为主，采用观察、目测及人工计量，定性与定量观测相结合，重要情况应予摄影或摄像。

3)发现妨碍交通的路障应及时清除，一时无法清除的，应采取相应的安全措施。

4)日常巡查结果应及时做好记录。

(2)特殊巡查一般是指台风、暴雨、大雪、大雾、地震等可能危害道路交通安全时进行的巡查，如雨前、雨中、雨后查路即是特殊巡查。特殊巡查可由班组进行，也可由上级部门组织进行。

6.3.2 水泥混凝土路面清扫保洁

水泥混凝土路面的清扫是为了维护路面的使用功能、保持路容路貌整洁、保护沿线环境、保证车辆安全。汽车在行驶过程中可能将泥土、灰尘、石子或其他硬质物体带上公路，污染水泥混凝土路面，甚至造成飞石伤人。路面上散落的石子或其他硬质物在行车的作用下会破坏路表结构，其嵌入路面接缝时会使混凝土路面板块伸缩缝丧失功能，因此要经常保持水泥混凝土路面整洁，清除路面上的泥土、污物、石子及其他硬质物。清扫的主要范围包括行车道、人行道、中央分隔带、隧道、桥梁伸缩缝、交通标志等附属设施。

1. 水泥混凝土路面保洁方式

水泥混凝土路面可采用人工保洁、机械保洁或人工保洁结合机械保洁三种方式。

(1)高等级公路路面保洁。高速公路、一级公路和交通繁忙的其他等级公路，其水泥混凝土路面保洁多采用机械作业，机械清扫不到的死角辅以人工清扫干净。采用机械清扫时，应根据作业路段、作业面积、作业要求，拟定行驶路线，保证机械使用效率。

(2)交通量小的水泥混凝土路面保洁。交通量小的二级(含二级以下)公路水泥混凝土路面，可采用人工清扫，根据情况逐渐过渡为机械清扫。人工清扫时，应注意以下问题：

1)采取人工清扫时，应穿着安全标志服，清扫时应面向来车并避让行车，以保证安全作业。

2)人工清扫应根据不同路段路面污染状况，确定相应的清扫次数。对交通量大、污染快的城市近郊区、不同路面连接处、平交道口及保洁有特殊要求的路段，应适当增加清扫人员、增加清扫次数。

(3)保洁作业安排。无论机械或人工清扫，均宜避开交通量高峰时段，即交通量大时可利用清晨或夜晚进行。清扫时，不得污染环境和危及行车安全，清扫后的垃圾应运至指定地点进行处理。

2. 水泥混凝土路面油污、化学药品污染的清除

路面被油类物质或化学药品污染时，应及时清洗干净，以防止污染和损害路面。其清除作业如下：

(1)油类清洗。当油类洒落路面面积较大时，要迅速撒砂，以防车辆出现滑溜事故，然后在交通量较少时用水冲洗干净。

(2)化学物品清洗。化学物品洒落路面后，有时必须采用相应的中和剂进行化学处理，经处理后再用水清洗干净。

(3)路面清洗的注意事项。一般性污染，应在交通量小的时候进行清洗；对突发事故造成的油类洒落，一定要及时处理，不得污染环境。

对于清洗作业速度、喷水压力、用水量，要预先试验确定。

冬季清洗时，如气温在0℃以下，则路面有结冰的危险，应力求避免。

6.3.3 水泥混凝土路面接缝养护

水泥混凝土路面接缝养护质量的优劣，直接影响水泥混凝土路面的使用周期和使用功能。如果接缝失养，往往导致水泥混凝土板块唧泥、脱空、胀裂、接缝剥落、错台等病害。水泥混凝土路面的接缝可分为纵缝、横缝两大类。纵缝是与路线中线平行的缝，一般可分为纵向缩缝和纵向施工缝，横缝一般可分为横向缩缝、胀缝和横向施工缝。

1. 对接缝养护的要求

(1)防止硬质杂物落入接缝缝隙内，妨碍混凝土板块伸长而造成接缝损坏。

(2)防止雨水侵入缝隙内软化路基，导致混凝土板块损坏。

(3)保持接缝料饱满、密实、黏结牢固，从而保证接缝完好、表面平顺、不渗水。

2. 填缝料的周期性和日常性更换及施工工艺

(1)填缝料日常性更换。当填缝料发生局部脱落、缺失损坏时，应当及时填补更换，这是一项经常性的养护工作。

(2)填缝料更换的周期。填缝料何时更换，主要取决于填缝料自身的寿命与施工质量，以及路面条件。从我国目前填缝料研制和使用的状况来看，填缝料的使用周期一般在三年左右。

(3)更换填缝料的施工工艺。

1)材料及机具准备。

2)清除接缝内杂物。

3)灌缝。

4)待灌缝料冷却后，将缝两侧撒落的灌缝料及滑石粉、砂或泥浆等材料清除干净。

6.3.4 水泥混凝土路面排水设施养护

水泥混凝土路面若排水不好，水渗透入路面基层及路基后，将软化路面基层及路基，使混凝土板块下形成唧泥，产生脱空，从而导致混凝土板块破坏。另外，水泥混凝土路面积水形成水膜，影响行车安全，故必须对其进行妥善的日常养护，保证排水系统的排水功能。

水泥混凝土路面、路肩、中央分隔带、边沟、边坡、截水沟、排水沟等组成地面排水系统。对排水系统养护提出如下要求：

(1)对路面排水设施，应进行经常性的巡查和重点检查，发现损坏及时修复，发现堵塞立即疏通，发现路段积水及时排出。

(2)应坚持雨前、雨中、雨后上路检查制度。雨天重点检查有超高路段的中央分隔带纵向排水沟、横向排水管、雨水井、集水井等的排水情况。

(3)保持路面横坡及路面平整度。当快车道是水泥混凝土路面，慢车道或非机动车道是沥青路面时，应保持沥青路面横坡大于水泥混凝土路面横坡。

(4)保持路肩横坡大于路面横坡，并且保持横坡顺适，土路肩应定期铲路肩，及时修复路肩缺口。

(5)清除路肩杂草、污物，疏通路肩排水设施和中央分隔带排水设施，同时定期清除雨水井、集水井的沉积物。

(6)保持排水构造物的完好，发现损坏应及时安排修复，修复宜采用与原构造物相同的材料。

(7)对路面板裂缝应进行封闭，对路面接缝、路肩接缝及路缘石与路面接缝出现接缝变宽渗水时，应进行填缝处理。

(8)地下水常以毛细水、结合水、气态水和游离水形式存在于土和粒料路面材料内，存在于路面基层、垫层和土基内的游离水会使材料的强度降低，产生唧泥和造成路面冻胀破坏。

6.3.5 水泥混凝土路面冬季养护

在冰冻地区或冬季公路上，常常积冰、积雪，导致路面太滑而经常发生交通事故。冰雪水渗入路面以下，常引发冻融病害，从而破坏水泥混凝土路面。因此，对冰雪地区加强路基和水泥混凝土路面的冬季养护十分必要。

1. 冬季水泥混凝土路面养护要求

(1)路基养护要求：保证路基排水畅通，保持边坡完好，以利于冰雪融化后水顺利排出路基以外。

(2)路面养护重求：除冰、防滑。养护作业的关键部位是桥面、坡道、弯道及其他严重危害行车安全的路段。

2. 冬季养护的方法及施工工艺

(1)清除路面冰雪主要采用下列四种方法：

1)机械清理。

2)化学处理。

3)路面加热。

4)减少冰与路面的黏着力。

目前，前两种方法使用较为广泛。

(2)除雪、除冰、防滑,要根据气象资料、沿线条件、降雪量、积雪深度、危害交通范围等条件,制订作业计划。对于高速公路及冰雪期较长路段的养护管理部门,还要加强与气象部门的联系,广泛收集气象资料,做好信息预报。

(3)冰雪期前要做好专用机械驾驶、操作人员的培训,做好机械设备、作业工具、防冻、防滑材料的准备工作。

(4)除雪工作应力求在雪刚落时即开始清扫,不使它形成大量堆积。

(5)路面积雪后要及时清除,防止路面积雪被压实后变成冰,导致清除困难。除雪作业应以清除新雪为主,化雪时应及时清除薄冰。

(6)清雪质量受温度影响较大,抓住有利时机融雪非常重要。

(7)除冰作业时应防止破坏路面,除冰困难的路段应以防滑措施为主,除冰为辅,以提高养护作业效率。

(8)路面防滑的主要措施有以下几种:

1)使用盐或其他融雪剂降低路面上的结冰温度。

2)使用砂等防滑材料或砂与盐掺和使用,既降低结冰温度又加大轮胎与路面之间的摩擦系数。

3)防冻防滑料撒布时间主要根据气象条件、路面状况等来确定。一般在刚开始下雪时就撒布融雪剂或与防滑料掺和撒布,或者估计在路面出现冻结前 1~2 h 撒布。

6.3.6 水泥混凝土路面病害的临时性处理措施

水泥混凝土路面产生病害后,为了道路使用的安全,避免病害的进一步恶化,在日常养护中常常要对病害采取临时性处理措施。

1. 病害的临时性处理要求

公路养护维修具有经常性、周期性、预防性、及时性、快速性、安全性的特点,要求发现病害立即处理,确保行车安全。不能彻底处理时,必须采取临时处理措施。

2. 对病害的临时处理方法及施工工艺

(1)裂缝。

1)裂缝可分为表面裂缝和贯穿混凝土板全厚度的裂缝。为防止雨水从裂缝中渗透至基层和路基,对裂缝常常采用封闭处理。

2)对于表面裂缝及虽然贯穿板厚,但面板仍能满足强度要求的裂缝且面板稳定的,可采用聚氨酯类、烯类、橡胶类、沥青类胶粘剂对裂缝进行封闭。

3)对于裂缝造成板块强度不足的,采用环氧树脂类、酚醛和改性酚醛树脂类胶粘剂对裂缝进行封闭。

4)封闭方法及工艺流程。

①将缝内脱落物及灰尘等清除干净,一般采用铁钩和吸尘器等工具清理,对宽度小于 3 mm 的表面裂缝,也可以采取扩缝灌浆的办法封缝。

②根据裂缝长度配备封缝料。

③为防止污染路面,在灌缝前应在缝的两侧撒砂或滑石粉。

④用灌缝机或灌缝器将封缝料灌入缝中。

⑤待封缝料冷却硬化后,清理干净施工现场。

(2)坑洞。

1)水泥混凝土路面坑洞产生的主要原因如下：

①粗集料本身不干净而脱落，混凝土材料中带泥块、朽木等杂物。

②施工质量差，如局部振捣不到位等。

③车辆的金属硬轮或掉落硬物的撞击所致。

2)临时处理坑洞的方法有填充沥青混凝土、沥青冷补材料、高强度水泥砂浆等。

3)填充前，应将坑洞内的松动物及尘土清除干净。

(3)沉陷。水泥混凝土板块沉陷主要是路基强度不足所致。沉陷的临时处理方法如下：

1)当沉陷量较小时，可采取铺沥青混凝土方式处理。

2)当沉陷量大时，可下面铺沥青碎石，上面铺沥青混凝土。

(4)断板。

1)当断板无变形时，采取灌填缝料将缝封闭。

2)当断板有变形时，冬季可采取铺筑沥青冷补材料，一般情况可采用沥青混凝土进行临时处理，以保证行车安全。

(5)板角破损处理。对于板角破损但无变形的，可采取封缝临时处理；对于板角破损且发生变形的，加铺沥青混凝土或沥青冷补料补平碾压后开放交通。

6.4 水泥混凝土路面病害处治

视频：水泥混凝土路面
常见病害类型及分级

水泥混凝土路面裂缝与断板的形式是多种多样的，其产生的原因也是多种多样的：有施工养护不当引起的早期表层开裂，有基层脱空引起的面板全厚度断裂，有在荷载和温度应力共同作用下的疲劳开裂，有活性集料反应引起的网裂，也有板过长的翘曲或过量收缩而产生的横向裂缝等。裂缝与断板的出现如果不及时维修处治，病害将继续扩大，面板将丧失传荷作用，导致路面的严重损坏，影响行车安全。

6.4.1 裂缝的类型及产生的原因

水泥混凝土面板的裂缝，可分为表面裂缝和贯穿板全厚度裂缝(简称贯穿裂缝)。

1. 表面裂缝

混凝土面板的表面裂缝主要是混凝土浇筑后表面未及时覆盖，在炎热或大风天气，表面游离水分蒸发过快，混凝土体积急剧收缩和碳化收缩引起的。

混凝土混合料是由多相不均匀材料组成的。由于构成混合料的各种固体颗粒大小和密度不同，混凝土表面过度振荡，使水泥和细集料过多而上浮至表面，粗集料下沉，水分向上游动，从而形成表层泌水。

泌水的结果使混凝土路面表面含水率增加。当混合料表面水的蒸发速度比泌水速度快时，水的蒸发面就会深入到混合料表面之内，水面形成凹面，其凹面较凸面所受压力大；同时，固体颗粒间产生毛细管张力，致使颗粒凝聚。当混凝土表面尚未充分硬化，不能抵抗这一张力时，混凝土表面则产生裂缝。这种塑性裂缝的发生时间，大致与泌水消失时间相对应，在混凝土浇筑后数小时内，混凝土表面将普遍出现细微的发丝龟裂。

混凝土的碳化收缩也会引起其表面龟裂。当混凝土配合比不合理、水泥用量较少、水胶比较大时，空气中的 CO_2 易渗透到混凝土内，与其中的碱性物质发生化学反应后生成碳酸盐和水，而碳化作用引起的收缩仅限于混凝土路面表层，故产生混凝土的表面裂缝。

混凝土的碳化收缩速度较失水干缩速度慢得多，因而，由碳化带来的表面裂缝对混凝土强度的危害并不大，有时碳化甚至能增加混凝土的强度。但是，无论是哪种表面龟裂都给水泥混凝土路面表面的耐磨性带来不利影响，严重的表面裂缝，会使其路面出现起皮和露骨现象，如不及时维修处理将会影响路面的使用功能。

2. 贯穿裂缝

水泥混凝土路面贯穿裂缝为贯穿面板全厚度的裂缝，主要有下面几种：

(1)干缩裂缝。在水泥混凝土中，水在混凝土硬化过程中散失时，水泥浆体就会收缩，这就是干缩。但是，自由收缩不会导致裂缝产生，唯有收缩受到限制而发生收缩应力时，才会引起干燥收缩裂缝。

水泥浆干缩的内部限制主要是混凝土中集料对水泥浆的限制。在普通水泥混凝土中，水泥浆的收缩率被限制为 90%，所以，混凝土内部经常存在着引起干缩裂缝的应力状态。

水泥混凝土干缩的外部限制，主要是路面板块之间或路面整体的限制。处于限制状态下的混凝土结构，只有当混凝土本身的抗拉应变及徐变应变二者与混凝土硬化干燥过程中的自由收缩值不相适应时，混凝土才会发生裂缝。

从配合比来看，虽然混凝土的坍落度、水泥用量、集料粒径、细集料含量等对混凝土的干缩有影响，但最重要的影响因素还是混凝土的单位用水量。单位用水量越小，自由收缩应变值越小。但在实际施工中，过小的单位用水量，往往不能满足路面施工要求，因而在实际施工中，通常以缩小侧限系数为目的，对于路面长度则借助于设置接缝的方法来缓和约束；对于基层和侧边，则借助于隔离层和平整度来缓和约束。

(2)冷缩裂缝。水泥混凝土和其他材料一样具有热胀冷缩的性能。混凝土板块的热胀冷缩都是在相邻部分或整体性限制条件下发生的，故热胀属于变形压缩，而冷缩属于拉伸变形，很容易引起开裂。

水泥的水化过程是一个放热过程，在混凝土硬化过程中，释放大量热能，致使温度上升。在通常温度范围内，混凝土温度上升 1 ℃，每米膨胀 0.01 mm。因此，这种温度变形，对大面积混凝土板块极为不利。

据有关试验证明，水泥水化过程中的放热速度是变化的，初始较缓慢，25 min 后增温，大约在水泥终凝后 12 h 的水化热温度可达到 80 ℃～90 ℃，使混凝土内部产生显著的体积膨胀，而板面温度随着晚上气温降低，湿水养护而冷却收缩，致使混凝土路面内部膨胀，外部收缩，产生很大拉应力。当外部混凝土所受拉应力超过混凝土当时的极限抗拉强度时，板块就会产生裂缝或横向裂缝。另外，从最高温度降温，由于受到已有基层或已有硬化混凝土的约束力，在温度下降时，就不能自由收缩，从而产生裂缝。这种裂缝大多是贯穿路面的。

(3)横向裂缝。水泥混凝土路面施工时，采用切缝将路面分成块，以防止路面的干缩和冷缩裂缝。但由于施工中切缝的时间难以控制准确，故造成混凝土路面出现横向裂缝，从混凝土收缩因素考虑，最好是混凝土中水泥水化初始阶段就切缝。但事实上因抗压强度过低，根本无法切缝。

对于已切缝的混凝土板,除第一天的应力有可能大于该龄期的抗折强度外,其余温度应力均小于相应龄期强度。所以,切缝不及时,就会导致水泥混凝土路面横向裂缝的产生。

(4)纵向裂缝。沿路方向出现的裂缝称为纵向裂缝。水泥混凝土路面的传荷顺序为面层、基层、垫层、路基。尽管面板传到路基顶面的荷载应力值很小,往往不会超过0.05MPa,但路基作为支承层却很重要。

由于路基填料土质不均匀,湿度不均、膨胀性土、冻胀、碾压不密实等,导致路基支承不均匀。在混凝土浇筑之前,基底弹性模量在不符合规范要求情况下盲目施工,在路基稍有沉陷时,在板块质量和行车压力作用下产生纵向断裂。开始缝很细,但随着水浸入基层,使其表层软化,而产生唧泥、脱空,使裂缝加大。

在拓宽路基时,由于路基处理不当,新路基出现沉降,混凝土板下沿纵向出现脱空,在行车荷载作用下,使混凝土板发生纵向断裂。

(5)交叉裂缝。两条或两条以上相互交错的裂缝称为交叉裂缝。产生交叉裂缝的主要原因,一是水泥混凝土强度不足,车轮荷载应力和温度应力作用下产生交叉裂缝;二是路基和基层的强度与水稳性差,一旦受到水的浸入,将会发生不均匀沉陷,在行车作用下混凝土板产生交叉裂缝;三是由于水泥的水化反应和碱集料反应。水泥混凝土在拌和、运输、振捣、凝结、硬化的过程中,始终存在着水泥的水化反应。水泥水化反应,在混凝土发生升温和降温过程中产生体积的膨胀变形,在内部集料及外部边界的约束下使混凝土的自由胀缩变形受阻,而产生拉压应力,使水泥产生不安定因素,这对混凝土的质量影响很大。在水泥的生产过程中,有时会出现一些过烧的 CaO 和 MgO,它们的水化速度较慢,往往在水泥硬化后再水化,引起水泥浆体膨胀、开裂甚至溃散。如果用了安定性差的水泥,浇筑的混凝土路面就会产生大面积龟裂或交叉裂缝。

6.4.2 裂缝的维修处治

1. 维修材料

裂缝的维修材料,根据其功能可分为密封材料和补强材料。当水泥混凝土路面出现裂缝或贯穿裂缝而板面强度仍能满足使用要求时,应选用密封维修材料;当路面由于裂缝和断裂造成了强度不足时,应选用补强材料。

密封材料宜选用聚氨酯、聚硫环氧树脂(聚硫橡胶+环氧树脂)高分子工程材料。其材料技术要求应符合表6-7的规定。

表6-7 密封材料技术要求

性能	技术要求	性能	技术要求
灌入稠度/s	<20	黏结强度/MPa	≥4
拉伸强度/MPa	≥4	断裂伸长率/%	≥50

补强材料宜选用经过改进的环氧树脂或经乳化反应过的环氧树脂乳液。其主要技术要求应符合表6-8的规定。

表 6-8　补强材料技术要求

性能	技术要求	性能	技术要求
灌入稠度/s	<20	黏结强度/MPa	≥3
拉伸强度/MPa	≥5	断裂伸长率/%	2～5

2. 裂缝维修

(1)扩缝灌浆法。扩缝灌浆法适用于裂缝宽度小于 3 mm 的表面裂缝。其修补工艺如下：

1)扩缝。顺着裂缝用冲击电钻将缝口扩宽成 1.5～2 cm 沟槽。槽深根据裂缝深度确定，最大深度不得超过 2/3 板厚。

2)清缝填料。清除混凝土碎屑，用压缩空气吹净灰尘，并填入粒径为 0.3～0.6 cm 的清洁石屑。

3)配料灌缝。采用聚硫橡胶：环氧树脂＝16：(2～16)，配制成聚硫环氧树脂溜缝料，拌和均匀并倒入灌浆器中，灌入扩缝内。

4)加热增强。宜用红外线灯或装有 60～100 W 灯泡的长条形灯罩，在已灌缝上加温，温度控制在 50 ℃～60 ℃，加热 1～2 h 即可通车。

(2)直接灌浆法。直接灌浆法适用于裂缝宽度大于 3 mm，且无碎裂的裂缝。其修补工艺如下：

1)清缝。将缝内泥土、杂物清除干净，并确保缝内干燥、无水。

2)涂刷底胶。在缝两边约 30 cm 的路面上及缝内涂刷一层聚氨酯底胶层，厚度为 0.3 mm±0.1 mm，底胶用量为 0.15 kg/m²。

3)配料灌缝。将环氧树脂(胶粘剂)、二甲苯(稀释剂)、邻苯二甲酸二丁酯(增稠剂)、乙二胺(固化剂)、水泥或滑石粉(填料)组成配料，采用配合比为：胶粘剂：稀释剂：增调剂：固化剂：填料＝100：40：10：8：填料(200～400)，视缝隙宽度掺入，按比例配制好，并搅拌均匀后直接灌入缝内，养护 2～4 h 即可开放交通。

(3)条带罩面补缝。条带罩面补缝适用于贯穿全厚大于 3 mm、小于 15 mm 的中等裂缝。其罩面补缝工艺如下：

1)切缝。沿裂缝两侧各约 15 cm，且平行于缩缝切深 7 cm 的两条横缝，如图 6-1 所示。

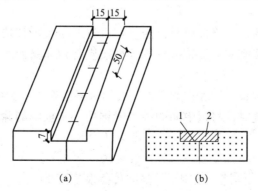

图 6-1　条带罩面补缝(尺寸单位：cm)
1—扒钉；2—新浇混凝土

2)凿除混凝土。在两条横缝内用风镐或液压镐凿除混凝土,深度以 7 cm 为宜。

3)打扒钉孔。沿裂缝两侧 15 cm,每隔 50 cm 钻一对扒钉孔,其直径各大于钳钉直径 2~4 mm,并在二扒钉孔之间打一与扒钉孔直径相一致的扒钉槽。

①安装扒钉。用压缩空气吹除孔内混凝土碎屑,将孔内填灌快凝砂浆,将除过锈的扒钉(宜采用 φ16 带肋钢筋)弯成长 7 cm 的弯钩,插入孔内。

②凿毛缝壁。将切割的缝内壁凿毛,并清除松动的混凝土碎块及表面松动石块。

③涂刷黏结砂浆。在修补混凝土毛面上刷一层黏结砂浆。

④浇筑混凝土。应浇筑快凝混凝土,并及时振捣密实,磨光和喷洒养护剂,其喷洒面应延伸到相邻老混凝土面板 20 cm 以上。

(4)全深度补块。全深度补块适用于宽度大于 15 mm 的严重裂缝。全深度补块分集料嵌锁法、刨挖法、设置传力杆法。

1)集料嵌锁法。集料嵌锁法适用于无筋混凝土路面交错的接缝,且接缝的间隔小于 300~400 cm。其修补工艺如下:

①画线、切割。将修补的混凝土路面沿面板平行于横向纵缝画线,并沿画线处用切割机进行全深度切割,在全深度补块的外侧锯 4 cm 宽、5 cm 深的缝,如图 6-2 所示。

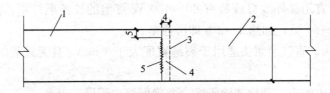

图 6-2 画线、切割

1—保留板;2—全深度补块;3—全深度锯缝;
4—凿除混凝土;5—缩缝交错接面

②破碎、凿毛。用风镐破碎并清除旧混凝土,将全深锯口和半锯口之间的 4 cm 宽混凝土垂直面凿成毛面。

③基层处理。基层强度如果符合规范要求,应整平基层,若低于规范要求应予补强,并严格整平;若基层全部损坏或松软,应按原设计基层材料重新做基层。

④混凝土配合比。新的混凝土配合比应与原混凝土材料一致。若采用 JK 系列混凝土快速修补材料,水胶比以 0.30~0.40 为宜,坍落度宜控制在 2 cm 内。混凝土 24 h 的弯拉强度应不低于 3.0 MPa。

⑤混凝土拌和、摊铺。严格按配合比用搅拌机将混凝土搅拌均匀,将搅拌好的混合料摊铺在补块区内,并振捣密实。浇筑的混凝土面层应与相邻路面的横断面高程一致,其表面纹理应与原路面相同。

⑥养护。补块的养护宜采用养护剂养护,其用量根据养护剂材料性能确定。

⑦接缝处理。做接缝时,将板中间的各缩缝锯切 1/4 板厚的深度,并将接缝材料填入接缝内。

⑧浇筑混凝土达到通车强度后,即可开放交通。

2)刨挖法(倒 T 形)。刨挖法适用于接缝间传荷很差的部位。

①施工要求同集料嵌锁法前面部分。

②在相邻板横边的下方暗挖 15 cm×15 cm 的一块面积用于荷载传递,如图 6-3 所示。

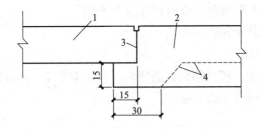

图 6-3 刨挖法(尺寸单位：cm)
1—保留板；2—补块；3—全深度锯缝；4—垫层开挖线

3)设置传力杆法。设置传力杆法适用于寒冷气候和承受重型交通荷载的混凝土路面。
①施工要求同集料嵌锁法前面部分。
②处理基层后，应修复、安设传力杆和拉杆，如图 6-4 所示。

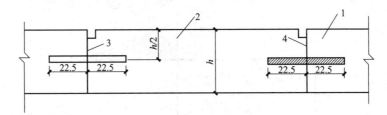

图 6-4 设置传力杆法(尺寸单位：cm)
1—保留板；2—全深度补块；3—锯缝；4—施工缝

③原混凝土面板设置的传力杆和拉杆折断时，应用与原尺寸相同的钢筋焊接或重新安设。安装时应在板厚 1/2 处钻出比传力杆直径大 2~4 mm 的孔，孔中心间距为 30 cm，其误差不应超过 3 mm。
④横向施工缝传力杆直径为 Φ25 的光圆钢筋，长度为 45 cm，嵌入相邻保留板内深 22.5 cm。
⑤拉杆孔直径宜比拉杆直径大 2~4 mm，并应沿相邻板间的纵向缝，在板厚 1/2 处钻孔，中心间距为 80 cm。拉杆采用 Φ16 带肋钢筋，长为 80 cm，且有 40 cm 嵌入相邻车道的混凝土面板内。
⑥传力杆和拉杆宜用环氧砂浆牢牢地固定在规定位置，摊铺混凝土前，光圆传力杆的伸出端应涂少许润滑油。
⑦新补块与沥青混凝土路肩相接时，应和现有路肩齐平。
⑧传力杆若安装倾斜或松动失效，应予以更换。

6.4.3 水泥混凝土路面错台处治

水泥混凝土路面错台病害，轻者影响行车的舒适性，重者危及行车安全，应根据错台轻重程度，采取不同措施及时维修处治。

1. 路面错台产生的主要原因

(1)路基基层碾压不密实，强度不足。
(2)局部地基不均匀下沉或采空区地基大面积沉陷。

(3)水浸入基层,行车荷载使路面板产生泵吸现象。
(4)传力杆、拉杆功能不完善或失效。

2. 路面错台处治的方法

(1)路面轻微错台处治方法。路面轻微错台,其高差小于 5 mm 时,可不做处理。

(2)高差 5~10 mm 错台处治方法。

1)人工凿平法。

①画定错台处治范围。

②用钢尺测定错台高度。

③用平头钢凿由浅到深从一边凿向另一边,凿后的面板应达到基本平整。

④清除接缝杂物,吹净灰尘,及时溜入填缝料。

2)机械处治磨平法。用磨平机从错台最高点开始向四周扩展,边磨边用 3 m 直尺找平,直到相邻两块板齐平为止,如图 6-5 所示。

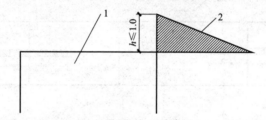

图 6-5 机械处治磨平法(尺寸单位:cm)
1—下沉板;2—磨平部分

磨平后,应将接缝内杂物清除干净并吹净灰尘,及时将嵌缝料填入。

3)人工配合机械处治法。先用人工将高出的错台板基本凿平,然后用磨平机再磨平,并清缝灌入填缝料。

(3)路面严重错台处治方法。高差大于 10 mm 的严重错台,可采取沥青砂或水泥混凝土进行处治。

1)沥青砂填补法。此法不宜在冬季进行,其工艺程序如下:

①清除路面杂物和灰尘。

②喷洒一层热沥青或乳化沥青,沥青用量为 0.4~0.6 kg/m^2。

③摊铺沥青砂,修补面纵坡控制在 1% 以内。

④沥青砂填补后,应用轮胎压路机碾压。

⑤待沥青砂修补层冷却成型后开放交通。

2)水泥混凝土修补法。

①用风镐将错台下沉板凿除 2~3 cm,修补长度按错台高度除以坡度(1%)计算,如图 6-6 所示。

②用压缩空气清除毛面混凝土的杂物。

③浇筑细石混凝土。

④喷洒养护剂,养护混凝土。

⑤混凝土达到强度后,即可开放交通。

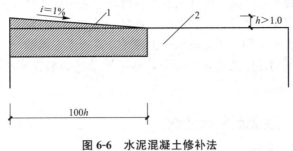

图 6-6　水泥混凝土修补法
1—凿除修补；2—下沉板

6.4.4　水泥混凝土路面沉陷处理

1. 路面沉陷的主要原因

(1)路基基层稳定性不够，强度不均匀，造成混凝土板块不均匀下沉。

(2)排水设施不完善，地面水渗入基层，导致基层强度减弱，唧泥、面板严重破碎造成面板沉陷。

2. 路面沉陷处理

沉陷是水泥混凝土路面严重病害之一，它可导致面板的错台、严重破碎以致影响行车安全。因此，必须设置排水措施，对严重沉陷应及时处治。其方法有板块灌砂顶升法、整块板翻修法等。

(1)板块灌砂顶升法。

1)板在顶升前，应用水准仪测量下沉板的下沉量，测站与下沉处距离应大于 50 m，并绘制出纵断面，求出升起值。

2)每块板上钻出两行与纵轴平行的直径为 3 cm 的透孔，孔的距离约为 1.7 m(板宽为 3.5 m 时，一孔所占面积为 3～3.5 m²)。当板需要从一侧升起时，只需在升起部分钻孔。

3)在升起前，所有孔用木塞堵好，一孔一孔地灌注砂浆，充气管与板接头处，用麻絮密封，用排气量为 6～10 m³/min 的空气压缩机向孔中灌砂浆，直到砂浆冒出缝外为止。

4)板升起后，接连往另一个孔中灌注砂浆，直到下沉板全部顶升就位。

(2)整板翻修法。当水泥混凝土整板沉陷并产生破碎时，应进行整板翻修。其工艺如下：

1)宜用液压镐将旧板凿除，尽可能保留原有拉杆，并清运混凝土碎块。

2)将基层损坏部分清除，并整平压实。

对基层损坏部分，宜采用 C15 混凝土补强，其补强混凝土顶面高程应与旧路面基层面高程相同。宜在混凝土路面板接缝处的基层上涂刷一道宽为 20 cm 的薄层沥青。

3)整块翻修的面板在路面排水不良地带，路面板边缘及路肩应设置路基纵、横向排水系统。

①单一板块翻修时，应在路面板接缝处设置横向盲沟。

②路面有纵坡时，宜设置纵向盲沟，在纵坡度底部设置横向盲沟。

4)板块修复,混凝土施工时,配合比及所有材料宜采用快速修补材料。

①按配合比采用混凝土拌合机拌和混凝土材料。

②将拌和好的混合料用翻斗车运送到施工现场,进行人工摊铺。

③宜采用插入式振动器振捣边角混凝土,并用振动梁刮平提浆,人工抹平,与原混凝土板面高低一致。

6.4.5 水泥混凝土路面拱起处治

1. 路面拱起的主要原因

(1)非高温季节施工时,胀缝设置间距过长或失效。

(2)接缝内嵌入硬物。

(3)夏季连续高温,使板体热胀。

2. 路面拱起的处治方法

(1)对轻微拱起的处理。

1)用切缝机或其他机具将拱起板间横缝中的硬物切碎。

2)用压缩空气将缝中石屑等杂物和灰尘吹净,使板块恢复原位。

(2)对严重拱起的处理。

1)板端拱起但路面完好时,应根据拱起高低程度,计算多余板的长度,将拱起板块两侧附近1~2条横缝切宽,待应力充分释放后切除拱起端,逐渐使板块恢复原位。

2)将横缝和其他接缝内的杂物、灰尘用空气压缩机清除干净,并灌入填缝料,如图6-7所示。

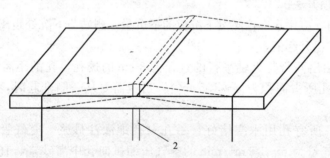

图6-7 板块拱起修补

1—拱起板;2—切除部分

(3)其他拱起情况的处理。胀缝之间因传力杆部分或全部在施工时设置不当,使板受热时不能自由伸长而发生拱起,应重新设置胀缝,按胀缝施工的方法进行。

6.4.6 水泥混凝土路面坑洞修补

水泥混凝土坑洞的产生,主要是粗集料脱落或局部振捣不密实等原因造成的。坑洞尽管对行车影响不大,但对路面的外观和表面功能都有较大影响,因此,对坑洞应根据实际情况采取相应措施进行修补。

1. 对路面个别坑洞的修补

(1)用手工或机械将坑洞凿成矩形的直壁槽。

(2)用压缩空气将槽内的混凝土碎块及尘土吹净。

(3)用海绵块沾水后湿润坑洞,不得使坑洞内积水。

(4)用高强度等级水泥砂浆等材料填补,并达到平整、密实。

2. 对路面较多坑洞的修补

对较多坑洞且连成一片,面积在 20 m² 以内的路面,应采取罩面方法修补。

(1)画出与路中心线平行或垂直的修补区域图形。

(2)用切割机沿修补图形边线切割 5~7 cm 深的槽,槽内用风镐清除混凝土,使槽底平面达到基本平整,并将切割的光面凿毛。

(3)用压缩空气吹净槽内混凝土碎屑和灰尘。

(4)按混凝土配合比设计配制修补混凝土。

(5)将拌和好的混凝土填入槽内,人工摊铺、振捣密实,并保持与原路面齐平。

(6)喷洒养护剂养护。

(7)待混凝土达到通车强度后,开放交通。

3. 对大面积坑洞的修补

对面积较大,深度在 4 cm 左右成片的坑洞,可用浅层结合式表面修复或沥青混凝土罩面进行修补。

(1)浅层结合式表面修复。

1)将连成片的坑洞周围标画出与路中心线平行或垂直的区域,并用风镐凿除 2~3 cm 的深度,如图 6-8 所示。

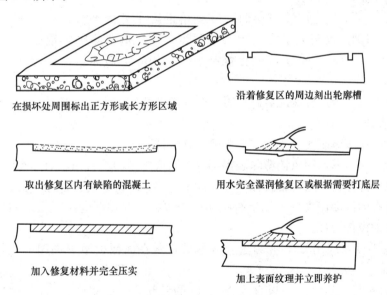

图 6-8 薄层修补坑洞示意

2)将修复区内凿掉的混凝土碎块运出,并清除其碎屑和灰尘。

3)在修复区表面用水喷洒湿润,并适时涂刷胶粘剂。

4)将拌和好的混凝土摊铺于修复区内振捣、整平。

(2)沥青混凝土修补。

1)画出与路中心线平行或垂直的处治区,并用切割机在其周围切割 2~3 cm 深度。

2)用风镐凿除处治区内的混凝土,并清除混凝土块、碎屑和灰尘。
3)将切割的槽壁面和凿除的槽底面喷洒黏层沥青,其用量为 $0.4\sim0.6\ kg/m^2$。
4)铺筑沥青混凝土并碾压密实。
5)待沥青混凝土冷却后,开放交通。

6.4.7 水泥混凝土路面板边与板角修补

水泥混凝土路面板边剥落和板角断裂是水泥混凝土路面常见病害之一,如不及时修复将导致病害的扩大,甚至整个面板的断裂,影响行车安全。

1. 路面板边剥落和板角断裂的产生原因

(1)接缝或纵横缝交叉处,水的浸入易产生唧泥、脱空,导致板边或角隅应力增大,产生破损或断裂。

(2)接缝处缺乏传荷能力或板块边缘附近的传力杆失效。

(3)路基基层在荷载和水的作用下,逐渐产生塑性变形,使板边、板角应力增大,产生剥落和断裂。

(4)面板边缘的接缝中嵌入硬物等。

2. 路面板边剥落和板角断裂的修补方法

(1)板边修补。

1)当水泥混凝土板边轻度剥落时,应将混凝土剥落的碎块清理干净,可用灌缝材料填充密实,修补平整。

2)当水泥混凝土板边严重剥落时,在剥落混凝土外侧平行于板边画线,用切缝机切割混凝土,切割深度略大于混凝土剥落深度。用风镐凿除损坏混凝土,用压缩空气清除混凝土碎屑;立模,浇筑混凝土修补材料;用养护剂养护,达设计强度后即可开放交通。

3)当水泥混凝土板边全深度破碎,可按全深度补块的方法进行修复。

(2)板角修补。

1)板角断裂应按破裂面大小确定切割范围并放样。

2)用切割机切边缝,用风镐凿除破损部分,凿成规则的垂直面,对原有钢筋不应切断。如果钢筋难以全部保留,至少也要保留长度为 20~30 cm 的钢筋头,且应长短交错。

3)检查原有的滑动传力杆,如果有缺陷应予更换,并在新老混凝土之间按图 6-9 所示的板角修补法加设传力杆。

4)如基层不良,应用 C15 混凝土浇筑基层,并在面板板厚中央用冲击钻打水平孔,深度为 20 cm、直径为 3 cm、水平间距为 30~40 cm。每个洞应先将其周围湿润,先用快凝砂浆填塞密实,然后插一根直径为 2 cm 的钢筋,待砂浆硬化后浇筑快凝混凝土。

5)与原有路面板的接缝如为缩缝,应涂上沥青,防止新旧混凝土黏结在一起。如为胀缝,应设置接缝板。

6)浇筑的混凝土硬化后,用切割机切出宽度为 3 mm、深度为 4 cm 的接缝槽,并用压缩空气清缝,灌入填缝材料。

7)待混凝土达到强度后,方可开放交通。

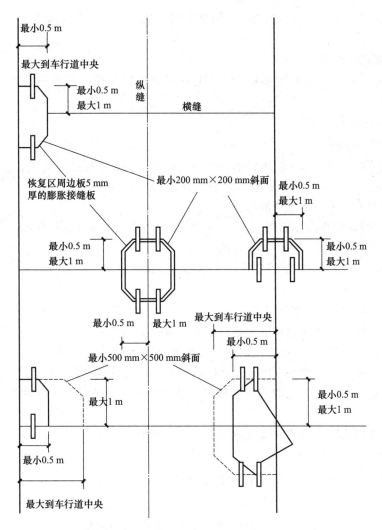

图 6-9 板边与板角修补

6.5 水泥混凝土路面改善

视频：水泥混凝土
路面改善

6.5.1 水泥混凝土路面表面功能恢复

水泥混凝土路面通车 3～5 年，路面表面会出现磨光和露骨现象，尤其是在耐磨性较差的粗集料、强度不高的水泥和混凝土强度偏低的情况下，路面表面磨损较为突出，影响路面的使用功能。为此，通常采用铺水泥砂浆层、沥青磨耗层和刻槽的方法来改善和恢复水泥混凝土路面表面功能。

1. 薄层水泥砂浆罩面

对局部板块出现的露骨，可采用薄层水泥砂浆混凝土罩面。其施工工艺如下：

(1) 用风镐凿除水泥混凝土面板表面，凿除深度为 5 cm。

(2)清除水泥混凝土碎屑和松散块,用高压水冲洗水泥混凝土板块毛面,用压缩空气清除水泥混凝土板块表面水分。

(3)在现浇混凝土板边立模。

(4)在水泥混凝土毛面上按 1 kg/m² 涂上一层界面胶粘剂。界面胶粘剂有较好的黏结性能。

(5)配制快速修补的混凝土。

2. 沥青磨耗层罩面

对于水泥混凝土路面较大范围的磨光或露骨可铺设沥青磨耗层。其工艺如下:

(1)对水泥混凝土板块进行修整和处理。在沥青磨耗层铺筑前,水泥混凝土路面应干燥、清洁,不得有尘土、杂物或油污。

(2)在水泥混凝土路面表面喷洒 0.4~0.6 kg/m²(沥青含量)的黏层沥青,可采用热沥青、乳化沥青,尽可能采用快裂型乳化沥青。

(3)采用沥青洒布车喷洒黏层沥青。在路缘石、雨水进水口、检查井等局部位置与沥青面层接触处用刷子人工涂刷。

(4)喷洒黏层沥青应符合下列要求:

1)喷洒黏层沥青应均匀洒布或涂刷,喷洒过量处应予刮除。

2)当气温低于 10 ℃或路面潮湿时,不得喷洒黏层沥青。

3)喷洒黏层沥青后,除沥青混合料运输车辆外,严禁其他车辆、行人通过。

4)黏层沥青洒布后,应立即铺筑沥青层,乳化沥青应待破乳、水分蒸发完成后铺筑沥青层。

5)沥青磨耗层采用砂粒式沥青混凝土,厚度一般为 1.0~1.5 cm。

3. 稀浆封层

对大面积露骨或磨光的路段可采用稀浆封层进行处治。乳化沥青稀浆封层矿料级配及沥青用量范围见表 6-9。

表 6-9 乳化沥青稀浆封层矿料级配及沥青用量范围

	筛孔尺寸/mm		级配类型
孔通过	方孔筛	圆孔筛	ES-3
通过筛孔的质量百分率/%	9.5	10	100
	4.75	5	70~90
	2.36	2.5	45~70
	1.18	1.2	28~50
	0.6	0.6	19~34
	0.3	0.3	12~25
	0.15	0.15	7~18
	0.075	0.075	5~15
沥青用量(油石比)/%			6.5~12
平均厚度/mm			4~6
混合料用量/(kg·m⁻²)			>8

(1)稀浆封层的施工温度不得低于10℃,路面表面要清洁、干燥。稀浆封层矿料级配及沥青用量应符合相关规范规定。

(2)稀浆封层机施工时应匀速前进,稀浆封层厚度应均匀、表面平整。稀浆封层机摊铺时应保持槽内有近半槽稀浆,在摊铺过程中出现局部稀浆过厚,要用橡皮板刮平,稀浆过少应用铁铲取浆补齐。流出的乳液要用刮板刮平,摊铺起点、终点接头处须平直整齐。

(3)稀浆封层铺筑后到成型前应封闭交通。

(4)开放交通初期应有专人指挥,控制车速不得超过20 km/h,并不得制动掉头。

4. 改性稀浆封层

普通的稀浆封层厚度一般为3~6 mm。改性稀浆封层的厚度可达9.5~11 mm,改性沥青稀浆封层的施工程序与普通稀浆封层基本相同,但必须使用具有储料、送料、拌和、摊铺计量控制等功能的稀浆封层机。将各种原材料的储存、运输、计量、拌和、摊铺、整平及其控制系统集中于一台载重车底盘上,按比例要求,用很短时间制成混合料,并摊铺在路面上。

6.5.2 水泥混凝土加铺层

1. 水泥混凝土路面加铺层结构形式选择

(1)加铺层结构形式。在旧水泥混凝土路面上,加铺的水泥混凝土路面面层有结合式、直接式和分离式三种。

1)结合式加铺层。对原路面进行凿毛并清洗干净,涂以胶粘剂,随即浇筑加厚层。加厚层与旧路面黏结为一个整体,共同发挥结构的整体强度作用。可用等刚度法按结合式进行应力计算与厚度设计。结合式加铺层厚度不小于10 cm。

2)直接式加铺层。直接式加铺层是在清洗干净的原路面上,不涂胶粘剂,也不凿毛,直接浇筑水泥混凝土。由于新、旧路面之间的摩擦阻力作用,因而有一定的结构整体性。层间结合能力介于结合式与分离式之间。直接式加铺层厚度不小于14 cm。

3)分离式加铺层。在旧路与加铺层之间设置一隔离层,各层混凝土独立地发挥其强度作用。但隔离层为油毡时,其隔离层厚度很小,引起的垂直变形可以忽略不计,直接进行加厚层的应力分析与厚度设计。分离式加铺层厚度不小于18 cm。

(2)加铺层结构形式选择。水泥混凝土加铺层的结构形式应根据旧混凝土路面状况的分级情况、接缝布置及路拱等条件进行选择。

1)结合式加铺层适用情况。当旧路面状况分级为"优",且路面的结构性损坏已经修复、路拱坡度基本符合要求、板的平面尺寸及接缝布置合格时,可采用结合式加铺层。加铺层铺筑前应对旧混凝土表面凿毛并仔细清洗,清除旧混凝土表面的油污、剥落板块及接缝中的杂物,重新封缝,并在洁净的旧混凝土路面上涂刷水泥浆、水泥砂浆或环氧树脂等。

2)直接式加铺层适用情况。当旧路面的状况分级为"良""中",且路面的结构性损坏已经修复、路拱坡度基本符合要求、板的平面尺寸和接缝布置合理时,宜采用直接式加铺层。加铺层铺筑前应对旧混凝土表面仔细清洗,清除旧混凝土表面的油污、剥落碎块及接缝中的杂物,并重新封缝。

3)离式加铺层适用情况。当旧路面的状况分级为"次""差",或新、旧混凝土板的平面尺寸不同、接缝位置不完全一致,或新、旧路面的路拱坡度不一致时,均应采用分离式加铺层。加铺层铺筑前应对旧路面中严重破碎、脱空、裂缝继续发展的板击碎并清除，用混凝土补平。隔离层材料采用油毡、沥青砂、细粒式沥青混凝土等稳定性较好的材料。

2. 旧水泥混凝土路面处理

(1)绘制病害平面图。对旧水泥混凝土路面板块进行调查，按 1 km 绘制板块平面布置图，分板块逐一编号，调查路面板块损坏状况，绘制水泥混凝土路面病害平面图。

(2)按设计要求对病害板块逐一进行处理。

1)对脱空板块可采用板下封堵的方法进行压浆处理。

2)对破碎板块、角隅断裂、沉陷、掉边、缺角等病害，应使用液压镐或风镐挖除，清除混凝土碎屑，整平基层，将基层夯压密实；然后，铺筑与旧混凝土板块等强度的水泥混凝土，其高程控制与旧混凝土板面齐平。

3. 水泥混凝土加铺层施工

(1)分离式加铺层。

1)水泥混凝土加铺层厚度应通过计算确定，但水泥混凝土加铺层的最小厚度不得小于 18 cm。

2)水泥混凝土加铺层半幅施工时，边模板可采用槽钢，中模采用角钢。模板高与面板厚度一致，允许误差为 ±2 mm。

3)模板安装宜采取由边模固定中模的方法，边模由钢钎固定，中模每间隔 1 m 用膨胀螺栓将模板外侧底部预先定位固定。中、边模之间采用横跨两模板的活动卡梁辅助固定。活动卡梁的间距为 2 m，并随铺筑进度相应推移。

4)混凝土拌合物的搅拌与运输。

5)混凝土拌合物摊铺、振捣与整平。

6)胀缝施工。胀缝应与路面中心线垂直，缝壁垂直于面板，缝隙宽度必须一致，缝中不得连浆。缝隙下部设置接缝板，上部灌入填缝料。相邻车道的胀缝应放在同一断面上。

胀缝传力杆的活动端，可设在缝的一边或交错布置。胀缝传力杆的支架应准确固定在基层上，固定后的传力杆必须平行于面板及路面中心线，其误差不得大于 5 mm。传力杆活动端套管长为 10 cm，传力杆与套管间隙为 1.0~1.5 mm，端部空隙部分填沥青麻絮，活动端传力杆涂刷两遍沥青。

7)缩缝。缩缝有横向缩缝和纵向缩缝两种类型。

缩缝位置应按设计要求设置(图 6-10)。相邻面板的缩缝均不得错位，并垂直于面板，其垂直度误差不得大于 5 mm。

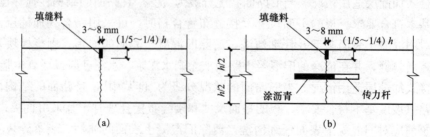

图 6-10 横向缩缝示意

(a)假缝型；(b)假缝加传力杆型

设置传力杆范围内应先铺筑下层混凝土拌合物,大致找平后安放传力杆。校正位置,再铺筑上层混凝土拌合物。

锯缝时间一般以混凝土抗压强度达到 5~10 MPa 时锯缝为宜,也可按现行规范规定的时间,或根据集料、水泥类型及气候条件等情况通过试锯确定。

8)施工缝。施工缝有横向施工缝和纵向施工缝两种类型。

①横向施工缝的位置与胀缝或横向缩缝位置相吻合。设在胀缝处应按胀缝形式施工。横向施工缝采用平缝加传力杆形式,传力杆长度的 1/2 锚固于混凝土中,另 1/2 应涂沥青,允许滑动,如图 6-11(a)所示。

②纵向施工缝采用平缝加拉杆形式,两端锚固,其构造如图 6-11(b)所示。

按设计要求设传力杆或拉杆,必须平行于面板并应与缝壁垂直,其偏差控制在 5 mm 以内。

铺筑邻板时,对已铺筑混凝土面板的缝壁应涂刷沥青,并应避免涂在拉杆或锚固端的传力杆上,校直拉杆。

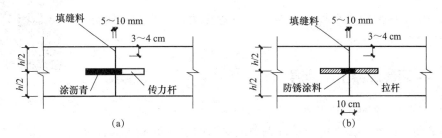

图 6-11 施工缝构造

(a)横向施工缝;(b)纵向施工缝

9)养护。

10)填缝。

(2)直接式加铺层。

1)采用直接式加铺层,在摊铺混凝土拌合物前,应在支立好模板的旧混凝土面板上洒水湿润,以保证混凝土拌合物铺筑时的水胶比。

2)混凝土拌合物的配合比、搅拌、运输、摊铺、振捣、接缝、表面修整、养护、锯缝及开放交通等工序的施工,与分离式相同。

3)直接式加铺层新、旧混凝土面板必须对缝。

(3)结合式加铺层。

1)立模。在边模下预焊一个圆环,钢钎由圆环内打入路肩基层中,中模底部每隔 1 m 用射钉枪喷射钢钉,并在旧混凝土的接缝处打入钢钎加以固定。然后,在中、边模顶部每隔一定距离用活动卡梁辅助固定,活动卡梁可根据浇筑进度和实际需要随时推移装卸。

2)混凝土的摊铺、振捣、整平和养护与分离式相同。为了使新、旧混凝土路面之间结合良好,振捣工序要认真、仔细。平板振动器每板位置振捣时间不少于 30~40 s,振捣重叠 5~10 cm。拉杆采用 Φ14 带肋钢筋,最大间距为 90 cm,长度为 60 cm。

6.5.3 钢筋混凝土加铺层

钢筋混凝土加铺层适用于一般路段。其路面的厚度可按普通混凝土路面厚度设计的各项规定进行设计。

用于钢筋混凝土路面的钢筋应符合设计要求，原材料、集料的级配范围应符合规定。混凝土的配合比设计应符合规范有关规定。其施工步骤如下。

1. 钢筋网片制作与安放

(1)钢筋网片制作。钢筋网片网格的尺寸应符合设计要求。钢筋加工、焊接、绑扎应符合现行国家标准的有关规定。

(2)钢筋网片安放。

1)安放单层钢筋网片时，应在钢筋网片设计位置的底部先摊铺一层混凝土拌合物，进行整平后安放钢筋网片，再铺筑混凝土拌合物。

2)安放双层钢筋网片时，先摊铺下层混凝土拌合物，按设计位置安放下层钢筋网片，摊铺中层混凝土拌合物后，按设计位置安放上层钢筋网片，最后再摊铺上层混凝土拌合物。

2. 接缝施工

横向缩缝的间距应符合设计规定，并设置传力杆。纵缝、胀缝和施工缝施工应符合规定。

6.5.4 沥青混凝土加铺层

视频：水泥混凝土路面
沥青铺装层养护

1. 水泥混凝土路面病害处理

在加铺沥青混凝土路面之前，首先必须对旧的水泥混凝土路面病害进行调查处理。根据水泥混凝土路面调查结果，确定水泥混凝土路面的维修方法。

(1)对破碎的混凝土板块进行翻修。

(2)对局部损坏的混凝土板块进行挖补。

(3)对板下脱空的板块，采取板下封堵的方法进行压浆。

(4)对水泥混凝土路面接缝进行清缝灌缝。

(5)用压缩空气清洗混凝土面板，必须清除水及杂物。

(6)在错台位置，在下沉混凝土板块上按 0.6 kg/m^2 喷洒黏层沥青，摊铺细粒式沥青混凝土调平层。

2. 反射裂缝的防治

沥青混凝土加铺层的关键作用是减少或延缓反射裂缝的发生。处治反射裂缝通常采取土工布隔离层、土工格栅隔离层、聚酯改性沥青油毡、沥青层锯缝填缝、铺筑柔性基层、半刚性基层六种施工方法。

(1)土工布隔离层施工。土工布隔离层施工技术要求如下：

1)在混凝土面板上喷洒黏层热沥青，沥青温度为 150 ℃～170 ℃，黏层沥青喷洒范围要比土工布宽 5～10 cm。

2)在起始端用垫片加水泥钉固定土工布，然后拉紧。

3)将支撑棒插入土工布卷调节制动器，然后提高布卷，展开 5～10 m 土工布。土工布一端与路面边缘成一直线，拉紧土工布，然后将土工布放下，铺在黏层沥青上。

4)一卷土工布与另一卷土工布连接(首、尾连接)，沿铺布方向搭接 15 cm。土工布连接处应喷洒黏层沥青。相邻两卷土工布边与边的搭接也应沿铺布方向搭接，要确保土工布浸透沥青。土工布施工温度要大于10 ℃。

5)弯道上摊铺土工布,可用剪刀将土工布剪开,然后再搭接起来。

6)土工布摊铺好后,沥青混凝土摊铺应立即开始,每天能铺多少沥青混凝土路面,就铺多少土工布。

7)应采用全路幅施工,以避免产生纵向施工缝。

8)严禁非施工车辆在土工布上行驶,沥青混凝土运料车不得在土工布上转弯、掉头、制动,只能在土工布上倒行。

9)沥青混凝土面层应采用10 t以上的压路机碾压。

(2)土工格栅隔离层施工。土工格栅隔离层沥青混凝土面层,必须采用玻璃纤维格栅。其施工要求如下:

1)在清洁、干燥的路面上,按0.6 kg/m²的标准喷洒黏层油。

2)目前,常用的玻璃纤维格栅,有带自黏胶和不带自黏胶两种。带自黏胶的可直接在平整、清洁的路面上铺设;不带自黏胶的通常采用水泥钉加垫片固定。

3)玻璃纤维格栅,可由拖拉机或汽车改装的专用设备进行铺设,也可进行人工铺设。玻璃纤维格栅每卷产品的卷筒两端,各标有橙色和蓝色标记。开始铺设之前,应选择胶面向下,确定上述标记颜色各在某一端,这样能更方便施工,而不致将胶面铺错。玻璃纤维格栅铺设时,应保持其平整、拉紧,不得有起皱现象,使格栅具备有效的张力,铺完一层再用干净的胶轮压路机碾压一遍。

4)格栅搭接。

5)固定格栅时,不能将钉子钉于玻璃纤维上,也不能用锤子直接敲击玻璃纤维,固定后如发现钉子断裂或薄钢板松动,则需予以重新固定。

6)玻璃纤维格栅铺设固定完毕后,必须用胶轮压路机适度碾压稳定,使格栅与原路表面黏结牢固。

7)禁止非施工车辆在格栅上行驶,严格控制运送混合料的车辆出入,在玻璃纤维格栅层上禁止车辆转向、制动和直接倾泻混合料,以防止对玻璃纤维格栅的损坏。

8)玻璃纤维格栅背胶易溶于水,在雨天或路面潮湿时不得进行施工。

9)玻璃纤维格栅施工时,工人须戴防护手套,以免对人体产生刺激性作用。

10)在玻璃纤维格栅铺设过程中,若发现路面有较小的坑塘没有填平,可将铺设好的格栅在对应坑塘的部分剪开,并用沥青混凝土填平,以便在铺上层沥青混合料时能保证均匀的压实度。

11)玻璃纤维格栅铺设时,要求气温大于10 ℃,沥青加铺层的最小厚度为4 cm。

(3)聚酯改性沥青油毡施工。聚酯改性沥青油毡施工技术要求如下:

1)将聚酯改性沥青油毡切割成50 cm宽的长条带。

2)用压缩空气清除接缝及缝两侧各30 cm范围内的灰尘及杂物。

3)将接缝内灌入接缝材料。

4)将油毡放在接缝处及缝两侧各25 cm的位置,薄膜面向下,然后用喷灯烘烤油毡底面。当烘烤到薄膜熔化,毡底有光泽并发黑且有一层薄的熔融层时,再用推杆压实油毡,使油毡与底层黏结,按此方法铺好第一卷。

5)在油毡接头搭接部分,结合部搭接宽度为10 cm,用喷灯烘烤熔融后将油毡压紧,要使上、下层油毡紧密结合在一起。

6)非施工车辆不得在油毡上行驶。
7)在沥青层摊铺前,要在油毡上覆盖一层沥青砂。
8)若发现油毡脱皮,应使用喷灯烘烤,用推杆压实。

(4)沥青层锯缝填缝施工。沥青层锯缝填缝施工技术要求如下:
1)按旧水泥混凝土路面平面图,确定水泥混凝土板的接缝位置。
2)在沥青层已确定的接缝上方,锯切深1.0 cm、宽0.3 cm的缝。
3)用压缩空气将锯缝吹干净并保持干燥。
4)用橡胶沥青将缝内填平。

(5)铺筑柔性基层。沥青碎石基层作为一种柔性结构层,具有很强的柔性和变形能力,作为应力消散层,可以有效地减少路面结构中的应力集中现象,大大延缓路面反射裂缝的发生。另外,沥青碎石基层可以与沥青面层黏结牢固,并且由于沥青碎石与沥青混凝土模量接近,路面结构受力更均匀。

(6)半刚性基层施工。
1)采用二灰碎石、水泥稳定碎石等半刚性基层,其基层的厚度不小于15 cm。
2)基层施工按《公路路面基层施工技术细则》(JTG/T F20—2015)执行。
3)在基层上做沥青下封层。沥青下封层按《公路沥青路面施工技术规范》(JTG F 40—2004)执行。

6.5.5 水泥混凝土路面加宽

1. 加宽段面板基础的处理

加宽部位的路基填筑应符合设计要求,路基顶面应与原路基顶面齐平,施工质量应符合现行路基施工技术规范的规定。

2. 按设计要求确定路基路面加宽范围

(1)路基拓宽时,先将原边坡脚或边沟进行清淤,铲除边坡杂草、树根和浮土。
(2)将原边坡挖成台阶,台阶高度不大于20 cm。采用与原路基结构相同的材料进行分层填筑、分层压实。

3. 双侧加宽

(1)如原路基较宽,路面加宽后,路肩宽度大于75 cm时,可以直接将原路肩挖至路面基层并碾压密实,做1 cm下封层,设置拉杆,浇筑混凝土板。
(2)如路基较窄,不具备加宽路面条件的路段,应先加宽路基。如果施工机械和操作方法能保证路基加宽部分达到设计规定的密实度,即可进行路面加宽。原则上,应待路基压实稳定后再加宽路面。
(3)测定路基弯沉,当路基弯沉达到设计要求后可铺筑路面基层。
(4)结合路基拓宽,增加完善纵、横向排水系统。
(5)采用与原路面基层结构相同的材料铺筑路面基层。若路面基层厚度大于20 cm,可采取相错搭接法进行,如图6-12所示。

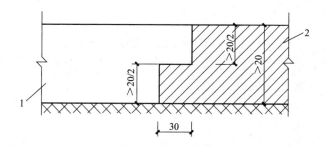

图 6-12　相错搭接法(尺寸单位：cm)

1—原有基层；2—新铺加宽基层

对于两侧相等加宽路面(图 6-13)，其施工方法如下：
1)用切割机距原基层边缘 30 cm，沿路线纵向切割 1/2 基层厚度。
2)用风镐凿除 30 cm 范围内的 1/2 基层厚度。
3)分层摊铺压实路面基层。新加宽的基层强度不得低于原有水泥路面的基层强度。

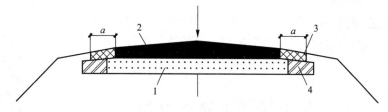

图 6-13　两侧相等加宽路面

1—原基层；2—原路面；3—加宽路面；4—加宽基层

对不能采取两侧相等加宽的路面，如加宽差数在 1 m 以下，不必调整横坡，可按图 6-14 进行加宽设计；若两边加宽差超过 1 m，必须调整路拱横坡，可按图 6-15 进行加宽设计。

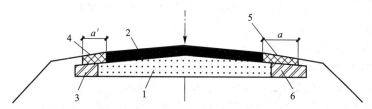

图 6-14　两侧不相等加宽路面($a-a'<1$ m 时不调整路拱)

1—原基层；2—原路面；3—加宽基层较窄；
4—加宽面层较窄；5—加宽面层较宽；6—加宽基层较宽

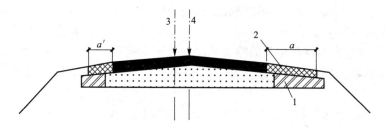

图 6-15　两侧不相等加宽路面($a-a'>1$ m 时必须调整路拱)

1—加宽基层；2—加宽面层；3—原路拱中点；4—新铺路拱中点

4. 单侧加宽

(1)受线形和地形限制时，可采取单侧加宽，如图6-16所示。

(2)在平曲线处，应按《公路工程技术标准》(JTG B01—2014)的规定设置超高和加宽段。原旧路未设的要结合路面加宽补设。

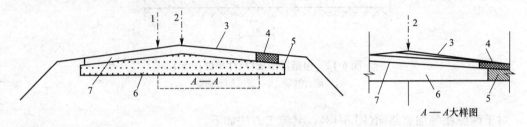

图6-16 单侧加宽路面

1—旧路拱中心；2—调拱后中心；3—调拱三角垫层；4—加宽面层；5—加宽基层；6—旧基层；7—旧面层

5. 加宽段混凝土面板

加宽段混凝土面板的强度、厚度、路拱、横缝均宜与原混凝土面板相同。板块长度比应为1.2～1.3。路面板块加宽设计应按相关设计规范执行。

6.6 水泥混凝土路面修复

视频：水泥混凝土路面修复

6.6.1 整块水泥混凝土路面板翻修

水泥混凝土路面由于施工、养护和自然因素等，使路面产生严重沉陷或严重破碎等病害，而且集中于一块板内，这时正常养护手段无济于事，只能通过整块面板的翻修，才能恢复其使用功能。

整块面板翻修的方法和工艺如下。

1. 清除混凝土碎块

首先，用风镐或液压镐凿除损坏的水泥混凝土面板块，尽可能保留原有拉杆、传力杆。若拉杆、传力杆有损坏，应该重新补设；然后，将破碎的混凝土块清运至合适的地方。

2. 处治基层

视基层损坏程度采取不同处治方法。

(1)基层损坏厚度小于8 cm，整平基层压实后，可直接浇筑与原路面强度相同的水泥混凝土，其施工应符合水泥混凝土加铺层施工规范的要求。

(2)基层损坏厚度大于8 cm且坑洼不平，应首先整平、压实基层，采用C15贫混凝土进行补强。其补强层顶面高程应与旧路面基层顶面高程相同。

(3)基层损坏极为严重，其厚度大于20 cm时，应分层处理基层，其材料应符合有关规定。

(4)在基层上，按0.5 kg/m² 沥青用量喷洒一层乳化沥青，作为防水层。

3. 排水处理

对翻修的混凝土板，处在路面排水不良地带，路面板的边缘及路肩应设置路基纵、横向排水系统。

(1)单一边板翻修时应在路面板接缝处设置横向盲沟,其设置要求按设置盲沟的有关条款执行。

(2)连续数块混凝土板块翻修时,宜设置纵、横向盲沟,并应在纵坡底部设置横向盲沟,其设置要求按设置盲沟的有关条款执行。

4. 水泥混凝土路面板块翻修工艺

混凝土施工时配合比及所用的材料,应根据路面通车时间的要求,选用快速修补材料。

(1)混凝土施工时配合比及所用材料,可参照前面有关混凝土施工时所用材料要求的有关条款执行。

(2)将混凝土拌合机设置在施工现场附近,可采用翻斗车运送混合料。

(3)混合料的摊铺由运输车直接卸在基层上,用铁锹摊铺均匀,严禁使用钉耙搂耙,以防离析;摊铺的材料厚度,应考虑振实的影响而预留一定的高度,松铺系数根据试验确定。

(4)混合料的振捣应先用插入式振动器在板边、角隅处或全面顺序振捣一次,同一位置不少于 20 s。再用平板振动器全面振捣,振捣时应重叠 10~20 cm,以不再冒泡并泛出水泥浆为止。在全面振捣后再用振动梁振实、整平,往返拖拉 2~3 遍,振动梁移动的速度应缓慢而均匀,其速度以 1.2~1.5 m/min 为宜。对不平处,应及时人工补平,最后用平直的滚杆进一步滚平表面,使表面进一步提浆。

(5)混凝土表面整修,应用木抹多次抹面至表面无泌水为止。发现面板低处应补充混凝土,并用直尺检查平整度。

(6)按原路面纹理修面,可用尼龙丝刷或拉槽器在混凝土表面横向拉槽。

(7)混凝土凝结硬化后,要在尽早时间内用切割机切缝,切割深度宜为板块 1/4 厚度,合适的切缝时间需依据经验并进行试切后决定。

(8)混凝土的养护。

1)混凝土板抹平之后,可在其表面喷洒养护剂进行养护,养护剂应在纵、横向各洒一次,洒布要均匀。

2)洒水养护,用草帘或麻袋覆盖在混凝土板表面,每天洒水 2~3 次,使混凝土经常保持潮湿状态。

(9)混凝土接缝填封应在混凝土板养护期满后立即进行。接缝填缝材料可分为接缝板及填缝料两种。填缝料又可分为加热施工式和常温施工式两种。

1)接缝板和填缝料的技术要求,应符合接缝板和填缝料的有关技术规定。

2)填缝前缝内必须清扫干净,灌注填缝料必须在缝槽干燥状态下进行,其灌注深度以 3~4 cm 为宜,下部可填入多孔柔性材料。

3)填缝料的灌注高度,夏天应与面板平,冬天宜稍低于面板。

(10)混凝土强度达到设计要求,开放交通。

6.6.2 水泥混凝土路面局部路段修复

1. 准备工作

(1)对损坏路段进行详细、全面的调查,分析原因,并制订科学的修复措施。

(2)编制施工组织设计。包括修复的资金、人员、机械、材料、施工工艺、计划进度等。

视频:水泥混凝土路面局部破损处理

2. 施工

(1) 旧混凝土破碎。

1) 用风镐进行混凝土板块破碎,尽量使其的破碎板成为约 30 cm×30 cm 的矩形小块,以利于旧板利用。

2) 采用配备液压镐的混凝土破碎机进行混凝土板块破碎,破碎时液压镐落点的间距约为 40 cm。

3) 清除混凝土碎块,运至指定地点堆放并加以利用,防止环境污染。

(2) 处理基层。

1) 对基层强度尚好、损坏不严重的基层,应整平基层,采用轻型压路机压实。对压不到的死角部分可用冲击夯等机具压实。

2) 基层强度不足且损坏较为严重时,可采用水稳性较好的材料,如水泥稳定碎石或石灰粉煤灰稳定碎石等结构层进行补强。其材料技术标准、施工工艺应符合有关规定。

(3) 部分路段排水系统。局部路段修复时,应设置纵、横向排水系统,排水系统设置应按照相关规范执行。

(4) 部分路段施工前准备工作。混凝土施工前,应在路面基层上做沥青下封层,沥青用量为 $1.0\ kg/m^2$。

(5) 新老混凝土板交界处应设传力杆。

1) 在新老路面板交界处,旧面板 1/2 板厚位置,每隔 30 cm 钻一直径为 28 mm、深为 22.5 cm 的水平孔。

2) 用压缩空气清除孔内混凝土碎屑。

3) 向孔内灌入高强度砂浆。

4) 在旧混凝土板侧涂刷沥青,将直径为 25 mm、长为 45 cm 的光圆钢筋,插入旧混凝土面板中。

5) 对损坏的拉杆要补齐,在原拉杆位置附近,打直径为 18 mm、深为 35 cm 的拉杆孔,用压缩空气清除碎屑,并灌入高强度砂浆,将直径为 14 mm、长为 70 cm 的带肋钢筋插入旧混凝土面板中 35 cm。

(6) 混凝土拌合物的浇筑。

1) 模板宜采用钢模板,模板的制作与立模应符合下列规定:

① 钢模板的高度应与混凝土板厚度一致。

② 钢模板的高度允许误差为 ±2 mm,企口舌部或凹槽的长度允许误差为 ±1 mm。

③ 立模的平面位置与高程,应符合设计要求,并应支立准确、稳固,接头紧密、平顺,不得有离缝、前后错槎和高低不平等现象。模板接头和模板与基层接触处均不得漏浆。模板与混凝土接触的表面应涂隔离剂。

2) 混凝土拌合物的摊铺,应符合下列规定:

① 混凝土板厚度小于 22 cm 时,可一次摊铺;大于 22 cm 时,可分两次摊铺。下部厚度宜为总厚度的 3/5。

② 摊铺厚度应考虑振实预留高度。

③ 采用人工摊铺,严禁抛掷和搂耙,防止混凝土拌合物离析。

3) 混凝土拌合物的振捣,应符合下列规定:

① 对厚度小于 22 cm 的混凝土板,靠边部和板角应先用插入式振动器顺序振捣,再用

功率不小于 2.2 kW 平板振动器纵横交错全面振捣。振捣时应重叠 10~20 cm，然后用振动梁振捣拖平。有钢筋的部位，振捣时应防止钢筋变位。

②振动器在每一位置振捣的持续时间，应以拌合物停止下沉、不再冒泡并泛出水泥浆为准，并不宜过振。用平板振动器振捣时，不宜少于 15 s；水胶比小于 0.45 时，不宜少于 30 s；用插入式振动器振捣时，不宜少于 20 s。

③当采用插入式振动器与平板振动器配合使用时，应先用插入式振动器振捣，而后用平板振动器振捣。大于 22 cm 的混凝土板，分两次摊铺。振捣上层混凝土拌合物时，插入式振动器应插入下层混凝土 5 cm，上层混凝土的振捣必须在下层混凝土初凝以前完成。插入式振动器的移动间距不宜大于其作用半径的 1.5 倍，其至模板的距离不应大于振动器作用半径的 0.5 倍，并应避免碰撞模板和钢筋。

④振捣时应以人工找平，并应随时检查模板。如有下沉、变形或松动，应及时纠正。

(7)混凝土拌合物整平。混凝土整平工艺应符合下列规定：
1)填补找平板面应选用混凝土拌合物的原浆，严禁用纯砂浆填补找平。
2)混凝土拌合物经用振动梁整平后，可再用滚筒进一步整平。
3)设有路拱时，应使用路拱成形板整平，整平时必须保持模板顶面整洁、接缝板面平整。

(8)混凝土面板接缝施工。
1)胀缝的施工应符合下列规定：
①胀缝应与路面中心线垂直，缝壁与板面必须垂直，缝隙宽度必须一致，缝中不得连浆，缝隙下部应设置胀缝板，上部应浇灌填缝料。
②胀缝传力杆的活动端，可设置在缝的一边，或交错布置；固定后的传力杆必须平行于面板和路面中心线，其误差不得大于 5 mm。传力杆的固定可采用支架固定安装的方法。
2)缩缝的施工应采用切缝法。当受条件限制时，可采用压缝法，但是高速公路必须采用切缝法。

(9)纵缝施工。
1)平缝纵缝。对已浇混凝土板的缝应涂刷沥青，并应避免涂在拉杆上。浇筑邻板时，缝的上部应压成规定深度的缝槽。
2)企口缝纵缝。宜浇筑混凝土板凹处的一边；缝壁应涂刷沥青，浇筑邻板时，应靠缝壁浇筑。
3)整幅浇筑纵缝的切缝或压缝，应符合前面有关规定。
4)纵缝设置拉杆应采用带肋钢筋，并应设置在板厚中间。应预先根据拉杆的设计位置放样打眼。

(10)混凝土板养护。
1)湿法养护应符合下列规定：
①宜用草袋、草帘等在混凝土终凝后覆盖于面板表面，每天应均匀洒水，经常保持潮湿状态。
②昼夜温差大的地区，混凝土板浇筑 1 d 内，应采取保温措施，防止混凝土板产生收缩裂缝。
③混凝土板在养护期间和填缝前，应禁止车辆通行，在达到设计强度的 40% 以后，方可允许行人通行。

2)塑料薄膜养护应符合以下规定:
①塑料薄膜溶液的配合比应根据试验确定,并做好储运和安全工作。
②塑料薄膜施工宜采用喷洒法。当混凝土表面不见浮土或用手指压无痕迹时,可进行喷洒。
③喷洒厚度以能形成薄膜为度,其用量宜控制在 350 g/m² 以上。
④塑料薄膜喷洒后 3 d 内禁止行人通行,养护期和填缝前禁止一切车辆通行,以确保薄膜的完整。
3)拆除模板。拆模时不得损坏混凝土板角、边,尽量保持完好。
4)混凝土板达到设计强度后,方可开放交通。

6.6.3 水泥混凝土整块桥面板翻修

桥面的主要组成部分有桥面板、桥面铺装层和伸缩缝等。桥面直接受汽车车轮荷载的作用,应力集中显著。随着交通量迅速增长,过桥车辆增多和车辆的日趋大型化、重型化,车辆对桥梁构件,尤其是对桥面的冲击力增加,应力超过的频率、疲劳的影响都越来越大。因此,钢筋混凝土桥面板、桥面铺装层和伸缩缝的损坏时有发生,对其损坏部分应及时修复,以确保行车安全畅通。

1. 桥面损坏的原因

(1)设计承载能力不足。许多公路技术等级都提高了,而桥梁设计承载能力达不到公路技术等级标准。
(2)超重车荷载作用。车辆的大型化、重型化,使桥面经常处于超负荷状态。
(3)过大的冲击力作用。车辆的大型化、重型化和车辆的高速行驶,巨大的冲击力加速桥面的破坏。
(4)混凝土板的桥面铺装层和伸缩缝的质量较差或施工不良。
(5)桥面板分布钢筋数量不足和板的刚度不够。
(6)由于对支撑梁的不均匀下沉而产生的附加弯矩作用等。

2. 桥面损坏的形式

(1)桥面板损坏。钢筋混凝土桥面板破坏形式,一般有裂缝、磨耗、剥离、露筋、锈蚀,严重的还会出现碎裂、脱落、洞穴等。
(2)铺装层损坏。
1)沥青类铺装层损坏形式,一般与沥青路面的病害相同,主要有裂缝、坑槽、松散、露骨、拥包、泛油等。
2)普通水泥混凝土铺装层的损坏形式主要有表面碎裂、洞穴、脱落等。
(3)伸缩缝损坏。
1)橡胶伸缩缝老化、变形。
2)钢板伸缩缝损坏,常见的是钢板与角钢焊接破裂。
3)梳形钢板伸缩缝损坏主要有梳齿断裂或出现裂缝。

3. 桥面损坏的修复

(1)桥面板修复。
1)桥面板局部出现表面碎裂、脱落或洞穴现象,应采取局部修复的方法进行维修。

①画定修补区域,将损坏部分标画出规则图形,如图 6-17 所示。

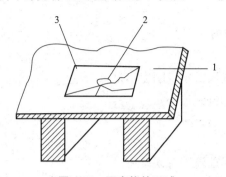

图 6-17 画定修补区域
1—桥面板;2—碎裂脱落;3—损坏部分凿除

②将桥面损坏部分用风镐全部凿除,其深度应视损坏轻重程度而定,标画区边缘应为垂直面,凿除时应保持钢筋网的完整性,如钢筋断裂,用同样规格的钢筋焊接。

③清除修补区内混凝土碎屑和灰尘。

④按原桥面板混凝土设计强度等级,制备、浇筑修补混凝土,并保持与原面板平整、密实。

⑤用草垫等物覆盖进行保湿养护。

⑥待混凝土达到通车强度后,开放交通。

2)整块面板修复。在桥面板破碎、脱落等损坏特别严重时,应重新浇筑混凝土桥面板。

(2)铺装层修复。

1)沥青类铺装层出现泛油、松散、露骨、坑槽、裂缝等病害时,按沥青路面病害处治方法进行处治,并应符合《公路沥青路面施工技术规范》(JTG F40—2004)和《公路沥青路面养护技术规范》(JTG 5142—2019)的规定。

2)水泥混凝土铺装层修复。水泥混凝土铺装层如有磨光、脱皮等缺损,可用如下方法进行修复。

①凿补法:不改变原有桥面铺装层结构。

a. 用风镐将旧水泥混凝土铺装层表面凿毛 5 cm,使集料露出并清除混凝土碎屑。

b. 用高压水枪将凿毛面用清水冲洗干净。

c. 在凿毛面上涂刷一层同强度等级的水泥砂浆或胶粘剂。

d. 铺筑一层 5 cm 厚的细石水泥混凝土铺装层。

②沥青罩面法:采用沥青混凝土修复桥面铺装层。沥青混凝土铺装较水泥混凝土铺装方法容易,桥面上、下层结合较牢固,施工期短,交通影响较小。首先应对桥面病害进行彻底处治,然后加铺一层 3 cm 的细粒式沥青混凝土。

③桥面翻修法:原桥面铺装层损坏严重,采取全部凿除、重新浇筑铺装层的方法。新铺的桥面铺装层可采用钢筋混凝土和钢纤维混凝土结构层。

a. 用风镐将旧水泥混凝土铺装层凿除。注意保留桥面板钢筋,人工清除混凝土碎块。

b. 用高压水枪将桥面板用清水冲洗干净。

c. 铺设桥面钢筋网,将桥面板钢筋与钢筋网绑扎成一个整体。

d. 按桥面混凝土设计强度等级,制备、浇筑桥面混凝土。其施工工艺应符合水泥混凝土路面施工规范。

(3)伸缩缝损坏。

1)桥面伸缩缝损坏的原因。

①设计方面的原因：

a. 桥面板端部和伸缩缝构造本身刚度不足；

b. 伸缩缝构造锚固的构件强度不足；

c. 伸缩间距过大。

②施工方面的原因：

a. 桥面板之间伸缩缝间距施工有误。

b. 伸缩缝装置安装得不好。

c. 桥面铺装浇筑质量不佳。

d. 墩台施工质量不良等。

③养护不良和外因影响：

a. 交通量增加，车辆荷载增大。

b. 桥面铺装层病害较多。

c. 桥面清扫不及时。

d. 支座损坏影响等。

2)伸缩缝的修复。目前，常用的桥面伸缩缝有橡胶伸缩缝和钢板混凝土卷板式伸缩缝。如果伸缩缝已失效，应立即采取更换措施。更换的操作程序如下：

①用人工或机械将伸缩缝两边各宽 40 cm 范围内的铺装层凿除，其边缘为垂直面，如图 6-18 所示。

②清除混凝土块和碎屑，并将凿除面冲洗干净，调整修复原预埋螺栓锚筋及露出的桥面钢筋。

③如新装橡胶伸缩缝，应凿挖或钻成埋置螺栓用的锚筋孔，并预先埋置好锚筋，直接焊接在桥面钢筋上，在孔内灌注环氧树脂，使其牢固。

④预埋螺栓，必须位置正确、牢固。

⑤安装橡胶板伸缩缝，使橡胶板平整、坚实。

⑥按原桥面混凝土设计强度等级，制备钢纤维修补混凝土、浇筑钢纤维混凝土。为维持通车，可以半幅桥面施工，也可以在伸缩缝上架设跨缝设施，待混凝土达到通车强度后，开放交通。

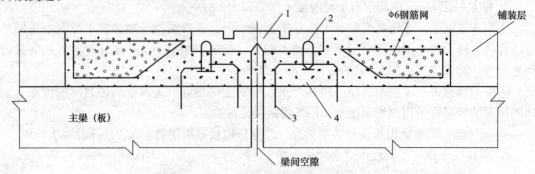

图 6-18 橡胶板伸缩缝构造图

1—橡胶板；2—预埋螺筋；3—预埋锚筋；4—水平筋

6.7 旧水泥混凝土路面再生利用

6.7.1 旧水泥混凝土路面回收

关于旧水泥混凝土路面回收方法，简述如下：

(1)对旧水泥混凝土路面及地下状况进行调查，并在平面图上标注地下构造物，如涵洞、地下管道(自来水管、煤气管、通信电缆、光缆)、排水设施(下水管)等的位置，并标注桥头搭板和沥青混凝土修补路段的位置。

(2)用铣刨机或人工清除旧水泥路面板块上的沥青混凝土。用推土机将路肩材料推光，让路边暴露出来。

(3)对地下构造物如涵洞、地下管道(线)、排水设施等，以及桥头搭板位置和破碎板与保留板连接处的第一块旧混凝土板，使用液压镐破碎。

(4)旧混凝土板块破碎时从路中心线开始，用冲击锤交替向路肩进行破碎旧混凝土路面板块，落锤中心距为45 cm。经破碎机破碎后的碎块边长约为30 cm。

(5)破碎工作结束后，用装载机将水泥混凝土碎料堆积在旧路面的中线附近。

(6)将回收的水泥混凝土路面材料运送到轧石厂。在装车和运输过程中，这些回收旧料还会进一步破碎，应注意及时将暴露的钢筋抽出来。

6.7.2 再生水泥混凝土路面

对旧水泥混凝土路面回收材料的技术要求和措施，简述如下：

(1)旧混凝土板块强度达到石料二级标准，可作为再生混凝土集料使用。旧混凝土集料的最大粒径为40 mm，小于20 mm的粒料不再作为集料。

(2)水泥混凝土路面的碎块材料较轻，收水性强、磨损试验的损失较大，相对密度较小。采用回收集料的混凝土混合料的和易性比采用原生集料差，尤其是细集料有尖锐棱角。采用天然细集料，可解决和易性差和水分控制问题。

(3)粉煤灰可以作为一种提高和易性的掺加剂加入混合料中，也可用来等量替代一部分水泥。可采用减水剂减少需水量。

(4)做混凝土配合比设计时，粒径小于20 mm的集料宜采用新的碎石。宜掺加减水剂和二级干粉煤灰。

(5)再生水泥混凝土路面施工与普通水泥混凝土路面施工工艺基本相同。

6.7.3 使用石灰粉煤灰稳定旧混凝土集料

对石灰粉煤灰稳定旧混凝土集料的技术要求和施工，简述如下：

(1)旧水泥混凝土集料强度要求。水泥石强度达到三级标准，可作为基层集料使用。

(2)旧水泥混凝土用作集料的粒径要求。集料的最大粒径不超过30 mm，压碎值<30%。集料级配范围见表6-10。

表 6-10　石灰粉煤灰稳定粉碎混凝土集料级配要求(方孔筛)

筛孔尺寸/mm	31.5	19.0	9.5	4.75	2.38	1.18	0.6	0.075
通过率/%	100	81~98	52~70	30~50	18~38	10~27	6~20	0~7

(3)混合料组成设计。

1)石灰∶粉煤灰＝1∶2~1∶4。

2)石灰粉煤灰∶级配碎石＝20∶80~15∶85。

3)石灰∶粉煤灰∶级配碎石＝5∶13∶82。

(4)设计步骤。

1)确定石灰粉煤灰再生集料的最佳含水率和最大干密度(用重型击实试验法)。

2)按最佳含水率和计算得到的干密度制备试件。

3)试件在25℃±2℃下保湿养护6 d，浸水1 d后，进行无侧限抗压强度试验。

4)石灰粉煤灰混合料7 d浸水抗压强度0.8 MPa。

(5)石灰粉煤灰稳定旧混凝土集料施工。石灰粉煤灰稳定旧混凝土集料的施工与二灰碎石施工工艺基本相同。

6.7.4　水泥稳定旧混凝土集料

对水泥稳定旧混凝土集料的技术要求和施工，简述如下：

(1)旧水泥混凝土集料强度要求。水泥石强度达到三级以上标准，可作为水泥稳定粉碎混凝土基层集料。

(2)旧水泥混凝土用作集料的粒径要求。集料的最大粒径不超过30 mm，压碎值＜30%。集料级配范围见表6-11。

表 6-11　水泥稳定旧混凝土集料级配要求

筛孔尺寸/mm	31.5	26.5	19.0	9.5	4.75	2.36	0.6	0.075
通过率/%	100	90~100	75~89	47~67	29~49	17~35	8~22	0~7

(3)混合料组成设计。

(4)混合料运输。

1)应尽快将搅拌成的混合料运送到铺筑现场。车上的混合料应覆盖，以减少水分损失。

2)运输车辆一定要满足拌合料与摊铺的需要。

(5)混合料摊铺。

1)拌合机与摊铺机的摊铺能力应相互匹配，摊铺机应连续摊铺。

2)清除底基层表面浮土等杂物。

3)水泥稳定粉碎混凝土混合料的松铺系数为1.20~1.30。

4)在摊铺机后应设专人消除混合料离析现象，应铲除局部粗集料"窝"，并用新拌混合料填补。严禁用薄层贴补法进行找平。

(6)混合料碾压。

1)应在混合料含水率处于或略大于最佳含水率(气候炎热干燥时，基层混合料可大于1%~2%)时进行碾压，直到达到要求的压实度。

2)在碾压过程中,水泥稳定粒料的表面应始终保持湿润,如水分蒸发过快,应及时补洒少量雾状水。

3)碾压宜在水泥终凝前及试验确定的延迟时间内完成,并达到要求的压实度,同时没有明显的轮迹。

(7)横缝设置。横缝应与路面车道中心线垂直设置。

(8)养护。

6.7.5 旧水泥混凝土碎块垫层

1. 一般规定

(1)水泥混凝土路面破损状况(PCI)属差级时,应将混凝土板破碎,作为底基层使用。

(2)在水泥混凝土路面两侧板底高程以下 20 cm×20 cm 处,开挖纵向排水沟,每隔 20 cm 开挖 20 cm×20 cm 横向排水沟,排除路面积水。

(3)对水泥混凝土路面进行调查,在平面图上标注地下构造物,确定破碎混凝土板的范围。

2. 水泥稳定碎块混凝土垫层

(1)在不允许采用冲击锤施工的位置,先用液压镐进行破碎混凝土施工。

(2)在允许采用冲击锤施工的部位,在混凝土板上画出 45 cm×45 cm 的网格。

(3)采用冲击锤对准网格结点进行冲击,混凝土板块最大边长尺寸不超过 30 cm。

(4)采用砂浆搅拌机,按水泥:砂:水=1:4:0.5 制备水泥砂浆。

(5)用人工将砂浆灌入破碎板缝隙内。

(6)用 15 t 以上的轮胎式振动压路机进行振动碾压,压路机碾压速度为 2.5 km/h,往返碾压 6~8 遍。压路机在振碾过程中,一旦发现缺浆应立即进行补浆,要求底基层上有一层 0.5 cm 厚的薄层砂浆。

(7)对软弱松动的碎块应予清除,并用 C15 混凝土回填。

(8)水泥砂浆稳定破碎板应保养 3 d。3 d 后可进行弯沉测量。凡弯沉达不到设计要求,应将弯沉大于 0.55 mm 的较大点位置的破碎板进行挖补,用 C15 贫混凝土回填,一般代表弯沉值控制在 0.67 mm 以下。

3. 断裂稳固旧水泥混凝土路面垫层

(1)在进行冲击破碎施工前,首先要调查清楚施工路段上的涵洞、通道、桥台的位置,用石灰水标明破碎压实范围和控制点,检测人员做好一切准备工作。

(2)压实机械行驶速度一般为 9~12 km/h,转弯半径为 8 m,冲压遍数根据沉降量和混凝土块的破碎状况来确定。行车道和超车道一般冲压 20 遍左右,然后根据具体实际情况再酌情增减。

(3)混凝土面板在水平方向所受的约束力越小,冲击破碎的效果越好。因此,施工作业时,冲击顺序应从路面的边板开始,即从路肩—行车道—超车道依次进行。

(4)冲压质量控制。采用冲击压实技术修复混凝土路面的质量目标:破碎并稳固混凝土面板,并使其破碎板块紧密嵌锁,与压实后的原路面基层形成稳固、厚实的底基层,有效减少和缓解反射裂缝。采用路面沉降量、冲击遍数和板块破碎状况,作为冲击压实的质量控制指标。

1)沉降量与冲击遍数控制。沉降量与冲击遍数是紧密相关的。沉降量用不同冲压遍数后测得的路面高程之差计算得出。检测方法和频率：在路面上布置好沉降量高程检测点，测点布置如图 6-19 所示。

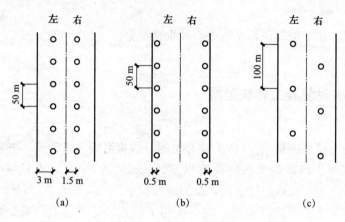

图 6-19　测点布置图
(a)沉降观测点布置图；(b)压实度测点布置图；(c)贝克曼梁弯沉布置图

2)破碎状态控制。应先对未冲压前混凝土板块损坏情况进行现场实测和记录，以后每 5 遍检测一次。最终破碎的网状碎块应控制在 45～60 cm。该碎块并非一般意义的明显碎块，而是裂缝(纹)贯穿块与块之间并形成集料嵌锁的结构，从而保全原路面所具有的大部分结构强度。

(5)冲压施工注意事项。由于冲压时产生极强冲击力，因此施工时必须对其影响范围内的涵洞等构造物进行安全避让。

冲压破碎后，路面产生大量的裂缝，丧失抵抗雨水渗透侵蚀的能力，会造成板下基层和土基含水率增大且不易散发，影响冲压效果。因此，路面破碎后要及时进行防水处理，最好及时采取沥青下封等措施。

项目 7 公路技术状况评定

重点内容

本项目主要介绍了公路技术状况评定指标等知识。

学习要求

通过学习《公路技术状况评定标准》(JTG 5210—2018),学生可以了解评定指标,并将其应用于工程实际。

7.1 概述

在公路管理中,对公路技术状况进行评价是其最根本,也是最重要的一项工作。对公路技术状况评价,应建立一套客观、科学、定量的评价方法。好的评价方法应具有两个方面特质,即评价模型(指标体系)能准确反映设施状态;数据采集具有可操作性。

路面使用性能是一个覆盖面很宽的技术术语,泛指路面的各种技术行为。

自 1962 年 Caray 和 Irick 首次提出了路面使用性能(Performance)的概念以来,人们对路面使用性能的理解和认识在不断变迁;相应地,路面使用性能的评价方法也在不断变化。迄今为止,比较一致的看法是:路面的使用性能包括 5 个方面,即损坏状况、行驶质量、结构承载能力、行驶安全性和外观。所以,通常的路面评价方法都是根据这几个方面进行设计的。

一般来说,评价指标可分为综合性指标和单一性指标两大类。综合性指标是对路面使用性能的综合测度,它可以综合地表征路面使用性能的复杂内涵;单一性指标是对路面使用性能诸多局部特征的具体测度,它可以采用多项指标明确地表征路面使用性能各组分的详细情况。

综合性指标的优点是能反映路面使用性能的总体状况,指标单一,便于比较;其缺点是不能确切反映使用性能局部的具体测度,不便于诊断原委和制定具有针对性的对策。

单一性指标的优点、缺点与综合性指标的优点、缺点正好相反,其优点是便于诊断原委和制定针对性强的对策;缺点是分类过细,对数据采集精度要求很高,不便于相互比较,不能直观反映路面使用性能的总体状况。

要根据不同的应用目的,选择不同的指标。

1. 国外评价指标

20 世纪 60 年代初期,美国实施了 AASHO 道路试验,提出了路面使用(服务)性能评价指标,建立了现时服务能力指数 PSI(Present Serviceability Index)路面评价模型。PSI 评价模型的建立标志着世界范围路面使用性能评价技术研究的开始,对路面养护管理技术的发展有着深远的影响。在随后的 20 多年里,随着检测技术的进步、装备水平的提高和路面管理系统(PMS)的深入研究及广泛应用,许多国家(包括加拿大、英国、芬兰、法国、日本)和国际机构(世界银行)先后提出了不同的路面评价指标,建立了不同类型的路面评价模型。其中包括加拿大的行驶舒适性指数(RCI)、英国的道路状况指数(RCI)、日本的养护管理指数(MCI)和美国军事机构开发的路面状况指数(PCI),上述路面评价模型包含了多变量模型和单参数模型。

(1)美国:现时服务能力指数(PSI)。在世界公路管理史上,第一个路面使用性能评价模型是美国研究人员基于 AASHO 道路试验近 10 年的观测数据,于 20 世纪 60 年代中期提出的现时服务能力指数 PSI。

在随后的许多年里,根据 AASHO 试验结果和 PSI 模型结构及参数,许多国家和地区如加拿大、英国、日本等的研究部门分别建立了不同用途的路面使用性能评价模型。这些模型的共同特点是将客观数据与标准统一的评价尺度建立联系,利用统一的标尺评价不同的路面损坏。

现时服务能力指数 PSI 是 AASHO 道路试验的重要研究成果之一,也是在公路养护管理中采用专家技术建立路面评价模型的成功范例。

在建立 PSI 模型时,研究人员将与公路有关、职业不同的各种评价人员,如道路建设人员、道路养护人员、汽车运输人员、汽车制造人员组织一个由多人组成的专家组。通过道路现场评价,确定每个试验路段的专家评价结果。在进行专家调查评价的同时,道路检测人员对试验路段的路面损坏进行调查与检测,随后用数学方法建立路面损坏与专家评价结果之间的数学关系,确定相关参数,形成现时服务能力指数 PSI。

(2)养护管理(控制)指数(MCI)。与美国 PSI 相反,日本 PSI 模型重视路面裂缝和路面车辙,道路平整度仅占较轻的比重。日本模型反映了 20 世纪 70 年代末期日本路面的技术状况和公路管理部门所重视的主要因素。

日本建设省土木研究所研究员在参考美国和日本 PSI 基础上,研究开发了养护管理(控制)指数 MCI。与美国 PSI 不同,饭岛等采用的专家组是由道路管理人员组成的。现场评价的目的也仅考虑道路平整度、路面裂缝率和路面车辙对道路养护管理和养护需求的影响。

在日本 MCI 的模型中,道路平整度占很小比重,其影响效果与日本道路养护技术规范的 PSI 基本相似。日本 MCI 考虑了多种关系模型以求准确处理不同的路面状况,同时也给应用带来了混乱。日本的 MCI 模型是美国 PSI 建模思路的延续,但也包含了一些模糊不定的创新意识:将路面损坏因素分离开来,用单变量构建路面评价模型。

2. 国内评价指标

我国国内从 20 世纪 80 年代开始接触路面管理系统,在借鉴国外相关研究成果的基础上,根据我国路面的特点,建立了一系列路面评价模型。我国早期建立的路面评价模型,模型结构深受美国 PSI 的影响。经过后续不断改进完善,形成了《公路技术状况评定标准》(JTG 5210—2018)中的路面评价指标体系。

7.2 公路技术状况评价指标及标准

公路技术状况指数是指用于综合评价公路路基、路面、桥隧构造物和沿线设施技术状况的指标。路面技术状况指数是指用于综合评价路面损坏、路面平整度、路面车辙、路面跳车、路面磨耗、路面抗滑性能和路面结构强度技术状况的指标。路面跳车是指由路面异常突起或沉陷等损坏引起的车辆突然颠簸。路面磨耗是指路面表面构造磨损状况。

公路技术状况评定应采用公路技术状况指数 MQI 和相应分项指标——路基技术状况指数 SCI、路面技术状况指数 PQI、桥隧构造物技术状况指数 BCI 和沿线设施技术状况指数 TCI。

路面技术状况评定应采用路面技术状况指数 PQI 和相应分项指标——路面损坏状况指数 PCI、路面行驶质量指数 RQI、路面车辙深度指数 RDI、路面跳车指数 PBI、路面磨耗指数 PWI、路面抗滑性能指数 SRI 和路面结构强度指数 PSSI。

公路技术状况指标体系如图 7-1 所示。公路技术状况指数 MQI 和相应分项指标值域为 0~100。

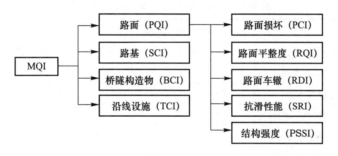

图 7-1 公路技术状况指标体系

图中：MQI—公路技术状况指数(Highway Maintenance Quality Indicator)；
　　　SCI—路基技术状况指数(Subgrade Condition Index)；
　　　PQI—路面技术状况指数(Pavement Maintenance Quality Index)；
　　　BCI—桥隧构造物技术状况指数(Bridge, Tunnel and Culvert Condition Index)；
　　　TCI—沿线设施技术状况指数(Trafic Facility Condition Index)；
　　　PCI—路面损坏状况指数(Pavement Surface Condition Index)；
　　　RQI—路面行驶质量指数(Pavement Riding Quality Index)；
　　　RDI—路面车辙深度指数(Pavement Rutting Depth Index)；
　　　SRI—路面抗滑性能指数(Pavement Skidding Resistance Index)；
　　　PSSI—路面结构强度指数(Pavement Structure Strength Index)。

公路技术状况可分为优、良、中、次、差五个等级。公路技术状况等级按表 7-1 规定的标准确定。

表 7-1 公路技术状况评定标准

评价等级	优	良	中	次	差
MQI 及各级分项指标	≥90	≥80，<90	≥70，<80	≥60，<70	<60

7.3 公路技术状况检测与调查

7.3.1 一般规定

公路技术状况检测与调查应包括路基、路面、桥隧构造物和沿线设施四部分内容。路面检测与调查应包括路面损坏、路面平整度、路面车辙、路面跳车、路面磨耗、路面抗滑性能和路面结构强度七项内容。

公路技术状况检测与调查应以 1 000 m 路段长度为基本检测（或调查）单元。在路面类型、交通量、路面宽度和养管单位等变化处，检测（或调查）单元的长度可不受此规定限制。

公路技术状况检测与调查应按上行（桩号递增方向）和下行（桩号递减方向）两个方向分别实施。二、三、四级公路可不分上下行检测与调查。

公路技术状况检测与调查的频率应按表 7-2 的规定执行。

不具备自动化检测条件的路线或路段可采用人工调查方式，人工调查宜采用便携设备。

表 7-2 公路技术状况检测与调查的频率

检查与调查内容		沥青路面		水泥混凝土路面	
路面 PQI	路面损坏	1年1次	1年1次	1年1次	1年1次
	路面平整度	1年1次	1年1次	1年1次	1年1次
	路面车辙	1年1次			
	路面跳车	1年1次		1年1次	
	路面磨耗	1年1次		1年1次	
	路面抗滑性能	2年1次		2年1次	
	路面结构强度	抽样检测	抽样检测		
路基 SCI		1年1次			
桥隧构造物 BCI		按现行标准规范的有关规定执行			
沿线设施		1年1次			

注：1. 路面结构强度为抽样检测指标，抽样检测的路线或路段应按路面养护管理需要确定，最低抽样比例不得低于公路网列养里程的 20%。
  2. 路面磨耗和路面抗滑性能为二选一指标，在检测与调查中可二选一。

7.3.2 路面技术状况自动化检测

路面技术状况自动化检测指标应包括路面破损率 DR、国际平整度指数 IRI、路面车辙深度 RD、路面跳车 PB、路面构造深度 MPD、横向力系数 SFC 和路面弯沉 l。其中，路面构造深度 MPD 和横向力系数 SFC 应为二选一指标。

路面技术状况自动化检测应符合现行《多功能路况快速检测设备》（GB/T 26764—2011）和《公路路面技术状况自动化检测规程》（JTG/T E61—2014）的规定。

路面技术状况检测应采用自动化检测设备。每个检测方向应至少检测一个主要行车道。

二、三、四级公路的路面技术状况检测宜选择技术状况相对较差的方向。

(1)路面损坏自动化检测应满足下列要求：

1)检测指标应为路面破损率DR，每10 m应计算1个统计值。

2)路面损坏应纵向连续检测，横向检测宽度不应小于车道宽度的70%。检测设备应能分辨约1 mm的路面裂缝，检测数据宜采用机器自动识别，识别准确率应达到90%以上，高速公路宜采用95%以上的识别准确率。

(2)路面平整度自动化检测应满足下列要求：

1)应采用断面类检测设备。

2)检测指标应为国际平整度指数IRI，每10 m应计算1个统计值。

3)超出设备有效速度或有效加速度范围的检测数据应为无效数据。

(3)路面车辙自动化检测应满足下列要求：

1)应采用断面类检测设备。

2)检测指标应为路面车辙深度RD，每10 m应计算1个统计值。

3)当横断面数据出现异常或横断面数据不完整时，该检测断面应为无效数据。

(4)路面跳车自动化检测应满足下列要求：

1)应采用断面类检测设备。

2)检测指标应为路面跳车PB，路面跳车PB应按处计算，每10 m应计算1个统计值。

(5)路面磨耗自动化检测应满足下列要求：

1)应采用断面类检测设备。

2)检测位置应为车道的左轮迹带、右轮迹带和无磨损的车道中线或同质路肩。

3)检测指标应为路面构造深度MPD，每10 m应计算1个统计值。

(6)路面抗滑性能自动化检测应满足下列要求：

1)应采用横向力系数检测设备或其他具有有效相关关系的自动化检测设备，相关系数不应小于0.95。

2)检测指标应为横向力系数SFC，每10 m应计算1个统计值。

(7)路面结构强度自动化检测应满足下列要求：

1)应采用与贝克曼梁具有有效相关关系的高效自动化弯沉检测设备，相关系数不应小于0.95。

2)检测指标应为路面弯沉l，每20 m应计算1个统计值。

3)路面弯沉检测应满足现行《公路路基路面现场测试规程》(JTG 3450—2019)的规定。

7.4 公路技术状况评定

公路技术状况评定应以1 000 m路段长度为基本评定单元。在路面类型、交通量、路面宽度和养管单位等变化处，评定单元的长度可不受此规定限制。公路技术状况评定应计算优等路率、优良路率和次差路率三项统计指标。

7.4.1 公路技术状况(MQI)评定

公路技术状况指数MQI按式(7-1)计算。

$$MQI = w_{PQI}PQI + w_{SCI}SCI + w_{BCI}BCI + w_{TCI}TCI \tag{7-1}$$

式中　w_{PQI}——PQI 在 MQI 中的权重，取值为 0.70；

　　　w_{SCI}——SCI 在 MQI 中的权重，取值为 0.08；

　　　w_{BCI}——BCI 在 MQI 中的权重，取值为 0.12；

　　　w_{TCI}——TCI 在 MQI 中的权重，取值为 0.10。

对长度小于或大于 1 000 m 的非整千米评定单元，除 PQI 外，SCI、BCI 和 TCI 三项指标的实际扣分应换算成基本评定单元的扣分[实际扣分×基本评定单元长度(1 000 m)/实际评定单元长度]。桥隧构造物评价结果(BCI)应计入桥隧构造物所属评定单元。

存在 5 类桥梁、5 类隧道、危险涵洞及影响交通安全的重度边坡坍塌的评定单元，MQI 值应取 0。

路线公路技术状况评定时，应采用路线内所有评定单元 MQI 的算术平均值作为该路线的 MQI。

公路网公路技术状况评定时，应采用公路网内所有路线 MQI 的长度加权平均值作为该公路网的 MQI。

MQI 及各级分项指标评价结果应保留两位小数。

7.4.2　路基技术状况(SCI)评定

路基技术状况用路基技术状况指数(SCI)评价，按式(7-2)计算。

$$SCI = \sum_{i=1}^{8} w_i(100 - GD_{iSCI}) \tag{7-2}$$

式中　GD_{iSCI}——第 i 类路基损坏的总扣分，最高分值为 100，按表 7-3 的规定计算；

　　　w_i——第 i 类路基损坏的权重，按表 7-3 取值；

　　　i——路基损坏类型总数，取 7。

表 7-3　路基损坏扣分标准

类型 i	损坏名称	损坏程度	计量单位	单位扣分	权重 w_i	备注
1	路肩损坏	轻	m²	1	0.10	
		重		2		
3	边坡坍塌	轻	处	20	0.25	边坡坍塌为重度且影响交通安全时，该评定单元的 MQI 值应取 0
		中		50		
		重		100		
4	水毁冲沟	轻	处	20	0.15	
		中		30		
		重		50		
5	路基构造物损坏	轻	处	20	0.10	路基构造物损坏为重度时，该评定单元的 SCI 值应取 0
		中		50		
		重		100		
6	路缘石缺损		m	4	0.05	

续表

类型 i	损坏名称	损坏程度	计量单位	单位扣分	权重 w_i	备注
7	路基沉降	轻	处	20	0.25	
		中		30		
		重		50		
8	排水不畅	轻	处	20	0.10	
		中		50		
		重		100		

7.4.3 路面技术状况(SCI)评定

沥青路面使用性能评价包含路面损坏、平整度、车辙、抗滑性能和结构强度五项技术内容。其中，路面结构强度为抽样评定指标，单独计算与评定，评定范围根据路面大、中、修养护需求，路基的地质条件等自行确定。

水泥混凝土路面使用性能评价包含路面损坏、平整度和抗滑性能三项技术内容；砂石路面使用性能评价只包含路面损坏一项技术内容。

路面使用性能指数（PQI）按式(7-3)计算。

$$PQI = w_{PCI}PCI + w_{RQI}RQI + w_{RDI}RDI + w_{PBI}PBI + w_{PWI}PWI + w_{SRI}SRI + w_{PSSI}PSSI \quad (7-3)$$

式中 w_{PCI}——PCI 在 PQI 中的权重，按表 7-4 取值；

w_{RQI}——RQI 在 PQI 中的权重，按表 7-4 取值；

w_{RDI}——RDI 在 PQI 中的权重，按表 7-4 取值；

w_{PBI}——PBI 在 PQI 中的权重，按表 7-4 取值；

w_{PWI}——PWI 在 PQI 中的权重，按表 7-4 取值；

w_{SRI}——SRI 在 PQI 中的权重，按表 7-4 取值；

w_{PSSI}——PSSI 在 PQI 中的权重，按表 7-4 取值。

表 7-4 PQI 各分项指标权重

路面	权重	高速、一级公路	二、三、四级公路
沥青路面	w_{PCI}	0.35	0.6
	w_{RQI}	0.3	0.4
	w_{RDI}	0.15	—
	w_{PBI}	0.1	—
	$w_{SRI(PWI)}$	0.1	—
	w_{PSSI}	—	—
水泥混凝土路面	w_{PCI}	0.5	0.6
	w_{RQI}	0.3	0.4
	w_{PBI}	0.1	—
	$w_{SRI(PWI)}$	0.1	—

注：采用式(7-3)计算 PQI 时，路面抗滑性能指数 SRI 和路面磨耗指数 PWI 应二取一。

1. 路面损坏(PCI)

路面损坏用路面损坏状况指数(PCI)评价，PCI按式(7-4)、式(7-5)计算。PQI分项指标权重见表7-5。

表7-5 PQI分项指标权重

路面	权重	高速、一级公路	二、三、四级公路
沥青路面	w_{PCI}	0.35	0.60
	w_{RQI}	0.40	0.40
	w_{RDI}	0.15	—
	w_{SRI}	0.10	—
水泥混凝土路面	w_{PCI}	0.50	0.60
	w_{RQI}	0.40	0.40
	w_{SRI}	0.10	—

$$PCI = 100 - \alpha_0 DR^{\alpha_1} \tag{7-4}$$

$$DR = 100 \times \frac{\sum_{i=1}^{i_0} w_i A_i}{A} \tag{7-5}$$

式中 DR——路面破损率，为各种损坏的折合损坏面积之和与路面调查面积之百分比(%)；

A_i——第i类路面损坏的面积(m^2)；

A——调查的路面面积(调查长度与有效路面宽度之积，m^2)；

w_i——第i类路面损坏的权重，沥青路面按表7-6取值，水泥混凝土路面按表7-7取值，砂石路面按表7-8取值；

α_0——沥青路面采用15.00，水泥混凝土路面采用10.66，砂石路面采用10.10；

α_1——沥青路面采用0.412，水泥混凝土路面采用0.461，砂石路面采用0.487；

i——考虑损坏程度(轻、中、重)的第i项路面损坏类型；

i_0——包含损坏程度(轻、中、重)的损坏类型总数，沥青路面取21，水泥混凝土路面取20，砂石路面取6。

表7-6 沥青路面损坏类型和权重

类型i	损坏名称	损坏程度	权重w_i	计量单位
1	龟裂	轻	0.6	面积m^2
2		中	0.8	
3		重	1	
4	块状裂缝	轻	0.6	面积m^2
5		重	0.8	
6	纵向裂缝	轻	0.6	长度m
7		重	1	(影响宽度：0.2 m)
8	横向裂缝	轻	0.6	长度m
9		重	1	(影响宽度：0.2 m)

续表

类型 i	损坏名称	损坏程度	权重 w_i	计量单位
10	坑槽	轻	0.8	面积 m²
11		重	1	
12	松散	轻	0.6	面积 m²
13		重	1	
14	沉陷	轻	0.6	面积 m²
15		重	1	
16	车辙	轻	0.6	长度 m
17		重	1	(影响宽度：0.4 m)
18	波浪拥包	轻	0.6	面积 m²
19		重	1	
20	泛油		0.2	面积 m²
21	修补		0.1	面积 m²

表 7-7 水泥混凝土路面损坏类型和权重

类型 i	损坏名称	损坏程度	权重 w_i	计量单位
1	破碎板	轻	0.8	面积 m²
2		重	1	
3	裂缝	轻	0.6	长度 m
4		中	0.8	(影响宽度：1.0 m)
5		重	1	
6	板角断裂	轻	0.6	面积 m²
7		中	0.8	
8		重	1	
9	错台	轻	0.6	长度 m
10		重	1	(影响宽度：1.0 m)
11	唧泥		1	长度 m (影响宽度：1.0 m)
12	边角剥落	轻	0.6	长度 m
13		中	0.8	(影响宽度：1.0 m)
14		重	1	
15	接缝料损坏	轻	0.4	长度 m
16		重	0.6	(影响宽度：1.0 m)
17	坑洞		1	面积 m²
18	拱起		1	面积 m²
19	露骨		0.3	面积 m²
20	修补		0.1	面积 m²

表 7-8 砂石路面损坏类型和权重

类型 i	损坏名称	权重 w_i	计量单位
1	路拱不适	0.1	长度 m（影响宽度：3.0 m）
2	沉陷	0.8	面积 m²
3	波浪搓板	1	面积 m²
4	车辙	1	长度 m（影响宽度：0.4 m）
5	坑槽	1	面积 m²
6	露骨	0.8	面积 m²

2. 路面行驶质量(RQI)

路面平整度用路面行驶质量指数(RQI)评价，按式(7-6)计算。

$$\mathrm{RQI} = \frac{100}{1 + \alpha_0 e^{\alpha_1 \mathrm{IRI}}} \tag{7-6}$$

式中　IRI——国际平整度指数；

　　　α_0——高速公路和一级公路采用 0.026，其他等级公路采用 0.018 5；

　　　α_1——高速公路和一级公路采用 0.65，其他等级公路采用 0.58。

3. 路面车辙(RDI)

路面车辙用路面车辙深度指数(RDI)评价，按式(7-7)计算。

$$\mathrm{RDI} = \begin{cases} 100 - \alpha_0 \mathrm{RD}, & \mathrm{RD} \leqslant \mathrm{RD}_a \\ 60 - \alpha_1 (\mathrm{RD} - \mathrm{RD}_a), & \mathrm{RD}_a < \mathrm{RD} < \mathrm{RD}_b \\ 0, & \mathrm{RD} > \mathrm{RD}_b \end{cases} \tag{7-7}$$

式中　RD——车辙深度；

　　　RD_a——车辙深度参数，采用 20 mm；

　　　RD_b——车辙深度限值，采用 35 mm；

　　　α_0——模型参数，采用 2.0；

　　　α_1——模型参数，采用 4.0。

4. 路面抗滑性能(SRI)

路面抗滑性能用路面抗滑性能指数(SRI)评价，按式(7-8)计算。

$$\mathrm{SRI} = \frac{100 - \mathrm{SRI}_{\min}}{1 + \alpha_0 e^{\alpha_1 \mathrm{SFC}}} + \mathrm{SRI}_{\min} \tag{7-8}$$

式中　SFC——横向力系数；

　　　$\mathrm{SRI}_{\min}$——标定参数，采用 35.0；

　　　α_0——模型参数，采用 28.6；

　　　α_1——模型参数，采用 −0.105。

5. 路面结构强度(PSSI)

路面结构强度用路面结构强度指数(PSSI)评价，按式(7-9)和式(7-10)计算。

$$PSSI = \frac{100}{1+\alpha_0 e^{\alpha_1 SSI}} \tag{7-9}$$

$$SSI = \frac{L_d}{L_0} \tag{7-10}$$

式中 PSSI——路面结构强度系数,为路面设计弯沉与实测代表弯沉之比;
L_d——路面设计弯沉(mm);
L_0——实测代表弯沉(mm);
α_0——模型参数,采用 15.71;
α_1——模型参数,采用 -5.19。

7.4.4 桥隧构造物技术状况(BCI)评定

桥梁、隧道和涵洞技术状况用桥隧构造物技术状况指数(BCI)评价,按式(7-11)计算。

$$BCI = \min(100 - GD_{iBCI}) \tag{7-11}$$

式中 GD_{iBCI}——第 i 类构造物损坏的总扣分,最高分值为 100,按表 7-9 的规定计算;
i——构造物类型(桥梁、隧道或涵洞)。

表 7-9 桥隧构造物扣分标准

类型 i	项目	技术状况评定等级	计量单位	单位扣分	备 注
1	桥梁	一、二	座	0	采用《公路桥涵养护规范》(JTG H11—2004)的评定方法,五类桥梁所属路段的 MQI=0
		三		40	
		四		70	
		五		100	
2	隧道	S:无异常	座	0	采用《公路隧道养护技术规范》(JTG H12—2015)的评定方法,危险隧道所属路段的 MQI=0
		B:有异常		50	
		A:有危险		100	
3	涵洞	好、较好	道	0	采用《公路隧道养护技术规范》(JTG H11—2004)的评定方法,危险涵洞所属路段的 MQI=0
		较差		40	
		差		70	
		危险		100	

7.4.5 沿线设施技术状况(TCI)评定

沿线设施技术状况用沿线设施技术状况指数(TCI)评价,按式(7-12)计算。

$$TCI = \sum_{i=1}^{5} w_i (100 - GD_{iTCI}) \tag{7-12}$$

式中 GD_{iTCI}——第 i 类设施损坏的总扣分,最高分值为 100,按表 7-10 的规定计算;
w_i——第 i 类设施损坏的权重,按表 7-10 取值;
i——设施的损坏类型。

表 7-10 沿线设施扣分标准

类型 i	损坏名称	损坏程度	计量单位	单位扣分	权重 w_i	备注
1	防护设施缺损	轻	处	10	0.25	
		重		30		
2	隔离栅损坏		处	20	0.1	
3	标志缺损		处	20	0.25	
4	标线缺损		m	0.1	0.2	每 10 m 扣 1 分，不足 10 m 以 10 m 计
5	绿化管护不善		m	0.1	0.2	

7.4.6 公路技术状况调查与评定表

(1)路基损坏调查表见表 7-11。

表 7-11 路基损坏调查表

路线名称		调查方向		调查时间：			调查人员：						
调查内容	程序	权重 w_i	单位	起点桩号：			单位长度：			路面宽度：			累计损坏
				百米损坏									
				1	2	3	4	5	6	7	8	9	10	
路肩损坏	轻	1	0.1	m²										
	重	2												
边坡坍塌	轻	20	0.25	处										
	中	50												
	重	100												
水毁冲沟	轻	20	0.15	处										
	中	30												
	重	50												
路基构造物损坏	轻	20	0.1	处										
	中	50												
	重	100												
路缘石缺损		4	0.05	m										
路基沉降	轻	20	0.25	处										
	中	30												
	重	50												
排水不畅	轻	20	0.1	处										
	中	50												
	重	100												

（2）沥青路面损坏调查表见表7-12。

表7-12　沥青路面损坏调查表

路线名称		调查方向		调查时间：			调查人员：						
调查内容	程序	权重 w_i	单位	起点桩号： 单位长度： 路面宽度：									累计损坏
				百米损坏									
				1	2	3	4	5	6	7	8	9	10	
调查内容	轻	0.6	m^2											
	中	0.8												
	重	1												
龟裂	轻	0.6	m^2											
	重	0.8												
块状裂缝	轻	0.6	m^2											
	重	1												
纵向裂缝	轻	0.6	m											
	重	1												
横向裂缝	轻	0.6	m											
	重	1												
沉陷	轻	0.6	m^2											
	重	1												
车辙	轻	0.6	m											
	重	1												
波浪拥抱	轻	0.6	m^2											
	重	1												
坑槽	轻	0.8	m^2											
	重	1												
松散	轻	0.6	m^2											
	重	1												
泛油		0.2	m^2											
修补		0.1	块状 m^2												
			条状 m												

(3)水泥路面损坏调查表见表 7-13。

表 7-13 水泥路面损坏调查表

路线名称	调查方向		调查时间：			调查人员：						
调查内容	程序	权重 w_i	单位	起点桩号：		单位长度：			路面宽度：			累计损坏
				百米损坏								
				1	2	3	4	5	6	7	8	9	10	
破碎板	轻	0.8	m^2										
	重	1											
裂缝	轻	0.6	m										
	中	0.8											
	重	1											
板角断裂	轻	0.6	m^2										
	中	0.8											
	重	1											
错台	轻	0.6	m										
	重	1											
拱起		1	m^2										
边角剥落	轻	0.6	m										
	中	0.8											
	重	1											
接缝料损坏	轻	0.4	m										
	重	0.6											
坑洞		1	m^2										
唧泥		1	m										
露骨		0.3	m^2										
修补		0.1	块状 m^2										
			条状 m										

(4)桥隧构造物损坏调查表见表7-14。

表7-14 桥隧构造物损坏调查表

路线名称		调查方向		调查时间：			调查人员：						
项目	评定等级	单位扣分	计量单位	起点桩号：			单位长度：			路面宽度：			累计损坏
				百米损坏									
				1	2	3	4	5	6	7	8	9	10	
桥梁	1	0	座											
	2	10												
	3	40												
	4	70												
	5	100												
隧道	1	0	座											
	2	10												
	3	40												
	4	70												
	5	100												
涵洞	好	0	道											
	较好	10												
	较差	40												
	差	70												
	危险	100												

(5)沿线设施损坏调查表见表7-15。

表7-15 沿线设施损坏调查表

路线名称		调查方向			调查时间：			调查人员：						
项目	程度	单位扣分	权重 w_i	计量单位	起点桩号：			单位长度：		路面宽度：				累计损坏
					百米损坏									
					1	2	3	4	5	6	7	8	9	10	
防护设施缺损	轻	10	0.25	处											
	重	30													
隔离栅损坏		20	0.1	处											
标志缺损		20	0.25	处											
标线缺损		0.1	0.2	m											
绿化管护不善		0.1	0.2	m											

(6)公路技术状况评定明细表见表 7-16。

表 7-16 公路技术状况评定明细表

所属政区：　　　路线编码名称：　　　技术等级：　　　路面类型：　　　检测方向：　　　年　月　日

路段桩号	长度/m	MQI	SCI	PQI	路面	路面分项指标							BCI	TCI
					PQI	PCI	RQI	RDI	PBI	PWI	SRI	PSSI		

(7)公路技术状况评定汇总表见表7-17。

表 7-17 公路技术状况评定汇总表

所属政区：　　　　　　　　　　主管单位：　　　　　　　　年　月　日

路线编码	路线名称	起点桩号	评定长度/km	调查方向	技术等级	路面类型	MQI	MQI 评定结果				MQI 分布/km					MQI 统计/%		
								SCI	PQI	BCI	TCI	优	良	中	次	差	优等路率	优良路率	次差路率
				全幅															
				上行															
				下行															

参 考 文 献

[1] 中华人民共和国交通输运部. JTG H10—2009 公路养护技术规范[S]. 北京：人民交通出版社，2009.
[2] 中华人民共和国交通运输部. JTG 5142—2019 公路沥青路面养护技术规范[S]. 北京：人民交通出版社，2019.
[3] 中华人民共和国交通运输部. JTG/T 5521—2019 公路沥青路面再生技术规范[S]. 北京：人民交通出版，2019.
[4] 中华人民共和国交通部. JTJ 073.1—2001 公路水泥混凝土路面养护技术规范[S]. 北京：人民交通出版社，2001.
[5] 中华人民共和国交通运输部. JTG 5210—2018 公路技术状况评定标准[S]. 北京：人民交通出版社，2018.
[6] 中华人民共和国交通运输部. JTG B01—2014 公路工程技术标准[S]. 北京：人民交通出版，2015.
[7] 中华人民共和国交通部. JTG F40—2004 公路沥青路面施工技术规范[S]. 北京：人民交通出版，2005.
[8] 中华人民共和国交通运输部. JTG/T F20—2015 公路路面基层施工技术细则[S]. 北京：人民交通出版，2015.
[9] 中华人民共和国交通运输部. JTG/T F30—2014 公路水泥混凝土路面施工技术细则[S]. 北京：人民交通出版，2014.
[10] 黄晓明. 路基路面工程[M]. 6版. 北京：人民交通出版社，2019.
[11] 王红霞. 公路路基与路面养护[M]. 北京：人民交通出版社，2009.
[12] 宋林锦. 路基路面养护[M]. 北京：人民交通出版社，2011.
[13] 王进思，程海潜. 路基路面病害处治[M]. 2版. 北京：人民交通出版社，2015.
[14] 郑木莲，李海滨，孟建党. 沥青路面养护与维修技术[M]. 北京：中国建筑工业出版社，2012.
[15] 孙家驷，李松青. 道路设计资料集[M]. 北京：人民交通出版社，2002.
[16] 姜志青. 道路建筑材料[M]. 5版. 北京：人民交通出版社，2015.
[17] 彭世古. 沙漠地区公路设计、施工与环保养护[M]. 北京：人民交通出版社，2004.